政府采购实务与热点答疑 360 问

张志军　白如银　邵月娥　编著

U0359949

机械工业出版社

本书结合政府采购相关法律规定和政策动向，把实务中关注度、热议度比较高的热点问题和焦点问题整理出来，共计360问。为了使本书内容不至于太晦涩、枯燥，每个问题表述尽量具体、清晰，解答分析尽量简短、明确，也注意引用直接关联的法律条文，使内容可读性更强。"360问"对应"360答"，针对每个实际问题提供一个答案、一套方案，但这"一把钥匙"可以开"多把锁"，解决同一类问题，希望本书能够为读者在工作中遇到的疑惑提供实务指南。

　　本书可供采购人、供应商等从事政府采购工作的人员使用，也可供政府管理部门、高校相关专业的师生、研究人员使用。

图书在版编目（CIP）数据

政府采购实务与热点答疑360问 / 张志军，白如银，邵月娥编著.
—北京：机械工业出版社，2020.10（2022.10重印）
ISBN 978-7-111-66093-4

Ⅰ.①政…　Ⅱ.①张…②白…③邵…　Ⅲ.①政府采购制度—中国—问题解答　Ⅳ.①F812.2-44

中国版本图书馆CIP数据核字（2020）第124774号

机械工业出版社（北京市百万庄大街22号　邮政编码100037）
策划编辑：关正美　责任编辑：关正美
责任校对：赵　燕　封面设计：严娅萍
责任印制：单爱军
北京虎彩文化传播有限公司印刷
2022年10月第1版第3次印刷
130mm×184mm·12.875印张·342千字
标准书号：ISBN 978-7-111-66093-4
定价：69.00元

电话服务　　　　　　　　网络服务
客服电话：010-88361066　机 工 官 网：www.cmpbook.com
　　　　　010-88379833　机 工 官 博：weibo.com/cmp1952
　　　　　010-68326294　金 书 网：www.golden-book.com
封底无防伪标均为盗版　机工教育服务网：www.cmpedu.com

前　　言

《中华人民共和国政府采购法》《中华人民共和国政府采购法实施条例》等法律条文过于原则、凝练和简洁，政府采购从业人员对其理解、适用存在着一定的不确定性；而且，立法又总是滞后于政府采购实践，一些法律中没有直接、具体的规定，我们只能从立法原则、立法精神中追寻答案。此外，我们正处于一个不断变革创新的时代，实践在创新，立法在变革，政府采购实务中的新问题不断涌现、层出不穷，需要及时给出答案。如何准确理解并正确处理实务中形形色色的问题，是摆在每一位政府采购从业者面前的难题。

本书编者在工作和授课过程中经常收到各种各样问题的咨询，也在不同的网上论坛或 QQ 群、微信群探讨与政府采购相关的问题。长期以来，积攒了不少素材，虽然随机而为、略显散乱，但稍作整理，发现这些各式各样的问题经"合并同类项"后，其对应适用的法律条款有很高的集中度。结合政府采购最新法律规定和政策动向，编者把实务中关注度、热议度比较高的热点和焦点问题整理出来形成本书，希望能够为解答从业人员在工作中遇到的疑惑提供实务指南。

本书取名为《政府采购实务与热点答疑360问》有以下几点考虑：一是内容，本书重点关注和聚焦当前政府采购实务中的热点、焦点问题，给予积极回应；二是形式，采取一问一答形式，表现形式灵活，简单明了，针对性强；三是体量，每个问题字数不多，适应了碎片化学习的需要，增强了可读性，提高了读者的舒适度，全书总体篇幅也比较适中，没有形成"大部头"令读者"望而生畏"；四是目的，希望能够直指常见问题症结所在，直接为您答疑解惑，提供答案或思路。"360问"对应"360答"，也有全方位、多角度解答各式各样问题的寓意。尽管针对一个问题只提供一个答案、一套方案，但"这一把钥匙可以开多把锁"，一个答案实际上解决了同一类问题。也希望本书能给各位读者提供解决政府采购实践问题的"三十六计"。

为了使本书内容不至于太晦涩或枯燥，每个问题表述尽量具体、清晰，解答分析尽量简短、明确，也注意引用最直接关联的法律条款，使内容可读性强，且能"解渴"。每个问题由"问"到"答"尽量控制在一页之内，让资深从业者或者"菜鸟""小白"都能在两三分钟之内读完，立即掌握一个知识点，学懂弄通一类问题的解决之策。在阐释法律条款、分析答案的同时，也相应提供了一些实务经验做法以供参考，兼顾了理论性和实用性。

　　本书的问题来自于大家，一些观点、答案也是与网友的讨论中受到启发得来的。在此感谢贡献各类问题、答案和智慧的朋友们。恳请您将本书中还没有关注的问题，或者还有新的观点或不同答案，反馈至如下邮箱：449076137@qq.com，我们会在修订本书、出版续集时吸纳进来。

本书编者

目　　录

第二部分　招标采购篇

第一章　招标 /99

第三部分　非招标采购篇

第一章　竞争性谈判 /219

第二章　竞争性磋商 /250

第四章　询价 /279

第四部分　PPP 项目篇

第五部分　合同篇

第六部分　质疑投诉篇

第一章　质疑 /327

第二章　投诉 /349

第七部分　法律责任篇

第一部分

▼

综合篇

第一章 法律适用

1.《招标投标法》《招标投标法实施条例》是否适用于政府采购货物、服务的招标活动？

问： 某市政府采购中心采用公开招标方式采购一批办公用计算机。对于该问题的处理，《中华人民共和国政府采购法》（以下简称《政府采购法》）、《中华人民共和国政府采购法实施条例》（以下简称《政府采购法实施条例》）和《政府采购货物和服务招标投标管理办法》都找不到相对应的法律规定，是否可适用《中华人民共和国招标投标法》（以下简称《招标投标法》)《中华人民共和国招标投标法实施条例》（以下简称《招标投标法实施条例》）的相关规定来解决这些问题？

答： 很多人对于政府采购项目招标投标活动应该遵循《招标投标法》还是《政府采购法》感到困惑。《招标投标法》第二条规定："在中华人民共和国境内进行招标投标活动，适用本法"，确立了其对政府采购招标投标活动的管辖权。而《政府采购法》及其实施条例并没有排除《招标投标法》对政府采购招标投标活动的管辖，因此政府采购项目的招标投标活动应当受到《招标投标法》的约束。《招标投标法实施条例》第八十三条规定:"政府采购的法律、行政法规对政府采购货物、服务的招标投标另有规定的,从其规定。"

《招标投标法实施条例》第八十三条实则明确了《招标投标法》的适用范围,同时又给政府采购货物和服务招标单独预留了空间。依据《中华人民共和国立法法》(以下简称《立法法》)规定,特别法优于一般法,政府采购无论是工程还是货物和服务招标项目,均适用《招标投标法》及其实施条例,如《政府采购法》及其实施条例有特别规定的,则优先适用。

《政府采购法》中有关招标文件编制、评标方法和评标标准制定、招标信息发布、评标专家抽取、中标信息发布等方面的规定均不同于《招标投标法》。在政府采购活动中,《招标投标法》及其实施条例,主要适用于通过招标方式采购的政府采购工程。政府采购货物、服务招标项目,《政府采购法》及其实施条例、《政府采购货物和服务招标投标管理办法》有不同规定的,优先适用其规定。

2. 政府采购工程按照《招标投标法》还是按照《政府采购法》执行?

问:某政府采购工程预算 5000 万元,采用公开招标方式,是按照《招标投标法》还是《政府采购法》执行?

答:在招标投标程序上,政府采购工程招标投标活动按照《招标投标法》执行。

《招标投标法实施条例》第二条规定："招标投标法第三条所称工程建设项目，是指工程以及与工程建设有关的货物和服务。前款所称工程，是指建设工程，包括建筑物和构筑物的新建、改建、扩建及其相关的装修、拆除、修缮等。"《政府采购法》第四条规定："政府采购工程进行招标投标的，适用招标投标法。"《政府采购法实施条例》第七条规定："政府采购工程以及与工程建设有关的货物、服务，采用招标方式采购的，适用《招标投标法》及其实施条例；采用其他方式采购的，适用政府采购法及本条例。前款所称工程，是指建设工程，包括建筑物和构筑物的新建、改建、扩建及其相关的装修、拆除、修缮等。"两部行政法规关于"工程"的表述完全一致。在政府采购活动中，《招标投标法》及其实施条例主要适用于政府采购工程以及与工程建设相关的货物、服务项目的招标投标活动。

结合本项目的采购主体、资金性质和项目属性三个维度综合分析，本项目应属于政府采购工程。由于采购数额超过了政府采购工程公开招标的数额标准，应当依法采用公开招标方式进行采购。依据《政府采购法》第四条和《政府采购法实施条例》第七条的规定，本项目招标活动适用《招标投标法》及其配套法律规范的规定，在招标采购过程中，还应执行相关政府采购政策。

3.没有使用财政性资金采购的项目是否适用《政府采购法》？

问：某民办大学网络中心机房设备采购项目，计划以公开招标方式采购精密空调和UPS等设备，项目使用自有资金，该采购活动是否适用《政府采购法》？

答：《政府采购法》第二条规定："在中华人民共和国境内进行的政府采购适用本法。本法所称政府采购，是指各级国家机关、事业单位和团体组织，使用财政性资金采购依法制定的集中采购目录以内的或者采购限额标准以上的货物、工程和服务的行为……"也就是说，《政府采购法》只规范政府采购项目。构成"政府采购项目"，需具备以下条件：一是采购主体是各级国家机关、事业单位和团体组织；二是采购资金来源必须是使用财政性资金；三是采购项目必须是采购依法制定的集中采购目录以内的或者采购限额标准以上的货物、工程和服务。上述三个条件缺一不可。

本项目采购主体是民办大学，且资金来源不属于财政性资金，根据《政府采购法》第二条规定，不属于政府采购项目，其招标活动不适用《政府采购法》，应适用《招标投标法》。

4. 国有企业采购是否可参照《政府采购法》执行？

问：某国有企业采购一批非标准设备，请问是否属于《政府采购法》的规范范围？如果不属于，可否在采购文件中约定本项目参照《政府采购竞争性磋商采购方式管理暂行办法》（财库〔2014〕214号）执行？

答：国有企业采购设备不受《政府采购法》及其配套法律规定的规范。

《政府采购法》第二条第二款规定："本法所称政府采购，是指各级国家机关、事业单位和团体组织，使用财政性资金采购依法制定的集中采购目录以内的或者采购限额标准以上的货物、工程和服务的行为。"由于国有企业是企业法人，不属于国家机关、事业单位和团体组织之列，采购主体不符合《政府采购法》的规定，故不属于《政府采购法》的规范范围。

我国目前尚未出台专门针对国有企业采购的法律规范，国有企业可针对自身特点，制定相应的企业内部采购管理制度，可参照中国物流与采购联合会公共采购分会颁布的《国有企业采购操作规范》或中国招标投标协会颁布的《非招标方式采购代理服务规范》的相关规定执行，也可自主适用《政府采购法》及其配套法律规范的相关规定执行。

5.企业使用财政性资金购买设备是否适用《政府采购法》？

问：某养殖企业使用部分财政补助资金，企业拟用这批财政补助资金购买一批挤奶设备，采购金额预算在150万元左右。请问：采购这批设备时，是否应当适用《政府采购法》

进行招标？

答：《政府采购法》第二条第二款规定："本法所称政府采购，是指各级国家机关、事业单位和团体组织，使用财政性资金采购依法制定的集中采购目录以内的或者采购限额标准以上的货物、工程和服务的行为。"

因此，依法纳入《政府采购法》管辖的采购项目，应当同时满足项目主体、资金性质和项目属性三个条件。具体来讲，采购主体应当是各级国家机关、事业单位或团体组织；资金性质应当是纳入预算管理的财政性资金；项目属性是属于集中采购目录以内或者采购限额标准以上的货物、工程和服务项目。当上述三个条件同时满足时，才属于《政府采购法》的管辖范畴。

本项目采购主体是企业，采购主体不属于《政府采购法》规定的适用范围之列，企业可以根据自身需要决定采用招标或非招标方式进行采购。

6. 预算单位采购进口机电产品应适用哪部法律？

问：某事业单位，因工作关系须采购一台进口机电设备，该项目拟采用招标方式进行采购。请问：进口机电设备招标适用《政府采购货物和服务招标投标管理办法》还是《机电产品国际招标投标实施办法（试行）》（商务部1号令），招标活动受哪个部门监管？

答：预算单位通过招标方式采购进口机电产品，须遵循

《政府采购法》体系相关规定，其招标投标活动受财政部监管。

《政府采购法》第十条规定，除在我国境内无法获取或无法以合理的商业条件获取所需货物、工程和服务以及为在境外使用而进行采购的项目外，政府采购活动应当采购本国货物、工程和服务。因此，预算单位从境外采购货物需经财政部门依法核准方可开展采购活动。

财政部《政府采购进口产品管理办法》（财库〔2007〕119号）第七条规定："采购人需要采购的产品在中国境内无法获取或者无法以合理的商业条件获取，以及法律法规另有规定确需采购进口产品的，应当在获得财政部门核准后，依法开展政府采购活动。"除详细规定了采购人报财政部门审核时应当出具的相关材料、论证要求和检查要求以外，该办法第十五条还明确要求"采购人及其委托的采购代理机构在采购进口产品的采购文件中应当载明优先采购向我国企业转让技术、与我国企业签订消化吸收再创新方案的供应商的进口产品。"

《政府采购货物和服务招标投标管理办法》第八十三条规定："政府采购货物服务电子招标投标、政府采购货物中的进口机电产品招标投标有关特殊事宜，由财政部另行规定。"

依据财政部的上述规定，预算单位在开展机电产品国际招标时，其进口产品论证、采购活动审核和优先采购政策落实等方面遵循《政府采购法》体系的相关规定，由财政部门监管；其采购程序遵从财政部门制定的相关规定，由财政部门进行监督管理。

7. 政府采购工程服务招标是否适用《招标投标法》？

问：某政府采购工程设计项目，设计费大约在105万元。《必须招标的工程项目规定》（国家发展和改革委员会第16号令）规定的勘察、设计、监理等与工程相关的服务项目的招标限额是100万元，而当地的政府采购服务公开招标的数额标准是200万元。请问：该项目是否应该公开招标？工程服务采购，到底应该适用《招标投标法》还是《政府采购法》？

答：根据《招标投标法实施条例》《政府采购法实施条例》等相关法律规定，与工程建设有关的服务，包括为完成工程所需的勘察、设计、监理等服务，都属于建设工程的范畴。

本项目属于政府采购工程项目，依据相关法规定，应适用工程建设项目招标范围和规模标准规定更加适合。实践中，建议根据《必须招标的工程项目规定》（国家发展和改革委员会第16号令）第五条"勘察、设计、监理等服务的采购，单项合同估算价在100万元人民币以上"必须招标的规定，选择招标方式进行采购。

此外，由于本项目使用的是财政性资金，属于国有资金占控股或主导地位的依法必须进行招标的项目，依据《招标投标法实施条例》的规定，本项目应当公开招标。

8. 政府采购工程货物项目是否适用《政府采购法》？

问：某政府投资项目，该项目中工程材料为 230 万元，建设单位拟自行采购后提供给施工单位。请问：与该项目采购适用《招标投标法》还是适用《政府采购法》？该项目是否应当招标？

答：《招标投标法》第三条规定，大型基础设施、公用事业等关系社会公共利益、公众安全的项目；全部或者部分使用国有资金投资或者国家融资的项目以及使用国际组织或者外国政府贷款、援助资金的项目，包括项目的勘察、设计、施工、监理以及与工程建设有关的重要设备、材料等的采购，属于依法必须进行招标的范畴，达到国务院规定的规模标准的，必须进行招标。《招标投标法实施条例》和《政府采购法实施条例》第二条均明确规定，与工程建设有关的货物，是指构成工程不可分割的组成部分，且为实现工程基本功能所必需的设备、材料等。

该货物采购项目属于与工程建设有关的材料，且达到《必须招标的工程项目规定》（国家发展和改革委员会第 16 号令）第五条规定的限额标准的，属于依法必须招标的项目。根据《招标投标法》及其实施条例、《政府采购法》及其实施条例等法律法规的相关规定，本项目属于依法必须公开招标的与工程建设有关的材料采购项目，应遵循《招标投标法》体系相关规定组织招标。

9. TOT项目是否适用《政府采购法》？

问：某市将一政府投资建设的存量资产项目——市自来水厂通过融资方式对外转让经营权，当地财政部门认为这是 PPP 模式中的一种，要求适用《政府采购法》及《政府和社会资本合作项目政府采购管理办法》进行操作，请问是否合适？

答：本项目应该属于 TOT（Transfer—Operate—Transfer，即移交—经营—移交）方式。TOT 方式是常见的一种 PPP 模式，也是国际上较为流行的一种项目融资方式。TOT 方式通常是指政府部门或国有企业将存量资产项目的一定期限的产权或经营权，有偿转让给投资人，由其进行运营管理；投资人在约定期限内通过经营收回全部投资并得到合理的回报，双方合约期满之后，投资人再将该项目交还政府部门或原企业的一种融资方式。

从 TOT 方式的操作运营特征来看，不属于《政府采购法》规定的特定采购主体使用财政性资金购买服务的行为。主要理由如下：

（1）该类项目未使用财政性资金。从该类项目的性质来看，一般是在转让经营权以后向使用者收费，即向使用自来水的用户收费，在资金性质上不涉及财政性资金的使用。

（2）经营权转让不属于政府采购行为。《政府采购法》第二条界定的采购行为包括购买、租赁、委托和雇用等，是一种采购主体花钱有偿从组织外部获取相应资源的行为；而TOT模式是一种产权或经营权的转让行为，是政府方向社会资本融资，即社会资本方向政府方花钱购买产权或经营权的行为。通俗来讲，《政府采购法》及其配套文件约束的是购买类行为，而TOT的本质是出售（或出卖）类行为。

综上所述，在现有法律规定下，TOT项目不适用于《政府采购法》及其配套政策文件的规定。

10. 中外合资企业使用财政性资金进行采购，是否属于政府采购？

问：某中外合资企业，最近申请到了一笔财政补贴资金。其打算用这笔资金购买一些生产设备和办公用品。请问：在使用这笔财政性资金时，需要按照《政府采购法》的规定进行采购吗？

答：《政府采购法》第二条第二款规定："本法所称政府采购，是指各级国家机关、事业单位和团体组织，使用财政性资金采购依法制定的集中采购目录以内的或者采购限额标准以上的货物、工程和服务的行为。"

依据这一规定，政府采购的主体应当是国家机关、事业单位或团体组织。该公司是一家中外合资企业，其采购主体性质不符合《政府采购法》的规定，不属于《政府采购法》管辖。该公司可依据企业内部管理规定使用该笔财政性资金。

11. 政府部门新建办公楼购买电梯设备是否属于工程招标?

问:某市一政府部门新建办公楼,需要购买 8 部电梯设备,预算 300 多万元,是否属于工程招标项目?招标活动适用《招标投标法》还是《政府采购法》?

答:《招标投标法实施条例》第二条第二款规定:"前款所称工程,是指建设工程,包括建筑物和构筑物的新建、改建、扩建及其相关的装修、拆除、修缮等。"《政府采购法实施条例》第七条规定:"政府采购工程以及与工程建设有关的货物、服务,采用招标方式采购的,适用《招标投标法》及其实施条例;采用其他方式采购的,适用《政府采购法》及其实施条例。前款所称工程,是指建设工程,包括建筑物和构筑物的新建、改建、扩建及其相关的装修、拆除、修缮等。政府采购工程以及与工程建设有关的货物、服务,应当执行政府采购政策。"两部行政法规关于"工程"的表述完全一致。

结合本项目来讲,从采购主体(政府部门)、资金性质(使用财政性资金)和项目属性(新建办公楼需要购买的电梯设备)三个维度进行分析,本项目应属于政府采购工程中的工程货物。而且该电梯设备采购金额超过了应当招标的数额标准,依法应当采用公开招标的方式进行采购。依据《政府采购法》第四条和《政府采购法实施条例》第七条的规定,本项目招标活动适用《招标投标法》及其配套法律规范的规定，在招标采购过程中，还应执行《政府采购法》规定的政府采购政策，如给予小型企业优惠。

12. 不属于必须招标范围内的政府采购工程项目，可采用何种采购方式？

问：政府采购工程项目，属于依法必须招标项目的，适用《招标投标法》及其配套法律规范的规定，那么对于不是依法必须招标的工程项目，应适用哪种采购方式？

答：《政府采购法实施条例》第七条对工程类政府采购的法律适用问题做了明确的区分，即政府采购工程以及与工程建设有关的货物、服务，采用招标方式采购的，适用《招标投标法》及其实施条例；采用其他方式采购的，适用《政府采购法》及其实施条例。该条例第二十五条还进一步明确规定，政府采购工程依法不进行招标的，应当依照《政府采购法》及其实施条例规定的竞争性谈判或者单一来源采购方式采购。《政府采购竞争性磋商采购方式管理暂行办法》（财库〔2014〕214号）第三条还规定按照《招标投标法》及其实施条例必须进行招标的工程建设项目以外的工程建设项目可以采用竞争性磋商方式开展采购。因此，必须招标的工程以及与工程建设有关的货物和服务，应采用招标方式进行采购。除此之外的政府采购工程项目，应结合项目需求特点，采用竞争性谈判、竞争性磋商或单一来源等采购方式进行采购。

《政府采购非招标采购方式管理办法》第三条规定："按照《招标投标法》及其实施条例必须进行招标的工程建设项目以外的政府采购工程"适用该办法，该办法规定了竞争性谈判、单一来源采购和询价三种非招标采购方式。此外，《政府采购竞争性磋商采购方式管理暂行办法》还补充规定了竞争性磋商的采购方式。上述采购方式分别适用于不同的情形。

可采用非招标方式采购的政府采购工程项目，包括以下两种情形：一是不属于《招标投标法》及其实施条例规定的必须进行招标的工程建设项目范围（依据国家发展和改革委员会发布的《必须招标的工程项目规定》（国家发展和改革委员会16号令）和《必须招标的基础设施和公用事业项目范围规定》认定）的政府采购工程，也就是项目投资、项目性质或规模标准未达到必须招标的工程建设项目；二是属于必须进行招标的工程建设项目范围，但依据《招标投标法》第六十六条和《招标投标法实施条例》第九条规定可以不进行招标的政府采购工程，即涉及国家安全、国家秘密、抢险救灾或者属于利用扶贫资金实行以工代赈、需要使用农民工等特殊情况；需要采用不可替代的专利或专利技术；采购人依法能够自行建设、生产或者提供；已通过招标方式选定的特许经营项目投资人依法能够自行建设、生产或者提供；需要向中标人采购工程、货物或者服务，否则将影响施工或者功能配套要求；国家规定的其他特殊情形。

13. 河道疏浚项目是否属于政府采购项目？

问：某河道疏浚项目，实施机构为事业单位。该项目疏浚后的河沙由疏浚单位自行处置，同时河道疏浚施工方应当向政府方（即实施机构）缴纳一定的利润，或依据合同规定投资建设部分公益项目。

请问：该项目是不是政府采购项目，要不要按照《政府采购法》的相关规定，按照政府采购程序确定施工企业？

答：《政府采购法》第二条第二款规定："本法所称政府采购，是指各级国家机关、事业单位和团体组织，使用财政性资金采购依法制定的集中采购目录以内的或者采购限额标准以上的货物、工程和服务的行为。"该条第四款同时规定："本法所称采购，是指以合同方式有偿取得货物、工程和服务的行为，包括购买、租赁、委托、雇用等。"

本项目实施时，支付对价的一方是施工单位，而不是政府方。也就是说，根据实施单位的市场调研和测算，本项目不需要使用财政性资金购买河道疏浚服务，不属于《政府采购法》体系的管辖。此外，从其交易性质来看，该项目的交易行为本质上也不是一种采购行为，而是一种出让或售卖行为。

根据本项目的特点，建议实施机构按照相关法律的规定，采用招标、拍卖等竞争方式择优选择施工单位。

第二章　采购政策

14. 政府采购政策有哪些?

问:政府采购活动除了应追求采购项目的经济性外,还承载着相关政策功能以保障和维护国家利益和社会公共利益,那么应执行的政府采购政策有哪些?

答:《政府采购法》第九条规定:"政府采购应当有助于实现国家的经济和社会发展政策目标,包括保护环境,扶持不发达地区和少数民族地区,促进中小企业发展等。"《政府采购法》第十条还规定了除法律规定的特殊情形外,政府采购应当采购本国货物、工程和服务。《政府采购法实施条例》第六条规定:"国务院财政部门应当根据国家的经济和社会发展政策,会同国务院有关部门制定政府采购政策,通过制定采购需求标准、预留采购份额、价格评审优惠、优先采购等措施,实现节约能源、保护环境、扶持不发达地区和少数民族地区、促进中小企业发展等目标。"《中华人民共和国中小企业促进法》第四十条规定了国务院有关部门应当制定中小企业政府采购的相关优惠政策,通过制定采购需求标准、预留采购份额、价格评审优惠、优先采购等措施,提高中小企业在政府采购中的份

18

额。《中华人民共和国清洁生产促进法》第十六条规定：各级人民政府应当优先采购节能、节水、废物再生利用等有利于环境与资源保护的产品。因此，政府采购项目（包括政府采购工程招标项目在内）应依法落实节约能源、保护环境、扶持不发达地区和少数民族地区、促进中小企业发展等政府采购政策。

目前，政府采购政策的主要规定体现在如下文件中：

（1）《政府采购促进中小企业发展管理办法》(财库〔2020〕46 号)规定：①采购人在政府采购活动中应当合理确定采购项目的采购需求，不得以企业注册资本、资产总额、营业收入、从业人员、利润、纳税额等规模条件和财务指标作为供应商的资格要求或者评审因素，不得在企业股权结构、经营年限等方面对中小企业实行差别待遇或者歧视待遇。②主管预算单位应当组织评估本部门及所属单位政府采购项目，统筹制定面向中小企业预留采购份额的具体方案，对适宜由中小企业提供的采购项目和采购包，预留采购份额专门面向中小企业采购，并在政府采购预算中单独列示。③采购限额标准以上，200 万元以下的货物和服务采购项目、400 万元以下的工程采购项目，适宜由中小企业提供的，采购人应当专门面向中小企业采购。④超过 200 万元的货物和服务采购项目、超过 400 万元的工程采购项目中适宜由中小企业提供的，预留该部分采购项目预算总额的 30% 以上专门面向中小企业采购，其中预留给小微企业的比例不低于60%。⑤对于经主管预算单位统筹后未预留份额专门面向中小企业采购的采购项目，以及预留份额项目中的非预留部分采购包，采购人、采购代理机构应当对符合本办法规定的小微企业报价给予 6%~10%（工程项目为 3%~5%）的扣除，用扣除后的价格参加评审。

（2）《关于政府采购支持监狱企业发展有关问题的通知》（财库〔2014〕685 号）规定：监狱企业视同小型、微型企业，享受预留份额、评审中价格扣除等促进中小企业发展的政府采购政策。

（3）《〈节能产品政府采购实施意见〉的通知》（财库〔2004〕185 号）规定：政府采购应当优先采购节能产品，逐步淘汰低能效产品。政府采购属于节能清单中产品时，在技术、服务等指标同等条件下，应当优先采购节能清单所列的节能产品。采购人应当在招标文件中载明对产品的节能要求、合格产品的条件和节能产品优先采购的评审标准。财政部、国家发展和改革委员会负责公布节能产品政府采购清单。

（4）《关于环境标志产品政府采购实施的意见》（财库〔2006〕90 号）规定：政府采购应当优先采购环境标志产品，不得采购危害环境及人体健康的产品。财政部和生态环境部负责公布环境标志产品政府采购清单。采购人采购的产品属于清单中品目的，在性能、技术、服务等指标同等条件下，应当优先采购清单中的产品。应当在招标文件中载明对产品（含建材）的环保要求、合格供应商和产品的条件，以及优先采购的评审标准。

（5）《关于促进残疾人就业政府采购政策意见》（财库〔2017〕141号）规定："在政府采购活动中，残疾人福利性单位视同小型、微型企业，享受预留份额、评审中价格扣除等促进中小企业发展的政府采购政策。向残疾人福利性单位采购的金额，计入面向中小企业采购的统计数据。残疾人福利性单位属于小型、微型企业的，不重复享受政策。"

需要说明的是，目前对于落实"扶持不发达地区和少数民族地区"采购政策尚待出台具体的文件。

15. 对中小企业资格如何确认？

问：《政府采购法》规定了要实施扶持中小企业发展的政府采购政策，那么如何认定"中小企业"呢？

答：政府采购活动中认定供应商是否属于中小企业采取声明制。中小企业参与政府采购活动、享受扶持政策，只需要出具《中小企业声明函》作为中小企业身份证明文件。中小企业应当按照《政府采购促进中小企业发展管理办法》和《中小企业划型标准规定》（工信部联企业〔2011〕300号），如实填写并提交《中小企业声明函》。任何单位和个人不得要求中小企业供应商提交《中小企业声明函》之外的证明文件，或事先获得认定及进入名录库等。中小企业对其声明内容的真实性负责，声明函内容不实的，属于提供虚假材料谋取中标、成交，依照《政府采购法》等国家有关规定追究相应责任。

为方便广大中小企业、政府部门和社会公众识别企业规模类型，工业和信息化部组织开发了中小企业规模类型自测小程序，并于 2020 年 2 月 27 日上线运行，在国务院客户端和工业和信息化部网站上均有链接，广大中小企业和各类社会机构填写企业所属的行业和指标数据自动生成企业规模类型测试结果，并向社会公众提供查询服务。

对中小企业的规模类型有争议时，政府采购监督检查、投诉处理及政府采购行政处罚中对中小企业的认定，由货物制造商或者工程、服务供应商注册登记所在地的县级以上人民政府中小企业主管部门负责，有关部门应当在收到关于协助开展中小企业认定函后 10 个工作日内做出书面答复。

16. 什么是政府采购中的进口产品？

问：某设备采购结果公告后，有供应商提出质疑。理由是，预中标产品采用了进口零件，属于进口产品，由于未经审批，中标结果应为无效。财政部门调查中，预中标供应商提供了样机并进行拆解，证实虽然该设备采用了国外生产的零件，但内部集成却含有国内生产的主板。因此，单凭设备的一部分就认定整个设备为进口产品，其理由不成立。那么，政府采购中进口产品如何认定呢？

答：我国财政部《政府采购进口产品管理办法》（财库〔2007〕119 号）第三条规定："本办法所称进口产品是指通过中国海关报关验放进入中国境内且产自关境外的产品。"

《关于政府采购进口产品管理有关问题的通知》（财办库〔2008〕248号）补充规定"根据《中华人民共和国海关法》（以下简称海关法）的规定，我国现行关境是指适用海关法的中华人民共和国行政管辖区域，不包括香港、澳门和台湾金马等单独关境地区。保税区、出口加工区、保税港区、珠澳跨境工业区珠海园区、中哈霍尔果斯国际边境合作中心中方配套区、综合保税区等区域，为海关特殊监管区域，这些区域仅在关税待遇及贸易管制方面实施不同于我国关境内其他地区的特殊政策，但仍属于中华人民共和国关境内区域，由海关按照海关法实施监管。因此，凡在海关特殊监管区域内企业生产或加工（包括从境外进口料件）销往境内其他地区的产品，不作为政府采购项下进口产品。对从境外进入海关特殊监管区域，再经办理报关手续后从海关特殊监管区进入境内其他地区的产品，应当认定为进口产品。"

依据上述规定，如果供应商提供的产品中存在部分进口构件或者部分国产零件集成的产品，均不属于该办法所规范的进口产品的范畴，也就不适用该办法第四条"政府采购应当采购本国产品，确需采购进口产品的，实行审核管理"的规定。

17. 政府采购必须要采购原装进口的货物应当怎么办？

问：某代理机构发布招标公告，规定要采购"原装进口血液透析机"，且这也是当地《政府采购进口产品目录》内的产品，这个采购需求是不是构成"指定进口、排斥国产"的行为？

答：根据《政府采购法》第十条规定，政府采购应当采购本国货物、工程和服务，但以下三种情形可以采购进口产品：一是在中国境内无法获取或者无法以合理商业条件获取的；二是在中国境外使用而进行采购的；三是其他法律、行政法规另有规定的。本项目采购设备是当地《政府采购进口产品目录》内的产品，符合财政部《政府采购进口产品管理办法》的规定，采购人可以采购进口产品，但不得限制满足需求的国内产品参与竞争。《关于政府采购进口产品管理有关问题的通知》（财办库〔2008〕248号）规定："财政部门审核同意购买进口产品的，应当在采购文件中明确规定可以采购进口产品，但如果因信息不对称等原因，仍有满足需求的国内产品要求参与采购竞争的，采购人及其委托的采购代理机构不得对其加以限制，应当按照公平竞争原则实施采购。"

结合上述法律规定来看，本项目中"原装进口"的要求排斥了国内产品。所以，建议采购文件修改为"允许原装进口产品投标"，这样进口产品、国内产品都可以参与竞争。

18. 实行固定价格的政府采购项目，如何体现小微企业价格优惠政策？

问：某政府采购代理机构，最近代理了一个政府采购招

策了?

答：仍然需要遵守政府采购政策。

虽然《政府采购法》第四条规定："政府采购工程进行招标投标的，适用《招标投标法》"，但是第九条同时也规定："政府采购应当有助于实现国家经济和发展政策目标，包括保护环境，扶持不发达地区和少数民族地区，促进中小企业发展等"。《政府采购法实施条例》第七条进一步明确规定："政府采购工程以及与工程建设有关的货物、服务，采用招标方式采购的，适用《招标投标法》及其实施条例；采用其他方式采购的，适用《政府采购法》及本条例……政府采购工程以及与工程建设有关的货物、服务，应当执行政府采购政策。"也就是说，政府采购工程不论采用哪种采购方式，都必须遵守《政府采购法》所规定的政府采购政策。

第三章　信息公开

20. 未中标的投标文件是否属于政府信息？

问：某公司参加了一个政府采购工程项目，怀疑有一家投标人（未中标）提供了虚假资料参加投标，能否向财政部门举报，要求公开这家投标人的投标文件？

答：中标人的投标文件、评标报告属于政府信息，但未中标的投标文件不在其列。

《政府信息公开条例》第二条规定："本条例所称政府信息，是指行政机关在履行职责过程中制作或者获取的，以一定形式记录、保存的信息。"也就是说，政府信息是与履行行政管理职责密切相关的信息，不仅包括行政机关制作的信息，还包括行政机关从公民、法人或者其他组织获取并保存的信息，根据该条例第十七条关于政府信息公开遵循"谁制作谁公开，谁保存谁公开"原则的规定，前者由制作该政府信息的行政机关负责公开，后者由保存该政府信息的行政机关负责公开。

对于本项目，住房和城乡建设部门有权依法监管，招标人应当将招标公告、招标文件、评标报告、中标人的投标文件等资料交住房和城乡建设部门备案，这些资料属于政府信息；但是对于未中标的供应商的投标文件，尚无法律法规规定招标投标行政监督部门对该类文件有保存的义务，也不是必然获取的资料，因此根据《政府信息公开条例》第十七条规定不属于政府信息。

21. 政府自筹资金项目的采购公告应当在哪个媒体发布？

问：某政府机关有个垃圾倒运项目，使用单位自筹资金，预算金额大约在 600 万元。请问：该项目应当公开招标吗，采购公告必须在财政部门指定的媒体发布吗？

答：本项目应属于政府采购项目，采购预算已超过公开招标的数额标准，应当采用招标方式选择供应商。

财政部《关于做好政府采购信息公开工作的通知》（财库〔2015〕135 号）规定："为了便于政府采购当事人获取信息，在其他政府采购信息发布媒体公开的政府采购信息应当同时在中国政府采购网发布。对于预算金额在 500 万元以上的地方采购项目信息，中国政府采购网各地方分网应当通过数据接口同时推送至中央主网发布（相关标准规范和说明详见中国政府采购网）。"

根据这一规定，本项目采购公告应当在财政部门指定的公告发布媒体上公开发布，由于采购预算已超过 500 万元，该采购公告还应推送至中国政府采购网主网发布。

22. 评标报告是否应当公开？

问： 为了增加招标投标活动的透明度，也便于投标人和社会监督，是不是应当将评标报告予以公开？

答： 评标报告因涉密不宜公开。

根据《最高人民法院关于审理政府信息公开行政案件若干问题的规定》第八条、《政府信息公开条例》第十四条规定，评标报告虽属于政府信息，但因涉及商业秘密，行政机关不得公开，除非招标人同意或者涉及公共利益时可以公开。

对于书面评标报告，根据《政府采购货物和服务招标投标管理办法》第六十六条"有关人员对评标情况以及在评标过程中获悉的国家秘密、商业秘密负有保密责任"的规定，对投标文件的评审和比较、中标候选人的推荐情况以及与评标有关的其他情况等内容一般不得泄露，也不能公开，这符合《政府信息公开条例》第十四条的规定。

另外，《政府采购信息发布管理办法》《关于做好政府采购信息公开工作的通知》（财库〔2015〕135号）也均未要求评标报告应当公开。

23. 中标人的投标文件是否应当公开？

问： 某单位有一个投资项目的运营管理服务公开招标，公布中标结果时还公布了所有投标供应商的最终得分及排名，有一家供应商提出质疑，认为专家评审有误，请求采购代理机构进行核实，同时要求公开中标供应商的投标文件。请问：中标供应商的投标文件是否应当公开？

答： 采购人不得公开中标供应商的投标文件。

《政府采购法》第十一条规定了"政府采购的信息应当在政府采购监督管理部门指定的媒体上及时向社会公开发布，但涉及商业秘密的除外"。而《国家工商行政管理局关于禁止侵犯商业秘密行为的若干规定》第二条规定："本规定所称商业秘密，是指不为公众所知悉、能为权利人带来经济利益、具有实用性并经权利人采取保密措施的技术信息和经营信息。本规定所称不为公众所知悉，是指该信息是不能从公开渠道直接获取的。本规定所称能为权利人带来经济利益、具有实用性，是指该信息具有确定的可应用性，能为权利人带来现实的或者潜在的经济利益或者竞争优势。本规定所称权利人采取保密措施，包括订立保密协议，建立保密制度及采取其他合理的保密措施。本规定所称技术信息和经营信息，包括……招标投标中的标底及标书内容等信息……"显而易见，投标文件符合上述特征，属于"商业秘密"无疑，采购人无权进行公开，否则就是侵权。

此外，《政府采购信息发布管理办法》第三条规定的"政府采购信息"包括公开招标公告、资格预审公告、单一来源采购公示、中标（成交）结果公告、政府采购合同公告等政府采购信息以及投诉处理结果、监督检查处理结果、集中采购机构考核结果等政府采购监管信息，其中并没有将投标文件列为应当公告的内容。《关于做好政府采购信息公开工作的通知》明确规定"采购项目信息,包括采购项目公告、采购文件、采购项目预算金额、采购结果等信息,由采购人或者其委托的采购代理机构负责公开"。该通知明确"采购文件"指的是招标文件、竞争性谈判文件、竞争性磋商文件和询价通知书,并没有明确规定包括中标还是未中标的供应商的投标文件。

综上所述,倾向于本项目采购代理机构可以不公开投标文件。

24. 供应商各评分要素具体得分是否应当公开?

问:某设备采购项目中标公告发布后,某公司向采购人提出质疑,称其投标价格最低却未中标,中标结果公布后未向其公布得分情况,使其无法核实与确认评标结果的合法性,要求采购人公开供应商各评分要素具体得分。请问:供应商各评分要素具体得分是否应当公开?

答:根据《政府采购信息发布管理办法》第三条、《关于做好政府采购信息公开工作的通知》(财库〔2015〕135号)的规定,除涉及国家秘密、供应商的商业秘密,以及法律、行政法规规定应予保密的政府采购信息以外,政府采购活动中可以公开的政府采购项目信息为公开招标公告、资格预审公告、单一来源采购公示、中标(成交)结果公告、政府采购合同公告等政府采购信息以及投诉处理结果、监督检查处理结果、集中采购机构考核结果等政府采购监管信息。供应商的具体得分情况并不在公开的内容中，不属于必须公开的范围。

《政府采购货物和服务招标投标管理办法》第六十六条规定："采购人、采购代理机构应当采取必要措施，保证评标在严格保密的情况下进行……有关人员对评标情况以及在评标过程中获悉的国家秘密、商业秘密负有保密责任。"《财政部关于进一步规范政府采购评审工作有关问题的通知》（财库〔2012〕69号）也规定，采购人、采购代理机构要确保评审活动在严格保密的情况下进行。在采购结果确定前，采购人、采购代理机构对评审委员会名单负有保密责任。评审委员会成员、采购人和采购代理机构工作人员、相关监督人员等与评审工作有关的人员，对评审情况以及在评审过程中获悉的国家秘密、商业秘密负有保密责任。

因此，对于评标过程中的评委打分、讨论意见和评标报告等信息均属于保密信息，以减少评标工作的负面影响和不当干扰。从这个角度来讲，各投标人得分情况也不得公开或泄露，采购人、采购代理机构及评委都应当履行保密义务。

25. 评标基准价是否必须在中标公告中公开？

问：某政府采购项目招标文件"评标方法与评标标准"中规定"满足招标文件要求且投标价格最低的投标报价为评标基准价，其价格分为满分15分，其他投标人的价格分统一按照下列公式计算：投标报价得分 =（评标基准价／投标报价）×15"。该评分基准价是否必须在中标公告中公示？

答：《政府采购法实施条例》第四十三条第三款规定，中标、成交结果公告内容应当包括采购人和采购代理机构的名称、地址、联系方式，项目名称和项目编号，中标或者成交供应商名称、地址和中标或者成交金额，主要中标或者成交标的的名称、规格型号、数量、单价、服务要求以及评审专家名单。根据上述法律规定，评标基准价不属于中标公告应予以公开的事项。

其次，《政府采购货物和服务招标投标管理办法》第四十一条规定："开标时，应当由投标人或者其推选的代表检查投标文件的密封情况；经确认无误后，由采购人或者采购代理机构工作人员当众拆封，宣布投标人名称、投标价格和招标文件规定的需要宣布的其他内容。"本项目招标文件"评标方法与评标标准"中规定"满足招标文件要求且投标价格最低的投标报价为评标基准价，其价格分为满分15分，其他投标人的价格分统一按照下列公式计算：投标报价得分=（评标基准价／投标报价）×15"。根据上述规定，实则供应商在开标过程中已明知评标基准价为哪一供应商的报价，故评标基准价也没必要在中标公告中再公开。

26. 供应商要求采购人公布评委名单及其工作单位是否有法律依据？

问：某设备采购项目发布废标公告后，某科技公司向省政府采购中心提交《质疑书》，要求公开评标委员会评委的工作单位。请问：是否应该公布评委名单及其工作单位？

答：采购人应当公布评委名单，但并未要求公布其工作单位。

《政府采购货物和服务招标投标管理办法》第六十九条第二款规定："中标结果公告内容应当包括采购人及其委托的采购代理机构的名称、地址、联系方式，项目名称和项目编号，中标人名称、地址和中标金额，主要中标标的的名称、规格型号、数量、单价、服务要求，中标公告期限以及评审专家名单。"因此，相关法律只要求采购人在中标、成交公告中公开评委名单，但并未要求采购人公布评委的工作单位。

27. 是否应该公示被废标的投标人名单和废标原因？

问：某单位设备采购项目招标，投标人提出要求在评标结果公示内容中公示哪几家投标人因未实质性响应招标文件要求导致废标，并公示投标人有哪些具体条款未实质性响应招标文件要求。这个要求合理吗？

答：《政府采购法》第三十六条规定"在招标采购中，出现下列情形之一的，应予废标：（一）符合专业条件的供应商或者对招标文件作实质响应的供应商不足三家的；（二）出现影响采购公正的违法、违规行为的；（三）投标人的报价均超过了采购预算，采购人不能支付的；（四）因重大变故，采购任务取消的。废标后，采购人应当将废标理由通知所有投标人。"因此，对于政府采购项目如果出现《政府采购法》第三十六条第一款规定的三种情形之一而废标的，项目废标后，采购人或代理机构应发布废标公告并说明原因。但未实质性响应招标文件要求的投标人名单，以及投标人未实质性响应招标文件要求的原因，都不属于依法应当公开的内容。

第四章　供应商资格条件

28. 自然人如何参加政府采购项目投标？

问：某政府采购服务招标项目，按项目特点，该项目可以接受自然人参加投标。《政府采购法》第二十二条规定，参加投标的供应商须具有良好的商业信誉和健全的财务会计制度。

请问：自然人作为供应商参加政府采购项目投标时，如何提供财务会计制度方面的材料？

答：《政府采购法》第二十二条第一款规定，供应商参加政府采购活动应当具有独立承担民事责任能力、具有良好的商业信誉和健全的财务会计制度等六个方面的要求。但该条款提出的要求，大多适用于针对企事业单位参加投标的情形。对于自然人投标，上述要求中有的不太符合实际情况。

《政府采购法》第二十二条第二款规定："采购人可以根据采购项目的特殊要求，规定供应商的特定条件，但不得以不合理的条件对供应商实行差别待遇或者歧视待遇。"对于自然人参加投标的情形，采购人可以依据上述规定，在采购文件中对供应商参加投标规定一些特殊要求。

29. 分支机构能否参加政府采购项目的竞争？

问：某监控系统项目公开招标，要求供应商具备独立法人资格，公告期间就某大集团的分支机构提出质疑，认为独立法人资格的要求直接排斥了分支机构参与政府采购项目投标的权利，不符合《政府采购法》的规定。那么，分支机构能否参加政府采购项目的竞争？

答：根据《政府采购法》第二十一条规定，"供应商是指向采购人提供货物、工程或者服务的法人、其他组织或者自然人。"从这一规定可以看出，其他组织是可以参与政府采购活动的，其中包括法人的分支机构（如分公司）。但《中华人民共和国公司法》（以下简称《公司法》）有规定，法人的分支机构不能独立承担民事责任。由于银行、保险、石油石化、电力、电信等行业情况特殊，采购人、采购代理机构可按照其特点在采购文件中做出专门规定，接受分支机构投标。

30. 境外公司能否参加政府采购项目投标？

问：某政府采购货物招标项目，在我国境外注册的公司能直接参加该项目的投标吗？

答：不可以。

《政府采购法》第十条规定"政府采购应当采购本国货物、工程和服务。但有下列情形之一的除外：（一）需要采购的货物、工程或者服务在中国境内无法获取或者无法以合理的商业条件获取的;(二)为在中国境外使用而进行采购的;(三)其他法律、行政法规另有规定的。"

根据这一规定,参与政府采购活动的供应商,应当是国内能够提供相应货物、工程或者服务的法人、其他组织或者自然人。如确需采购进口产品且符合法定情形的,应当在采购活动开始前向设区的市、自治州以上人民政府财政部门办理进口产品审核手续。一般情况下,未办理进口产品审核手续的政府采购项目,视为国内采购项目,我国境外的供应商不得参与投标。

31. 只向入围供应商采购货物是否合法、合理?

问:某政府采购货物招标项目,招标文件规定部分产品只能由入围协议供货商参加投标。请问这种做法合法、合理吗?

答:由上述可知,协议供货单位已经经过一轮招标或其他竞争方式产生,可认同其合法性。但是否合理,需看该产品的协议供应商提供的货物和相应服务,与市场上相比,是否更有优势,如果在其不具备优势的情况下,还指定在入围供应商中选择,这样的话合理性就值得质疑了。

32. 股东相同的两家公司能否参加同一个政府采购项目投标?

问:A公司的法定代表人为董某,持股比例为董某

90%，汪某 10%。B 公司的法定代表人为汪某，持股比例为董某 40%，汪某 60%。请问：两家公司能否同时参加同一招标项目的投标？

答：为了防范具有关联关系的供应商串通一气、协同行动损害采购人利益，根据《政府采购法实施条例》第十八条规定，单位负责人为同一人或者存在控股、管理关系的不同单位，不得参加同一标段投标或者未划分标段的同一招标项目投标。其中单位负责人是指单位法定代表人或者法律、行政法规规定代表单位行使职权的主要负责人。管理关系是指不具有出资持股关系的其他单位之间存在管理与被管理关系，如一些上下级关系的事业单位和团体组织。

本项目中，A 公司和 B 公司都是企业法人，都有资格独立参加投标。A 公司的法定代表人与 B 公司的法定代表人并非同一人。上述两公司虽然存在相同的股东，但是两公司之间不存在控股关系。此外，上述两公司是依据《公司法》注册成立的独立企业法人，不能证明他们之间存在管理与被管理关系。因此，A 公司与 B 公司并不存在招标文件所禁止的一同参与投标的情形。当然，根据一般认识，股东相同的两家公司串通的概率比没有此关系的两家公司串通的概率要高，评标委员会可以严格审核其投标文件，严查是否有串通投标的情节，但不能仅凭其股东相同就禁止其投标或认为其存在串通投标行为。

33. "设定的资格、技术、商务条件与采购项目的具体特点和实际需要不相适应或者与合同履行无关"如何理解？

问：某县智慧校园建设项目，采购预算金额300万元，其采购内容包含教育云平台及多项系统建设，招标文件"评分依据"中规定："投标人具有国家级国家工程实验室或获得过国务院颁发的国家科学技术进步奖的得3分"，供应商质疑该两项要求与实际需要不相适应，也与合同履行无关，属于以特定行业的业绩和奖项作为加分条件。此质疑有无道理？

答：国家工程实验室支持的是符合国家重点战略和重点产业发展，具备先进产业技术研发及成果转化能力的企业和科研机构，国家科学技术进步奖授予的先进科学技术成果一般属于重大科学技术创新或应用。本题所提及的采购项目为某县的智慧校园建设项目，采购预算金额也仅有300万元，但将获得"国家工程实验室""国家科学技术进步奖"作为评分项，确实超出了项目实际需要。同时，国家工程实验室项目清单授予的实验室类别和国家科学技术进步奖项目类别众多，该评分项无法正确反映投标供应商获得的国家工程实验室或国家科学技术进步奖项目类别与实施本项目相关。因此，将国家工程实验室和国家科学技术进步奖设为评分项，属于《政府采购法实施条例》第二十条第（二）项"设定的资格、技术、商务条件与采购项目的具体特点和实际需要不相适应或者与合同履行无关",是以不合理的条件对供应商实行差别待遇或者歧视待遇。

《政府采购法实施条例》第二十条所说的禁止"设定的资格、技术、商务条件与采购项目的具体特点和实际需要不相适应或者与合同履行无关",实际上是在强调采购人可在采购公告和采购文件中要求潜在供应商具有相应的资格、技术和商务条件,但不得脱离采购项目的具体特点和实际需要,不得随意、盲目和出于不正当利益设定某一供应商特定的资格、技术、商务条件,排斥合格的潜在供应商。如前所述,某县智慧校园建设项目并非国家重大科技创新项目,采购预算金额也仅有300万元,却特别对具有国家工程实验室或国家科学技术进步奖条件的投标进行加分,与本项目实际需求不相匹配,也违反了国家促进中小企业发展的政府采购政策。

34. 是否允许联合体成员在其他标段单独投标?

问:某政府采购物资项目共分三个标包。如果A公司和B公司组成联合体在第一标包中投标,那么A公司和B公司以自己名义在第二标包中投标是否允许?

答:应允许A公司和B公司参加其他标包的投标。

《政府采购法实施条例》第二十二条第二款规定:"以联合体形式参加政府采购活动的,联合体各方不得再单独参加或者与其他供应商另外组成联合体参加同一合同项下的政府采购活动。"法律禁止联合体成员在同一合同项目中以自己名义单独投标，其目的是为了避免投标人滥用联合体以多重身份参与投标，导致对其他投标人的不公平竞争。

如立项时以同一项目名称报批，进入招标采购阶段时，将整体项目划分为不同标包进行采购，此时各采购合同包之间是独立的合同单元，不存在投标人会以多重身份参与同一合同单元下投标竞争导致对其他投标人不公平的问题。特别需要指出的是，上述规定并未限制该类项目的联合体成员参加其他标包的投标竞争。

35. 总公司投标，盖分公司的章是否有效？

问：在开标现场发现如下情形：A集团公司授权其分公司经理甲作为委托人，甲带着盖有分公司公章的投标文件前来投标，并声称以集团公司名义投标。请问该投标是否有效？

答：如集团公司以自己名义投标，其投标文件不应盖分公司的章，而应盖总公司的章。在工程施工项目中，分公司通常不具备相应资质，可交由评标委员会依法否决其投标。

36. 子公司是否可以用母公司的资质和业绩投标？

问：投标时，子公司可以用母公司的资质和业绩进行投标吗？为什么？

答：不可以。

母公司和子公司是两个独立的法人单位，即两者是在法律上具有独立"法人人格"特征的不同单位，在各自的法定经营范围从事相应业务，享有相应权利，承担相应义务。因此，即使母公司、子公司之间存在管理或控股关系，也不得互用资质或业绩进行投标。

37.非招标方式采购项目可否将产品授权和售后服务承诺作为资格条件？

问：对于招标方式采购项目，《政府采购货物和服务招标投标管理办法》规定不得将产品授权和售后服务承诺作为资格条件。那么，非招标方式采购的项目可否将产品授权和售后服务承诺作为资格条件呢？

答：原则上不可以。

《政府采购货物和服务招标投标管理办法》规定不得将产品授权和售后服务承诺作为资格条件，其目的是为了扩大竞争，避免某些采购人通过产品授权和售后服务承诺来限制排斥其他供应商参与竞争。虽然《政府采购非招标采购方式管理办法》对此未做出相应规定，但法律原理是相通的，非招标方式采购项目为了扩大竞争，依其法理也不应将产品授权和售后服务承诺作为供应商的资格条件。

38.对"较大数额罚款"如何界定？

问：《政府采购法》第二十二条规定"供应商参加政府采购活动应当具备下列条件：……（五）参加政府采购活动前三年内，在经营活动中没有重大违法记录……"《政府采购法实施条例》第十九条规定了"重大违法记录"包括"较大数额罚款"。那么在政府采购活动中，对于"较大数额罚款"如何界定，如何区分一般数额和较大数额的罚款？

答：《政府采购法》《政府采购法实施条例》等立法都没有明确划定"较大数额罚款"的标准。《中华人民共和国行政处罚法》（以下简称《行政处罚法》）第四条第二款规定："设定和实施行政处罚必须以事实为依据，与违法行为的事实、性质和情节以及社会危害程度相当。"由于我国各地区的政治、经济、文化等发展不平衡，各地依据当地经济发展水平和地方立法来对"较大数额罚款"做出的界定有所不同，不同的行业管理侧重点也各有不同，其规定的数额自然应存在一定差异。现实的情况是法律、行政法规、地方性法规都可以设定罚款，部门规章、地方政府规章也可以设定一定数量以下的罚款，多少金额以上罚款的行政处罚作为政府采购中的重大违法记录很难统一确定。基于此，目前一般按照当地行政处罚听证范围中"较大数额罚款"的数额来认定。如《吉林省人民政府关于行政处罚听证范围中"较大数额罚款"数额的规定》（吉政令第 58 号）对吉林省行政区划内行政处罚听证范围中"较大数额罚款"数额规定为"对个人处以 1000元以上罚款，对法人或者其他组织处以 5000 元以上罚款"，此规定可以作为吉林省省内确定"较大数额罚款"的依据，属于《政府采购法实施条例》第十九条规定的"较大数额罚款"，构成重大违法记录。

39. 对"重大违法记录"如何理解？

问：依据《政府采购法》第二十二条的规定，供应商参加政府采购项目投标，应当满足"参加政府采购活动前三年内，在经营活动中没有重大违法记录"的要求。那么，在政府采购活动中，一般对"重大违法记录"如何理解？

答：《政府采购法实施条例》第十九条规定："《政府采购法》第二十二条第一款第五项所称重大违法记录，是指供应商因违法经营受到刑事处罚或者责令停产停业、吊销许可证或者执照、较大数额罚款等行政处罚。"根据这一规定，供应商在生产经营过程中，因违法活动被处以行政处罚时，下列四种情形才属于重大违法记录：受到刑事处罚；被责令停产停业；被吊销许可证或者执照；被处以较大数额的罚款。

40. 供应商断货是否属于重大违法记录？

问：某政府采购项目，评标结束后，有供应商质疑第一中标候选人在其他采购合同的履行过程中，曾出现过货物断供现象，致使采购人的正常工作进度受到严重影响。质疑书称该行为属于重大违法记录，其投标应被作无效投标处理。请问该供应商的行为是否属于重大违法记录？

答：《政府采购法实施条例》第十九条规定："《政府采购法》第二十二条第一款第五项所称重大违法记录，是指供应商因违法经营受到刑事处罚或者责令停产停业、吊销许可证或者执照、较大数额罚款等行政处罚。"对照法律的相关规定，该供应商的不良履约行为不属于重大违法记录。

41. 供应商具有重大违法记录能否参加政府采购活动？

问：采购文件能否拒绝具有重大违法记录的供应商参加政府采购活动？

答：重大违法记录主要是基于对供应商违法行为的刑事、行政处罚而产生的，在没有刑事、行政处罚的情况下，任何单位不得以信用记录等形式限制供应商参与政府采购活动。《政府采购法》第二十二条第一款规定"供应商参加政府采购活动应当具备下列条件：……（五）参加政府采购活动前三年内，在经营活动中没有重大违法记录"，《政府采购法实施条例》第十九条第一款解释"《政府采购法》第二十二条第一款第五项所称重大违法记录，是指供应商因违法经营受到刑事处罚或者责令停产停业、吊销许可证或者执照、较大数额罚款等行政处罚"。《财政部关于在政府采购活动中查询及使用信用记录有关问题的通知》（财库〔2016〕125号）明确规定："采购人或者采购代理机构应当对供应商信用记录进行甄别，对列入失信被执行人、重大税收违法案件当事人名单、政府采购严重违法失信行为记录名单及其他不符合《政府采购法》第二十二条规定条件的供应商，应当拒绝其参与政府采购活动。"因此，建议在采购文件中对拒绝具有重大违法记录的供应商参与政府采购活动做出明确规定，如规定"截至开标之日，经'信用中国'网站、重大税收违法案件信息公示平台、'中国政府采购网'网站政府采购严重违法失信行为信息记录，被列入失信被执行人、重大税收违法案件当事人名单、政府采购严重违法失信行为记录名单的不得参加本采购项目。评标委员会以评审现场查询记录为准"。

42. 分公司的重大违法记录是否应该计作总公司的违法记录？

问：在某政府采购项目中，某客运公司是企业法人，其下属分公司因违法营运被行政主管部门罚款 15000 元，依据当地关于"较大数额罚款"的相关规定，该数额属于重大违法行为。那么，该违法行为是否影响某客运公司的投标资格？

答：《公司法》第十四条规定："……分公司不具有法人资格，其民事责任由公司承担。公司可以设立子公司，子公司具有法人资格，依法独立承担民事责任。"《公司登记管理条例》第四十五条规定："分公司是指公司在其住所以外设立的从事经营活动的机构。分公司不具有企业法人资格。"依照以上规定，分公司自身不具备法人资格，分公司作为总公司的分支机构，是总公司内部的一个组成部分，是总公司所设立的对外从事总公司部分经营业务的机构，且分公司的经营范围不得超出总公司的经营范围。总公司的总体经营是由各分公司和子公司来具体完成的，分公司所作所为视为总公司的行为组成部分。对总公司经营业务的总体评判，必然要包含对分公司经营业务的部分，也包括对其行政处罚结果等也应是对总公司的评价因素之一。

因此，某客运公司下设分公司受到的行政处罚，也视为某客运公司受到的行政处罚，等同于对某客运公司处罚，故分公司的"重大违法记录"就是某客运公司的"重大违法记录"。根据《政府采购法》第二十二条第一款"供应商参加政府采购活动应当具备下列条件：……（五）参加政府采购活动前三年内，在经营活动中没有重大违法记录……"和《政府采购法实施条例》第十九条"政府采购法第二十二条第一款第（五）项所称重大违法记录，是指供应商因违法经营受到刑事处罚或责令停产停业、吊销许可证或者执照、较大数额罚款等行政处罚"的规定，某客运公司的投标资格不合格。

43. 母公司存在严重违法失信记录是否影响子公司的投标资格？

问：某招标项目在中标人公示期间，有人举报中标供应商的法定代表人王某也是该公司所属母公司的股东、副总经理。由于母公司具有严重违法失信记录，因而王某属于被市场及行业禁入的对象，故中标供应商无投标资格。其说法有无道理？

答：母公司与子公司之间属于相互独立的企业法人，应独立承担法律责任，母公司存在严重违法失信记录不影响子公司的投标资格；同理，子公司存在严重违法失信记录也不影响母公司的投标资格。

本项目中，尽管王某是中标人的法定代表人，也是其母公司的股东、高管之一，但这也不能决定其所在母公司的失信记录会牵连影响其所在子公司。同时，截至开标时间，只要未发现中标人被列入失信被执行人、重大税收违法案件当事人名单及政府采购严重违法失信行为记录名单的，就不影响其投标资格。

44.异地政府部门做出的行政处罚决定能否影响投标人在本地参加政府采购活动的资格？

问：某单位扫描仪项目组织询价采购，某供应商因提供虚假材料参加政府采购活动被另一个市的财政部门处以禁止一年参加该市政府采购活动的行政处罚，至本项目采购活动开始时，其仍在禁止期限内，请问该公司是否具备本地采购项目供应商的资格条件？

答：根据《政府采购法》第二十二条第一款第（五）项规定，供应商必须符合"参加政府采购活动前三年内，在经营活动中没有重大违法记录"的资格条件。《政府采购法实施条例》第十九条规定："《政府采购法》第二十二条第一款第五项所称重大违法记录，是指供应商因违法经营受到刑事处罚或者责令停产停业、吊销许可证或者执照、较大数额罚款等行政处罚。供应商在参加政府采购活动前三年内因违法经营被禁止在一定期限内参加政府采购活动，期限届满的，可以参加政府采购活动。"这些规定都没有限定只有在本地有重大违法记录才限制其参加政府采购活动。

财政部《关于规范政府采购行政处罚有关问题的通知》（财库〔2015〕150号）明确规定："各级人民政府财政部门依法对参加政府采购活动的供应商、采购代理机构、评审专家做出的禁止参加政府采购活动、禁止代理政府采购业务、禁止参加政府采购评审活动等行政处罚决定，要严格按照相关法律法规条款的规定进行处罚，相关行政处罚决定在全国范围内生效"。

因此，财政部门做出的禁止参加政府采购活动的处罚决定，应依法做出且在全国范围内生效。此举有利于法制的统一和贯彻执行，有助于建立统一规范、竞争有序的政府采购市场机制，推进政府采购诚信体系建设。本项目中，供应商被异地政府部门做出禁止参加政府采购活动的行政处罚决定且仍在禁止期内，故该供应商尚不具备合格的政府采购供应商资格。

45.供应商是否可以授权给下属企业参加投标？

问：某政府采购项目，该项目招标文件规定：本项目只接受参加过国家或省级重点行业企业用地调查专业机构推荐名录的专业机构投标。有一家在这个名录里的高等院校，授权给下属的控股企业参加投标。请问是否可以？

答：不可以。

供应商控股的下属企业，是一个独立法人，独立承担民事责任。该独立法人与供应商是两个独立的机构，两者不得混用资质资格、业绩材料和其他涉及身份条件的材料。就本项目而言，只能由该高校以自己名义参加投标。

46. 设备采购项目的设备经销商不得参加投标吗?

问：某设备采购项目，招标文件规定："投标人不得为本项目提供采购代理服务的代理机构。"投标截止时，共有 5 家递交了投标文件，其中 3 家为制造商，2 家为设备代理商。有制造商提出质疑：招标文件规定禁止代理机构投标，设备代理商也属于代理机构，其代理设备的经销权，因此招标人不得接收代理商的投标文件。请问是否有法律规定不允许设备生产商投标?

答：设备采购项目中，相关法律未禁止依法取得设备经销资格的代理商投标。

本项目招标文件所称的"投标人不得为本项目提供采购代理服务的代理机构"，其本意应该是指"禁止为本项目提供采购代理咨询服务的中介咨询机构参加投标"，即禁止的是"自招自投"这种破坏公平原则的行为，而非禁止设备经销代理商参加投标。

此外，建议招标代理机构在今后的类似项目，将相关表述进行适当修改，使之更为准确清晰，以免引发歧义。

47.采用书面推荐方式确定供应商应如何报批?

问:某代理机构,最近遇到一个政府采购非招标采购项目,采购人拟采用书面推荐方式确定供应商。请问应由哪个部门批准?

答:《政府采购非招标采购方式管理办法》第十二条规定:"采购人、采购代理机构应当通过发布公告、从省级以上财政部门建立的供应商库中随机抽取或者采购人和评审专家分别书面推荐的方式,邀请不少于3家符合相应资格条件的供应商参与竞争性谈判或者询价采购活动。"该规章规定了采购人确定供应商可以采用的三种方式,但未规定采购人选用确定供应商的方式时,应当报财政部门或者其他机构批准。个人理解,上述三种法定方式如何选择是采购人的权利,无须经有关部门批准。

需要特别注意的是,依据《政府采购法》第二十七条"采购人采购货物或者服务应当采用公开招标方式的……因特殊情况需要采用公开招标以外的采购方式的,应当在采购活动开始前获得设区的市、自治州以上人民政府采购监督管理部门的批准"的规定,如采购项目预算达到公开招标数额标准,且拟采用公开招标以外的其他方式实施采购的,应当在采购活动开始之前,报所在地财政部门批准。

48.拥有多个专业的建造师是否可以同时承接多个建设项目？

问：某政府采购工程施工项目，投标人所报的项目负责人具有建筑工程和市政工程两个专业的一级建造师证书。有资料显示，该建造师已有市政工程在建项目，但没有建筑工程在建项目。请问该建造师能否参加本建筑工程类项目的投标？

答：不能。

《注册建造师管理规定》（建设部 153 号令）第二十一条第二款规定："注册建造师不得同时在两个及两个以上的建设工程项目上担任施工单位项目负责人。"该规定所指"建设工程项目"，并未区分专业类型。从这个角度看，只要该建造师已有在建项目了，一般不得承接其他建设项目。

通常情况下，招标文件也会有关于"项目负责人不得有在建项目"等类似要求，作此规定的主要目的，是为了保证项目负责人每月能有足够的时间到现场进行施工管理。

综上所述，该建造师已有在建项目，不宜参加其他建设工程招标项目的投标活动。

49. 哪些情形可以变更工程施工项目的负责人？

问：某施工企业，有个施工项目因甲方原因停工 3 个多月，工期拖延，项目无法按时竣工验收。担任项目负责人的注册建造师目前无所事事，但因有在建工程在身，不能参加其他施工项目的投标。请问：什么情况下可以申请变更项目负责人？对项目负责人的变更有什么规定？

答：《注册建造师执业管理办法》（建市〔2008〕48号）第十条规定"注册建造师担任施工项目负责人期间原则上不得更换。如发生下列情形之一的，应当办理书面交接手续后更换施工项目负责人：（一）发包方与注册建造师受聘企业已解除承包合同的；（二）发包方同意更换项目负责人的；（三）因不可抗力等特殊情况必须更换项目负责人的。"

根据上述情况，建议先和项目业主进行沟通，征得业主方同意后办理施工项目的项目负责人变更手续。此外，根据《注册建造师执业管理办法》（建市〔2008〕48号）的规定，建设工程合同履行期间变更项目负责人的，企业应当于项目负责人变更5个工作日内报建设行政主管部门和有关部门进行网上变更。

50. 什么情况下建造师可以同时承接两个施工项目？

问：某施工企业规模较小，建造师数量不足。请问：什么情况下建造师可以同时承接两个或两个以上项目？如何认定建造师有在建工程？

答：2006年，建设部颁布了《注册建造师管理规定》（建设部153号令），该部门规章第二十一条规定："注册建造师不得同时在两个及两个以上的建设工程项目上担任施工单位项目负责人。"

2008 年，住房和城乡建设部颁布的《注册建造师执业管理办法（试行）》（建市〔2008〕48 号）对注册建造师可以兼任两个及以上施工项目负责人的特殊情形作了补充规定。该办法第九条规定"注册建造师不得同时担任两个及以上建设工程施工项目负责人。发生下列情形之一的除外：（一）同一工程相邻分段发包或分期施工的；（二）合同约定的工程验收合格的；（三）因非承包方原因致使工程项目停工超过 120 天（含），经建设单位同意的。"

施工单位参加投标时，拟派项目负责人在递交投标文件前，有在建工程但经过合法变更或存在《注册建造师执业管理办法（试行）》第九条允许的例外情形的，应当在投标文件中提供相关证明材料，否则有可能在评审时被评标委员会认为有在建工程而被否决投标。

51. 相邻标段是否可以要求不同的项目经理担任项目负责人？

问：目前有个案例比较棘手：投标人甲公司在 A 厂区中标但未开工，在其后的 B 厂区招标中，甲公司提供的建造师与 A 厂区项目是同一人，评标委员会根据招标文件"投标人所报的项目经理或建造师不得有其他在建工程或已中标的待建项目，否则其投标将被否决"的规定，否决了甲公司的投标。评标结果公示后，甲公司提出异议：A、B 两厂区为相邻工程，且在申报立项时是同一批文号，根据《注册建造师执业管理办法（试行）》（建市〔2008〕48号）第九条"注册建造师不得同时担任两个及以上建设工程施工项目负责人。发生下列情形之一的除外：（一）同一工程相邻分段发包或分期施工的⋯⋯"规定，该招标文件规定不合法，不应该否决投标；要求重新进行评审。

请问：招标文件对相邻标段是否可以要求不同的项目经理担任项目负责人？异议人的主张是否成立？作为代理机构，该如何处理？

答：《注册建造师执业管理办法（试行）》允许注册建造师在特定条件下可以同时担任两个施工项目或标段的项目负责人，实际上是为了约束施工项目的项目经理在自己所能管控的工作地点或范围内开展相应工作，以便保证项目质量。本项目B厂区招标文件规定有待建项目的项目经理不得参与投标，这一资格条件要求比法定要求更为严格，因此并不违法。

由于A、B两个厂区为相邻厂区，理论上使用同一个项目负责人应该是可行的，故招标文件中的要求不太合理。但是，根据《招标投标法实施条例》第二十二条的规定，对于招标文件内容的异议，潜在投标人应当在投标截止时间10日前提出。甲公司在评审结束后才对招标文件提出异议，已经超出了法定时限，可以不予受理。

此外，本案例中评标委员会是按照招标文件规定的标准进行评审，并对甲公司做出否决处理的，故甲公司提出的要求重新评审的异议主张也不予支持。

52. 如何认定建造师是否有在建项目？

问：某代理机构最近遇到一个争议案件，大致情况是这样：评标结果公示期间，有投标单位向建设单位提出异议，称中标候选人所报的建造师有在建项目。经调查核实，该建造师变更已经过建设单位书面同意，但未到主管部门备案，网站信息未变更。请问是否可以认定该建造师已无在建项目？

答：《注册建造师执业管理办法》（建市〔2008〕48 号）第十条规定"注册建造师担任施工项目负责人期间原则上不得更换。如发生下列情形之一的，应当办理书面交接手续后更换施工项目负责人：（一）发包方与注册建造师受聘企业已解除承包合同的；（二）发包方同意更换项目负责人的；（三）因不可抗力等特殊情况必须更换项目负责人的。建设工程合同履行期间变更项目负责人的，企业应当于项目负责人变更 5 个工作日内报建设行政主管部门和有关部门及时进行网上变更。"

本项目建设单位已经书面同意变更建造师，但所在企业未及时到主管部门备案并变更相关信息，导致对该建造师是否有在建项目存在争议。安徽省住房和城乡建设厅曾就该事项专门发函咨询住房和城乡建设部。2017 年 8 月 25 日，住建部建筑市场监管司专门下发《关于〈注册建造师执业管理办法〉有关条款解释的复函》（建市施函〔2017〕43 号），对该事项如何适用相关规定做出了解释。

该复函认为："根据《注册建造师执业管理办法（试行）》第十条规定，建设工程合同履行期间变更项目负责人的，经发包方同意，应当予以认可。企业未在 5 个工作日内报建设行政主管部门和有关部门及时进行网上变更的，应由项目所在地县级以上住房城乡建设主管部门按照有关规定予以纠正。"

依据上述复函意见，应当认定该建造师无在建项目，并责令所在企业立即纠正错误，及时补办建造师变更手续。

53. 能否将计算机信息系统集成资质设定为投标人的资格条件？

问：某信息工程项目，投标人比较多，为了保证项目质量，能否将计算机信息系统集成资质设置为投标人的资格条件？

答：已经取消的资质不能再作为投标人的资格条件。

我国国务院在 2014 年 1 月 28 日《国务院关于取消和下放一批行政审批项目的决定》中，明确取消了"计算机信息系统集成企业资质认定项目"条件，即该资质不再是法定资质，将这一资质作为资格性条款的行为，违反了《政府采购法》第二十二条、《政府采购法实施条例》第二十条第（八）

项的规定，构成"对供应商实行差别待遇或者歧视待遇"的情形。

计算机信息系统集成资质行政审批事项在 2014 年被取消后，工业和信息化部指定中国电子企业联合会承担信息系统集成及服务资质和项目经理认定工作。其中"信息系统集成一级资质"要求申请企业"注册资本和实收资本均不少于5000 万元，或所有者权益合计不少于 5000 万元""近三年的系统集成收入总额不少于 5 亿元，或不少于 4 亿元且近三年完成的系统集成项目总额中软件和信息技术服务费总额所占比例不低于 80%"，对企业的注册资金、营业收入等规模进行了限制，违反了《政府采购促进中小企业发展管理办法》(财库〔2020〕46 号)第五条的规定。因此，信息系统集成资质不能作为投标人的资格条件或实质性条款。

2018 年 12 月 29 日，工业和信息化部印发《关于计算机信息系统集成行业管理有关事项的通告》(工信部信软函〔2018〕507 号)也明确强调："根据国务院'放管服'改革要求，'计算机信息系统集成企业资质认定'已于 2014 年由国务院明令取消，任何组织和机构不得继续实施。存在上述问题的应立即纠正，确保国务院的'放管服'改革要求落实到位。"

54.采购文件能否限定市场排名在前的品牌才可以投标?

问：某 UPS 采购项目进行公开询价采购，公开询价公告的采购需求部分对于UPS的具体参数及服务要求内容中的"制造商实力"一项写明："所投产品（主机）品牌在国内市场占有率前5名，必须有官方认可的证明材料（以CCID为准）"。请问：是否可以规定只允许某行业或者某类产品（服务）公开的市场排名在前的供应商才可以参加政府采购？

答：《政府采购法实施条例》第二十条规定"采购人或者采购代理机构有下列情形之一的，属于以不合理的条件对供应商实行差别待遇或者歧视待遇：……（六）限定或者指定特定的专利、商标、品牌或者供应商"。本采购项目询价采购公告中要求"所投产品（主机）品牌在国内市场占有率前5名"，同时又非满足招标项目实际需求所必需，该条件实质上限定了特定的UPS品牌，从而限制了潜在供应商参与采购项目公平竞争的机会，属于《政府采购法实施条例》第二十条第六项"限定或者指定特定的专利、商标、品牌或者供应商"的行为，构成"以不合理的条件对供应商实行差别待遇或者歧视待遇"的违法行为，采购人应当在修改采购文件后，重新开展采购活动。

55. 制造商和经销商是否可以同时参加同一项目的采购活动？

问：某政府集中采购机构，最近在代理一个政府采购货物招标项目时，出现了制造商和经销商同时参与投标，所投产品相同的情况。经查政府采购相关法律，似乎对此情形未作明确规定。请问：是否可以依据《工程建设项目货物招标投标办法》（七部委 27 号令）的相关规定，判定两家供应商的投标均无效？

答：《工程建设项目货物招标投标办法》是专门规制工程建设项目货物招标投标活动的部门规章。政府采购货物招标应当依据《政府采购货物和服务招标投标管理办法》的相关规定进行处理。

关于不同投标人提供相同产品的情形，《政府采购货物和服务招标投标管理办法》对此已有明确规定。该办法第三十一条第一款规定："采用最低评标价法的采购项目，提供相同品牌产品的不同投标人参加同一合同项下投标的，以其中通过资格审查、符合性审查且报价最低的参加评标；报价相同的，由采购人或者采购人委托评标委员会按照招标文件规定的方式确定一个参加评标的投标人，招标文件未规定的采取随机抽取方式确定，其他投标无效。"

该办法第三十一条第二款规定："使用综合评分法的采购项目，提供相同品牌产品且通过资格审查、符合性审查的不同投标人参加同一合同项下投标的，按一家投标人计算，评审后得分最高的同品牌投标人获得中标人推荐资格；评审得分相同的，由采购人或者采购人委托评标委员会按照招标文件规定的方式确定一个投标人获得中标人推荐资格，招标文件未规定的采取随机抽取方式确定，其他同品牌投标人不作为中标候选人。"

依据政府采购相关法律规定，政府采购项目对不同供应商提供相同产品参加同一项目投标时，并非采用"相关投标均无效"的方式处理，而是视招标项目评标办法的不同，选取评标报价最低或综合得分最高的投标人参加最终商务评审或中标候选人推荐。

56. 间接限定供应商规模是否属于以不合理条件限制、排斥潜在投标人的情形？

问：某政府采购货物招标项目，招标文件要求投标人具有省级企业技术中心资质、具有国家规划布局内重点软件企业证书，是否构成以不合理条件限制、排斥潜在投标人的情形？

答：《国家规划布局内重点软件企业和集成电路设计企业认定管理试行办法》（发改高技〔2012〕2413号）载明：规划布局企业每两年认定一次，认定资格有效期为两年。符合下列条件之一的软件企业可进行申报：（一）年度软件产品开发销售（营业）收入总额超过（含）1.5亿元人民币且当年不亏损；（二）年度软件产品开发销售（营业）收入总额低于1.5亿元人民币，在认定主管部门发布的支持领域内综合评分位居申报企业前五位；（三）年度软件出口收入总额超过（含）500万美元，且年度软件出口收入总额占本企业年度收入总额比例超过（含）50％。因此，达到一定金额的营业收入也是资质认定的前提条件，只有营业收入达到一定标准的企业才能申请认定，将该资质证书作为评分项等同于将投标人的营业收入作为评审因素，违反了《政府采购货物和服务招标投标管理办法》第十七条"采购人、采购代理机构不得将投标人的注册资本、资产总额、营业收入、从业人员、利润、纳税额等规模条件作为资格要求或者评审因素，也不得通过将除进口货物以外的生产厂家授权、承诺、证明、背书等作为资格要求，对投标人实行差别待遇或者歧视待遇"的规定。

因此，将省级企业技术中心资质、国家规划布局内重点软件企业证书设定为供应商资格条件，实际上是间接限定供应商规模，属于以不合理条件限制、排斥潜在投标人的情形。

57. 政府采购工程项目投标联合体的资质如何判定？

问：某施工招标项目，施工单位应同时具备建筑工程总承包二级资质和市政工程总承包二级资质两项。该项目接受联合体投标。评审时，评标委员会发现：有一家投标联合体的两个成员各自只满足其中一项资质要求。联合体协议中写明，由具备建筑工程施工总承包二级资质的成员负责建筑工程施工，由具备市政工程施工总承包二级资质的成员负责市政工程施工。

请问：该投标联合体是否符合要求？《招标投标法》规定的"联合体各方均应当具备承担招标项目的相应能力"，是不是指联合体成员各方都要满足本项目要求的两项资质条件?

答:《招标投标法》第三十一条规定，两个以上法人或者其他组织可以组成一个联合体，以一个投标人的身份共同投标。

该法条第二款同时规定："联合体各方均应当具备承担招标项目的相应能力；国家有关规定或者招标文件对投标人资格条件有规定的，联合体各方均应当具备规定的相应资格条件。"关于这一规定的理解，应把握以下两点：

（1）投标联合体应当具备相应能力或资格条件。本项目可以由两个以上法人或者其他组织组成一个联合体，由不同单位组成的投标联合体，投标联合体的资质条件应当具备承担招标项目的相应能力。

（2）联合体各方均应当具备相应能力或相应资格条件。需要注意的是，这里的"均应当具备"应与"相应能力（或相应资格条件）"结合起来一并理解。即该法律条款要求的是，联合体各方都要满足自己所承担的那部分工作内容所要求的资质（或资格）条件。此外，从合理性角度分析：要求不承担建筑工程施工任务的企业具备建筑施工资质是不合理的；同样，要求不承担市政工程施工任务的企业也应具备市政资质，也属于不合理要求。

综上所述，联合体各方都具备各自所承担的工作内容的相应资质即可。结合案例背景，本项目投标联合体成员当中的任意一方，都无须同时兼具建筑工程施工总承包二级和市政工程施工总承包二级两项资质,只需具备联合体分工协议中各自承担的工作内容要求的资质即可。本案例投标联合体的资质条件满足项目招标文件的要求。

58. 母、子公司参加同一项目投标怎么办?

问:某政府采购工程项目公开招标,共有 6 家施工企业参加投标,其中有两家是母、子公司。该项目进入评标阶段以后,母公司出具书面通知主动放弃投标。请问:评标委员会是否应当对子公司的投标文件继续评审,还是要否决该子公司的投标?

答:该子公司的投标应做无效投标处理。

《招标投标法实施条例》第三十四条第二款规定:"单位负责人为同一人或者存在控股、管理关系的不同单位,不得参加同一标段投标或者未划分标段的同一招标项目投标。"根据该条款的规定,下列不同投标单位不得参加同一招标项目的投标活动:①单位负责人为同一人的不同投标单位;②存在控股关系的不同投标单位;③存在管理关系的不同投标单位。

法律禁止存在上述关系的不同投标单位参与同一个项目竞争,是为了维护投标公正而做出的限制性规定。在招标投标实践中,存在控股或者管理关系的两个单位参加同一招标项目投标,容易发生事先沟通、私下串通等现象,影响竞争的公平,有必要加以禁止。本案例中母、子公司之间存在着管理与被管理关系，属法律规定的禁止投标之列。

《招标投标法实施条例》第三十四条第三款还规定："违反前两款规定的，相关投标均无效。"这里的投标无效，是指投标活动自始无效。也就是说，只要存在该条例第三十四条第一款、第二款规定的禁止情形，不论于何时发现，相关投标均应作无效处理。具体来讲，如在评标环节发现这一情况，评标委员会应当否决其投标；如在中标候选人公示环节发现这一情况，招标人应当取消其中标资格；如在合同签订后发现这一情况，则该中标合同无效，招标人应当撤销合同，重新依法确定其他中标候选人为中标人，或重新招标；如该合同已经履行，无法恢复原状，则该中标合同无效，中标人应当赔偿因此造成的损失。

本案例在评标环节发现母、子公司同时参加同一项目投标的情形，评标委员会应当对母、子两家公司的投标文件均作否决投标处理。评标委员会否决投标的行为，应当依法自行做出，而不受到母公司是否做出放弃投标行为的影响。

此外，母公司投标截止后放弃投标，其法律性质属于撤销要约。作为招标人，还可以依据相关法律和招标文件的规定，不退还该公司的投标保证金。

59.不接受联合体投标是否属于以不合理条件排斥、限制潜在投标人？

问：某代理机构最近代理一个工程建设项目，工程勘察和工程初步设计拟作为一个标包进行招标。为了便于管理和协调，项目业主要求潜在投标人同时具有勘察和设计资质，不接受联合体投标。从竞争市场排摸情况来看，潜在投标人数量能够形成有效竞争。请问该项目不接受联合体投标，算是排斥、限制潜在投标人吗？

答：接受联合体投标比较合适。

相对来讲，市场上同时具有勘察和设计资质的企业数量较少。从本项目的特点来看，如果仅接受同时具有两类资质的企业投标，排斥了具有不同资质的企业组成投标联合体参与竞争，可能会对市场竞争格局带来一定影响，建议本项目接受联合体投标。

60.能否要求投标人在本地有服务机构和固定的专业维修人员？

问：某修理设备购置项目，在维修、维护、培训方面均需要提供长期、优质的本地化服务，以确保服务的专业性和及时性，且需要设备供应商提供及时的上门调试服务和备件，故招标文件规定：投标人注册登记地不在本市的，则在本市应有工商注册登记的服务机构和固定的专业维修人员。请问：要求投标人在本地有正式的售后服务机构的要求是否合法？

答：《政府采购法》第二十二条第二款规定："采购人可以根据采购项目的特殊要求，规定供应商的特定条件，但不得以不合理的条件对供应商实行差别待遇或者歧视待遇。"《政府采购法实施条例》第二十条规定"采购人或者采购代理机构有下列情形之一的，属于以不合理的条件对供应商实行差别待遇或者歧视待遇：……（二）设定的资格、技术、商务条件与采购项目的具体特点和实际需要不相适应或者与合同履行无关……（六）限定或者指定特定的专利、商标、品牌或者供应商；（七）非法限定供应商的所有制形式、组织形式或者所在地……"

在本项目中，作为一个货物采购项目，同时涉及货物的培训使用及维修服务等问题。按照通常惯例，招标文件可以要求供应商对所售商品的本地化售后服务提出承诺，要求其在限定时间内提供培训使用及维修服务以保证售后服务质量。但是，本项目招标文件中规定投标人注册登记地不在本市的，则在本市应有工商注册登记的服务机构，这就导致了在招标之前没有在本市工商注册的供应商都不能参加此次招标。然而，经工商注册的办事机构，并非提供有效售后服务的必要条件，采购人和代理机构制定的招标文件中要求售后服务机构是在本地进行过注册登记的机构，属于以不合理的条件对供应商实行差别待遇或者歧视待遇。

61.为了确保供应商的履约能力，能否限定营业收入、规定供应商的规模？

问：某政府采购项目招标文件中对于投标人的资格要求

有：注册资金不低于 2000 万元、投标前三年每年度营业收入不低于 2000 万元、投标人正式员工不得低于 100 人等，这样通过对投标人的注册资金、营业收入和员工规模等提出一定的要求，以保证投标人具有一定实力，有足够的履约能力。请问这样的规定是否符合法律规定？

答：上述规定不合法，对投标人进行了不正当限制。

政府采购的一项基本原则是要公平、公正地对待所有投标人，不得对某些投标人进行歧视，也不得对某些投标人进行特殊照顾。《政府采购法》第二十二条第二款规定："采购人可以根据采购项目的特殊要求，规定供应商的特定条件，但不得以不合理的条件对供应商实行差别待遇或者歧视待遇。"《政府采购货物和服务招标投标管理办法》第十七条规定："采购人、采购代理机构不得将投标人的注册资本、资产总额、营业收入、从业人员、利润、纳税额等规模条件作为资格要求或者评审因素，也不得通过将除进口货物以外的生产厂家授权、承诺、证明、背书等作为资格要求，对投标人实行差别待遇或者歧视待遇。"《政府采购促进中小企业发展暂行办法》第五条也规定："采购人在政府采购活动中应当合理确定采购项目的采购需求，不得以企业注册资本、资产总额、营业收入、从业人员、利润、纳税额等规模条件和财务指标作为供应商的资格要求或者评审因素，不得在企业股权结构、经营年限等方面对中小企业实行差别待遇或者歧视待遇。"

显然，本项目招标文件中对投标人做出"注册资金不低于2000万元""投标前三年的每年度营业收入不低于2000万元""投标人正式员工不得低于100人"等资格要求，明显是对注册资本较少、营业收入较低、从业人员不多的中小企业进行了限制，不符合政府采购公平、公正的原则，有违政府采购促进中小企业发展的政策，构成以不合理的条件对投标人实行差别待遇或者歧视待遇。

62. 如何界定供应商的经营范围是否合格？

问：某政府采购招标项目，招标文件要求供应商的经营范围必须包含该类项目。该项目评标时，评标委员会仔细研究了某供应商的营业执照，也无法判断出其经营范围是否包括该类项目。但是该供应商在其业绩证明材料中又提供了类似项目业绩。请问是否可以判断该供应商的资格条件符合招标文件的要求？

答：该供应商为合格供应商。主要理由有以下两点：

（1）凭营业执照中的经营范围描述，不足以断定该供应商超范围经营。

（2）即便是该供应商确属超范围经营，如对方履约质量合格，合同依然为有效合同，不影响合同效力。

需要说明的是，依据国家发展改革委办公厅、市场监管总局办公厅《关于进一步规范招标投标过程中企业经营资质资格审查工作的通知》（发改办法规〔2020〕727号）等文件规定，营业执照的经营范围不得作为招标项目的资格条件、加分条件和中标条件。

63. 政府采购项目供应商的资质条件变更怎么办?

问：某公立医院想采购一批医用设备。该项目招标公告已经发出，现在想在资质要求中增加一条，计划再发一个补充公告。请问原公告时间需要往后顺延吗?

答：公立医院采购项目属于政府采购项目，如采购金额达到所在省份公布的政府采购限额标准，应当依法纳入《政府采购法》管辖。

《政府采购货物和服务招标投标管理办法》第二十七条规定："采购人或者采购代理机构可以对已发出的招标文件、资格预审文件、投标邀请书进行必要的澄清或者修改，但不得改变采购标的和资格条件。"如本项目确需变更供应商的资格条件，应当在原信息公告发布媒体发布项目终止公告，并修改招标公告和招标文件的相关内容，重新依法发布招标公告组织招标采购活动。

第五章 其他

64. 纳入集中采购目录的政府采购项目，能否委托非集中采购代理机构采购？

问：某单位网络建设工程项目通过公开招标采购网络交换机、网络存储设备和网络安全产品等，均在集中采购目录范围之内，采购人能否委托非集中采购代理机构进行采购？

答：《政府采购法》第七条第三款规定："纳入集中采购目录的政府采购项目，应当实行集中采购。"第十八条第一款规定："采购人采购纳入集中采购目录的政府采购项目，必须委托集中采购机构代理采购"。也就是说，纳入集中采购目录的政府采购项目，必须委托集中采购机构实行集中采购，不得委托非集中采购机构进行采购。因此，本项目采购的产品涉及集采目录范围内的项目，应委托集中采购机构采购，如委托非集中采购代理机构采购，则违反了上述法律规定。

65. 社会代理机构能否代理列入集中采购目录中的政府采购项目？

问：某机关单位采购办公家具，拟委托社会代理机构代理，是否合法？

答：不合法。

《政府采购法》第十八条第二款规定："纳入集中采购目录属于通用的政府采购项目的，应当委托集中采购机构代理采购；属于本部门、本系统有特殊要求的项目，应当实行部门集中采购；属于本单位有特殊要求的项目，经省级以上人民政府批准，可以自行采购。" 也就是说，集中采购目录中政府采购项目分为通用项目和专用项目。对于通用项目，法定的代理机构是政府集中采购机构代理。对于专用项目，部门成立集中采购组织的，由部门集中采购组织代理；若未成立的，只能由政府集中采购机构代理。社会代理机构只能代理集中采购目录以外的政府采购项目。

66.低于采购限额的项目可否在单位的官网发布采购公告？

问：某事业单位，其所在省的分散采购限额标准是 50 万元。该单位有一个分散采购项目，预算金额为 20 万元。请问该项目是否可以在单位的官网发布采购公告？

答：可以。

分散采购项目，如未达到分散采购限额标准的，不属于政府采购项目，不受《政府采购法》规制。采购人可以直接委托相关单位承接该项目，也可以通过竞争方式确定成交人。

67. 企业可以选择参照政府采购方式采购吗？

问：某国有企业有货物采购项目，可以自主选择参照政府采购方式采购吗？

答：非依法必须招标的项目，国有企业可以自主选择参照政府采购方式进行采购。但生产类国企采购的主要目的，是为了保障供应链的安全，政府采购的流程设计对生产类国企采购活动的适用性不强，应当谨慎采用。

国有企业日常生产经营用的原辅材料和设施设备的采购，都不属于依法必须招标的项目。国有企业的非招标方式采购活动目前尚未纳入《招标投标法》和《政府采购法》等公共采购法律管辖。对于国有企业来讲，该部分内容可自行决定参照《政府采购法》规定的程序规则执行，或自行制定相关采购管理制度。

2018 年 6 月，中国招标投标协会发布了《非招标方式采购代理服务规范》，该规范属于行业推荐性自律服务规范。该规范根据招标采购行业的实践，推出了谈判采购、询比采购、竞价采购和直接采购四种采购方式以及框架协议采购组织形式。可适用于采购代理机构及其从业人员为企业等采购人提供的非招标方式采购代理服务，也适用于采购人自行组织实施的非招标方式采购活动。国有企业可选择适用该规范开展日常采购活动。

2019 年 5 月，中国物流与采购联合会公共采购分会颁布了《国有企业采购操作规范》，推出了公开招标、邀请招标、竞价采购、询比采购、合作谈判、竞争谈判、竞争磋商、单源直接采购、多源直接采购等九种采购方式，国有企业可根据自身实际从中选用合适的采购方式。

68. 非招标采购方式适用于哪些情形？

问：在政府采购项目中，公开招标是默认的采购方式，其他采购方式受到严格的限制，只有在法律允许的范围内才可以采用。请问非招标采购方式适用于哪些情形？

答：《政府采购非招标采购方式管理办法》第三条对非招标采购方式的适用情形做出了明确规定，主要有以下四种情形：

（1）依法制定的集中采购目录以内，且未达到公开招标数额标准的货物、服务。实践中，首先应识别采购项目是否属于集中采购目录内项目。若属于目录内项目的，依法进入相关政府采购中心集中采购，采购方式依照地方财政部门核准的方式或目录项下的规定方式进行；若属于目录外的项目，依照政府采购管理限额分别处理：在限额之下的，不属于政府采购范畴；在限额之上的，纳入政府采购范围管理，其中达到公开招标限额标准的，应当公开招标。

（2）依法制定的集中采购目录以外、采购限额标准以上，且未达到公开招标数额标准的货物、服务。

（3）达到公开招标数额标准、经批准采用非公开招标方式的货物和服务。采购货物和服务的，可以采用竞争性谈判、竞争性磋商和单一来源采购方式，采购货物的，还可以采用询价采购方式。

（4）按照《招标投标法》及其实施条例必须进行招标的工程建设项目以外的政府采购工程项目。对此，《招标投标法》第六十六条和《招标投标法实施条例》第九条有具体的规定，如采购人依法能够自行建设、生产或者提供的项目，涉及国家安全、国家秘密、抢险救灾且不适合招标的项目，无须招标。

69. 公益广告牌建设运营应采用什么方式确定运维企业？

问：某政府机关因工作原因，需在综合办公大楼前面的公共绿地上，设立 2 块大型户外广告 LED 公益宣传屏。经相关领导研究决定，该 LED 宣传屏拟全部引入企业资金投资建设，建成后 50% 的广告时间用于播放公益广告，另外 50% 的时间由投资企业对外运营获取收益。由于 LED 屏幕建设地点在政府公共区域，涉及公共资源的出让。请问应采取什么方式确定运维企业比较妥当？

答：从本案例提供的相关信息来看，该项目的交易内容大致如下：①该政府机关将 LED 广告经营权对外出让，由受让单位负责 LED 宣传屏的投资建设；②受让单位应满足为社会公众提供公益宣传方面的基本服务，在此基础上可通过对外运营获取相应的投资建设收益；③运营维护期满后，受让单位应将相关设施移交给该政府机关或拆除相关设施恢复原绿化状况。

综上所述，该项目本质上是一个小型的 BOT 项目。因此，建议该政府机关参照《基础设施和公用事业特许经营管理办法》（国家发展和改革委员会等六部委 25 号令）第十五条的相关规定，通过招标、竞争性谈判等竞争方式选择投资运维企业。鉴于本项目建设运营标准和监管要求均比较明确，且市场竞争比较充分的实情，个人倾向于通过招标方式选择运营维护企业较为合理。

70. 采购限额以下的项目是否可以直接委托施工单位？

问：某公立医院需要做 X 光室防护工程，预算为 18 万元，请问是否需要通过招标或者竞争性谈判等其他方式进行采购，还是可以直接委托施工单位？

答：依据《政府采购法》第二条规定，预算单位使用财政性资金采购集中采购目录以内的，或集中采购目录以外但采购限额标准以上的货物、工程和服务，才纳入《政府采购法》管辖。集中采购项目的范围由省级以上人民政府公布的集中采购目录确定；中央预算单位的采购限额标准由国务院确定；地方预算单位的采购限额标准，由省级人民政府或其授权的机构确定。

初步判断本项目应不属于集中采购目录内的采购项

目，且采购预算金额仅为 18 万元，不属于《政府采购法》管辖，采购人可以直接委托具有相应能力的单位进行施工，也可以参照《政府采购法》的相关规定采用非招标方式进行采购。

71. 限额以下的政府采购货物、服务项目采用非招标采购方式是否需要审批？

问：《政府采购非招标采购方式管理办法》第四条规定："达到公开招标数额标准的货物、服务采购项目，拟采用非招标采购方式的，采购人应当在采购活动开始前，报经主管预算单位同意后，向设区的市、自治州以上人民政府财政部门申请批准。"也就是说，限额以上的项目如采用非招标采购方式的需要审批，那么限额以下的政府采购货物、服务项目采用非招标采购方式的，是否也需要办理审批手续？

答：限额以下的政府采购货物、服务项目采用非招标采购方式的，不需要向财政部门申请办理采购方式审批手续。

根据《政府采购法实施条例》第二十三条和《政府采购非招标采购方式管理办法》第四条规定，达到公开招标数额标准以上的货物或服务采用其他非招标方式采购的应当经财政部门批准，而限额以下的货物、服务采用公开招标方式以外的其他采购方式采购的，是否需要经过财政部门采购方式审批，法律法规没有具体的规定。按照当前政府实行"放管服"改革，严格进行行政审批，行政行为实行"法无授权不可为"

的原则，对限额以下的政府采购与货物和服务项目如采用非招标采购方式的进行审批是没有法律依据的，相反如果财政部门违法审批，还可能需要承担相应的法律责任。

72.政府采购项目在哪些情形下应当重新开展采购活动？

问：当一个政府采购项目的采购活动失败或因其他原因使采购活动无法按正常的程序进行，该采购项目需要重新开展采购活动。请问在哪些情形下应当重新开展采购活动？

答：《政府采购法》中没有关于"重新开展采购活动"的相关规定。《政府采购法实施条例》在第四十九条、第七十一条规定了重新开展采购活动的情形。一种情形是中标或者成交供应商拒绝与采购人签订合同的，采购人可以按照评审报告推荐的中标或者成交候选人名单排序，确定下一候选人为中标或者成交供应商，也可以重新开展政府采购活动。另一种情形是有《政府采购法》第七十一条、第七十二条规定的违法行为之一，影响或者可能影响中标、成交结果的，依照下列规定处理：（一）未确定中标或者成交供应商的，终止本次政府采购活动，重新开展政府采购活动。（二）已确定中标或者成交供应商但尚未签订政府采购合同的，中标或者成交结果无效，从合格的中标或者成交候选人中另行确定中标或者成交供应商；没有合格的中标或者成交候选人的，重新开展政府采购活动。（三）政府采购合同已签订但尚未履行的，撤销合同，从合格的中标或者成交候选人中另行确定中标或者成交供应商；没有合格的中标或者成交候选人的，重新开展政府采购活动。（四）政府采购合同已经履行，给采购人、供应商造成损失的，由责任人承担赔偿责任。政府采购当事人有其他违反《政府采购法》或者《政府采购法实施条例》规定的行为，经改正后仍然影响或者可能影响中标、成交结果或者依法被认定为中标、成交无效的，依照前款规定处理。

《政府采购质疑和投诉办法》也有关于重新开展采购活动的规定。该办法第三十一条规定"投诉人对采购文件提起的投诉事项，财政部门经查证属实的，应当认定投诉事项成立。经认定成立的投诉事项不影响采购结果的，继续开展采购活动；影响或者可能影响采购结果的，财政部门按照下列情况处理：（一）未确定中标或者成交供应商的，责令重新开展采购活动。（二）已确定中标或者成交供应商但尚未签订政府采购合同的，认定中标或者成交结果无效，责令重新开展采购活动。（三）政府采购合同已经签订但尚未履行的，撤销合同，责令重新开展采购活动。（四）政府采购合同已经履行，给他人造成损失的，相关当事人可依法提起诉讼，由责任人承担赔偿责任。"该办法第三十二条规定："投诉人对采购过程或者采购结果提起的投诉事项，财政部门经查证属实的，应当认定投诉事项成立。经认定成立的投诉事项不影响采购结果的，继续开展采购活动；影响或者可能影响采购结果的，财政部门按照下列情况处理：（一）未确定中标或者成交供应商的，责令重新开展采购活动。（二）已确定中标或者成交供应商但尚未签订政府采购合同的，认定中标或者成交结果无效。合格供应商符合法定数量时，可以从合格的中标或者成交候选人中另行确定中标或者成交供应商的，应当要求采购人依法另行确定中标、成交供应商；否则责令重新开展采购活动。（三）政府采购合同已经签订但尚未履行的，撤销合同。合格供应商符合法定数量时，可以从合格的中标或者成交候选人中另行确定中标或者成交供应商的，应当要求采购人依法另行确定中标、成交供应商；否则责令重新开展采购活动。（四）政府采购合同已经履行，给他人造成损失的，相关当事人可依法提起诉讼，由责任人承担赔偿责任。投诉人对废标行为提起的投诉事项成立的，财政部门应当认定废标行为无效。"

《财政部关于进一步规定政府采购评审工作有关问题的通知》（财库〔2012〕69号）第四项中也有要求，即评审委员会发现采购文件存在歧义、重大缺陷导致评审工作无法进行，或者采购文件内容违反国家有关规定的，要停止评审工作并向采购人或采购代理机构书面说明情况，采购人或采购代理机构应当修改采购文件后重新组织采购活动。

综上所述，政府采购活动是否应从头开始，要具体情况具体分析，目前相关法规分别规定在如下情形时，应重新开展采购活动；一是当采购活动"终止"后（非采购任务取消），应重新开展采购活动；二是成交供应商拒绝与采购人签订合同的，也可以重新组织采购活动；三是采购活动中有违法行为影响或者可能影响中标、成交结果，未确定中标或者成交供应商的，"终止"本次政府采购活动，重新开展政府采购活动。

73.采购文件是否可以约定视为串通投标情形？

问：某竞争性磋商项目，评审时发现有两家供应商提交的技术响应文件有很多处雷同，甚至有几处打字错误也是相同的。由于没有找到相应的法律规定，磋商小组不敢判定上述两家供应商恶意串通，而对其响应文件做出无效响应处理。请问类似情况该如何处理？

答：《政府采购货物和服务招标投标管理办法》规定了六种视为串通投标情形，其中就包括了"不同投标人的投标文件异常一致"这种情形。但是，该办法只适用于采用招标方式进行采购的项目。对于采用非招标方式进行采购的项目而言，由于《政府采购法》及其配套法律规范没有对此做出明确规定，上述行为确实存在难以直接定性的困惑。

为弥补这一不足，采购人可以参考《政府采购货物和服务招标投标管理办法》的相关规定，在采购文件中约定视为串通的情形，为项目评审和成交供应商的择优选择提供可供执行的直接依据。

74. 《政府采购品目分类目录》的性质和效力是什么？

问：某政府采购代理机构，最近有个政府项目在编制采购文件的时候，编制人员不慎导致采购品目分类选择错误，目前该项目已经挂网招标。请问财政部印发的《政府采购品目分类目录》是否具有强制力？采购品目分类选择错误需要重新招标吗？如果对项目采购的公平、公正没有影响，采购人的错误属于违法行为吗？

答：《政府采购品目分类目录》是用以确定采购项目的项目属性的。该品目分类目录应属于管理性强制规定。

政府采购项目品目分类选择错误，有可能会导致评标因素分值权重设置错误。试举一例：某政府采购货物项目错选为服务项目，其价格分值权重要求就从不得低于30%变为不得低于10%，如该项目采购文件中把价格分值权重设置为20分，则该项目采购文件涉嫌违反政府采购法律政策文件的相关规定，应当予以纠正。

75. 采用招标方式实施采购的项目，应如何确定项目属性？

问：某政府采购项目，其采购内容既有货物也有服务，如何确定项目属性？如果可以一起采购，采用综合评分法时，价格分值权重如何设置？

答：在政府采购实践中，确实有一些项目的采购对象既包括货物又包括服务，而且有的项目货物和服务不宜拆分或很难拆分。对于该类项目而言，人为拆分成单独的货物和服务项目分开采购，反而不利于项目的实施。

《政府采购货物和服务招标投标管理办法》第七条规定："采购人应当按照财政部制定的《政府采购品目分类目录》确定采购项目属性。按照《政府采购品目分类目录》无法确定的，按照有利于采购项目实施的原则确定。"

关于价格分值权重的设定，该办法第五十五条第五款规定："货物项目的价格分值占总分值的比重不得低于30%；服务项目的价格分值占总分值的比重不得低于10%。执行国家统一定价标准和采用固定价格采购的项目，其价格不列为评审因素。"

76. 采用竞争性磋商方式实施采购的项目，应如何确定项目属性

问：某政府采购采购项目，拟采用竞争性磋商方式实施采购，采购内容既包括货物也包括服务，请问如何确定项目属性？

答：一般情况下，政府采购项目在申请预算编号时，应当明确项目属性。需要注意的是，拟采用竞争性磋商方式实施采购的项目，应当依据《政府采购竞争性磋商采购方式管理暂行办法》（财库〔2014〕214号）的规定确定项目属性。

《政府采购竞争性磋商采购方式管理暂行办法》第二十四条第三款规定："采购项目中含不同采购对象的，以占项目资金比例最高的采购对象确定其项目属性。"这一点和货物服务招标项目有很大区别（依据《政府采购货物和服务招标投标管理办法》第七条规定，按照《政府采购品目分类目录》无法确定的项目属性，按照有利于采购项目实施的原则确定）。尽管对《政府采购竞争性磋商采购方式管理暂行办法》的这一规定是否合理存在着不同认识，但在相关规定没有修改之前，竞争性磋商项目应执行该暂行办法的规定。

77. 市场上比较成熟的软件采购属于货物类还是服务类采购？

问：某市电视台采用公开招标方式采购一批非线性编辑系统，该编辑系统目前市场上成熟的软件较多。由于涉及价格分值权重问题，在编制采购文件时须明确采购对象的属性特征。请问市场上比较成熟的软件采购属于货物类还是服务类采购？

答：本项目属于货物类采购项目。《政府采购法》第二条第五款规定："本法所称货物，是指各种形态和种类的物品，包括原材料、燃料、设备、产品等。"《政府采购法释义》对"货物"作了进一步解释："本条所称货物，是指各种形态和各种类型的物品，包括有形和无形物品（如专利），固体、液体或气体物体，动产和不动产。"对照上述规定，个人倾向于认为市场上比较成熟的软件属于已经开发完毕的无形物品，纳入货物类项目更为合适。

财政部 2013 年颁布的《政府采购品目分类目录》明确将基础软件、应用软件、嵌入式软件、信息安全软件和其他计算机软件列入货物类项目。

78.新成立的公司是否必须要提供财务报表？

问：《政府采购法》第二十二条规定供应商参加政府采购活动应当具备良好的商业信誉和健全的财务会计制度。《政府采购法实施条例》第十七条规定参加政府采购活动的供应商应当具备《政府采购法》第二十二条第一款规定的条件，其中要求提供财务状况报告等相关材料。供应商提供上年度的财务报表是其响应文件中必须要提供的材料，那么新成立的公司提供不了上年度财务报表，怎么办？

答：按照企业会计准则，一般按年编制财务报表。采购当年新成立的公司，上一年并无经营活动，也就不会有上年度的财务报表，如果一味要求供应商必须提供上年度的财务报表，以此作为供应商资格条件，那就等同于限制新成立的公司参与政府采购活动，也就等于排斥了新注册成立的法人或者其他组织参与政府采购竞争。这无疑违反了《政府采购法》第二十二条规定，构成"以不合理的条件对供应商实行差别待遇或者歧视待遇"。因此，为了给新成立的公司一个公平竞争的机会，可以采取出具银行资信证明等做法，以证明企业具备健全的财务会计制度。这也较好地解决了新成立的企业被排斥在政府采购市场以外的难点问题。如在招标文件中规定："供应商为企业法人的，须提供上年度财务报表（如为本年新设立企业，提供其基本账户的银行资信证明）；供应商为其他组织和自然人的，可以提供银行资信证明。"

79.能否将ISO9001质量管理体系认证证书、ISO14001环境管理体系认证证书、OHSAS18001职业健康安全管理体系认证证书设定为评分条款？

问：某学校 3D 打印实训室设备采购项目的公开招标文件，有供应商提出质疑，认为评分条款将 ISO9001 质量管理体系认证证书、ISO14001 环境管理体系认证证书、OHSAS18001 职业健康安全管理体系认证证书作为评分条款，和实际不相适应并与合同履行无关，存在以不合理条件限制、排斥潜在投标人的情况。请问：政府采购项目能否将 ISO9001 质量管理体系认证证书 ISO14001 环境管理体系认证证书、OHSAS18001 职业健康安全管理体系认证证书作为评分条款？

答：根据《政府采购法》第二十二条第二款的规定，采购人可以根据采购项目的特殊要求，规定供应商的特定条件，但不得以不合理的条件对供应商实行差别待遇或者歧视待遇。同时，《政府采购法实施条例》第二十条规定"采购人或者采购代理机构有下列情形之一的，属于以不合理的条件对供应商实行差别待遇或者歧视待遇：（一）就同一采购项目向供应商提供有差别的项目信息；（二）设定的资格、技术、商务条件与采购项目的具体特点和实际需要不相适应或者与合同履行无关;(三)采购需求中的技术、服务等要求指向特定供应商、特定产品;(四)以特定行政区域或者特定行业的业绩、奖项作为加分条件或者中标、成交条件;(五)对供应商采取不同的资格审查或者评审标准;(六)限定或者指定特定的专利、商标、品牌或者供应商;(七)非法限定供应商的所有制形式、组织形式或者所在地;(八)以其他不合理条件限制或者排斥潜在供应商。"

ISO9001 质量管理体系认证、ISO14001 环境管理体系认证、OHSAS18001 职业健康安全管理体系认证主要是对企业在质量保证、环境影响、安全生产等内控管理上的认可与评定。通过此类认证体现了企业对生产经营全过程管控的能力,也体现了企业在品质控制、环境保护、安全生产等方面管理的规范性。本项目中,所涉及的质量管理体系认证证书、环境管理体系认证证书、职业健康安全管理体系认证证书不在国务院取消的资格许可和认定事项目录内,且其申请条件中也没有对企业的注册资金、营业收入等业绩规模做出限制。同时,本项目采购主要标的为各类大、中、小型打印机及扫描仪。3D 打印机所使用的打印材料是高新技术材料,需要专业的环保措施和技术,针对本项目实际情况,设置 ISO9001 质量管理体系认证、ISO14001 环境管理体系认证、OHSAS18001 职业健康安全管理体系认证,能在一定程度上反映供应商的管理水平,响应国家环保节能等方面的政策,ISO 管理体系证书执行的是国家标准，凡是有需求提高企业整体水平的都可以通过国家认可的认证机构第三方审核得到证书。招标文件要求的这三个体系认证证书与本项目本身具有的技术管理特点和实际需要存在关联性，符合项目实际和合同履行需要，不属于以不合理的条件对供应商实行差别待遇或歧视待遇。

需要注意的是，一些省市财政部门专门出台规定，禁止将 ISO 体系认证等认证证书作为政府采购供应商的资格条件和加分条件。

80. 未取得生产商"授权"投标，能否认定其不具备履行合同的能力？

问：某公司所投产品为某机床公司生产的系列产品，获得了机床公司针对本项目的唯一有效授权，但在将该公司公示为中标候选人之后，机床公司来函声明对该公司的授权予以作废，此时能否认定该公司不具备履行合同的能力？

答：投标人在投标文件中提供了机床公司的制造商授权书，评标委员会仅依据其提供的投标文件资料来评审，并不寻求外部证据。之后，制造商来函作废原有授权，不应影响其投标文件的有效性，且制造商授权不是衡量供应商是否具备履约能力、投标产品质量能否保证的唯一条件。以投标人没有制造商授权为由，认为其所投产品质量无法得到保障或者认为其不具备履行合同能力，缺乏事实依据。如果在签订政府采购合同后，中标人不能按照合同约定提供中标产品，采购人可以依法追究其违约责任。

81.限额以下进口产品是否需要进行进口论证?

问:某高校须采购某进口仪器用于教学科研,该产品不在集中采购和部门集中采购目录内,且采购预算在政府采购分散采购限额以下。

请问:是否需要依据《政府采购法》第十条的规定,在采购活动开始之前进行进口论证?

答:《政府采购法》第二条第二款规定:"本法所称政府采购,是指各级国家机关、事业单位和团体组织,使用财政性资金采购依法制定的集中采购目录以内的或者采购限额标准以上的货物、工程和服务的行为。"

结合该法第二条、第十条的相关规定,个人认为事业单位使用财政性资金采购集中采购目录以外,且在分散采购限额以下的货物,不属于《政府采购法》的管辖范围。《政府采购法》中要求对采购进口产品进行论证的规定,不适用于该类采购项目。

82. 政府采购档案要保存哪些资料?

问:某单位为新成立的事业单位,需采购办公设备,通过招标方式确定中标人、签订合同、履约完成后,应保存哪些采购档案资料,未中标供应商的投标文件是否也要保存?

答:《政府采购法》四十二条规定"采购人、采购代理机构对政府采购项目每项采购活动的采购文件应当妥善保存,不得伪造、变造、隐匿或者销毁。采购文件的保存期限为从采购结束之日起至少保存十五年。采购文件包括采购活动记录、采购预算、招标文件、投标文件、评标标准、评估报告、定标文件、合同文本、验收证明、质疑答复、投诉处理决定及其他有关文件、资料。采购活动记录至少应当包括下列内容:(一)采购项目类别、名称;(二)采购项目预算、资金构成和合同价格;(三)采购方式,采用公开招标以外的采购方式的,应当载明原因;(四)邀请和选择供应商的条件及原因;(五)评标标准及确定中标人的原因;(六)废标的原因;(七)采用招标以外采购方式的相应记载。"上述法律条款提到的"采购文件"是指采购过程中形成的所有文字材料,也就是完整的采购档案,其中保存的投标文件既包括中标供应商的投标文件,也包括未中标供应商的投标文件。

83. 政府采购不同方式下各个环节的时限是多长?

问:政府采购有六种采购方式,不同的采购方式其程序环节时限要求不尽相同,那么不同采购方式下各个环节的时限分别是什么呢?

答:为了方便记忆,编者对不同采购方式下各个环节的时限进行整理归纳见下表。

时限	采购方式					
	公开招标	邀请招标	竞争性谈判	竞争性磋商	询价	单一来源
公告发布时限	5个工作日	资格预审公告：5个工作日	3个工作日	3个工作日	3个工作日	单一来源公示期：5个工作日
文件提供或发售时限	不少于5个工作日	资格预审文件提供不少于5个工作日；招标文件不少于5个工作日	不少于3个工作日	不少于5个工作日	不少于3个工作日	
投标、响应时限（文件发出之日起至提交投标、响应文件截止之日止）	不少于20日	不少于20日（资格预审文件自公告发布之日起不得少于5个工作日）	不少于3个工作日	不少于10日	不少于3个工作日	
对采购文件进行澄清修改的时限（提交投标或响应文件截止之日前）	投标截止之日15日前或提交资格预审申请文件截止之日3日前		3个工作日前	5日前	3个工作日前	
评审报告送交采购人	评审结束之日起2个工作日内					

（续）

时限	采购方式					
	公开招标	邀请招标	竞争性谈判	竞争性磋商	询价	单一来源
确定中标、成交人	收到评审报告之日起 5 个工作日内在评审报告中推荐的候选人中确定					
公告中标、成交结果	中标、成交供应商确定之日起 2 个工作日内					
发出中标、成交通知书	公告中标、成交结果的同时					
合同签订	中标、成交通知书发出 30 日内（签订之日起 2 个工作日内合同公告，7 个工作日内合同副本向采购监督部门备案）					
保证金退还	未中标、成交的在中标、成交通知书发出之日起 5 个工作日内退还，中标的自合同签订之日起 5 个工作日内退还					

其中，竞争性谈判和询价的文件提供期限，法律未做出明确的规定。

84. 各种采购方式供应商的来源有什么不同？

问：政府采购有六种采购方式，不同的采购方式其供应商的来源不尽相同，请问有哪些不同呢？

答：为了方便记忆，编者对不同采购方式供应商的来源进行整理归纳见下表。

采购方式	公开招标	邀请招标	竞争性谈判	竞争性磋商	询价	单一来源
供应商产生方式	公告方式公开征集	1. 发布资格预审公告征集 2. 省级以上财政部门建立的供应商库中选取 3. 采购人书面推荐	1. 发布公告 2. 省级以上财政部门建立的供应商库中随机抽取 3. 采购人和评审专家分别书面推荐（采购人推荐的比例不超过50%） 4. 公开招标失败转竞争性谈判，只有两家供应商时，可直接邀请该两家供应商	1. 发布公告 2. 省级以上财政部门建立的供应商库中随机抽取 3. 采购人和评审专家分别书面推荐；（采购人推荐的比例不超过50%）	1. 发布公告 2. 省级以上财政部门建立的供应商库中随机抽取 3. 采购人和评审专家分别书面推荐；（采购人推荐的比例不超过50%）	唯一供应商

85. 从事机电产品国际招标和政府采购项目代理是否不受项目大小限制？

问：政府采购和机电产品国际招标代理资格（资质）取消后，招标采购代理机构还分甲级、乙级或预备级吗？如果不分，那是不是无论多大的项目谁都可以代理；如果分，多大规模的项目应由哪一级代理机构来做？

答：机电产品国际招标和政府采购代理资格（资质）审批认定取消后，想要从事机电产品国际招标和政府采购代理的咨询机构，只要按照相应程序备案或注册以后，即可从事相关业务。个人理解这两类代理机构不再有资质等级的区分，即其承接相应代理业务不受采购项目规模、大小等方面的限制和约束。

86. 建设单位必须通过有偿方式取得国有土地使用权吗？

问：某国有融资平台，最近实施一个政府投资项目。请问：建设单位使用国有土地是否必须通过招标、拍卖或挂牌等方式有偿取得？

答：《中华人民共和国土地管理法》第五十四条规定"建设单位使用国有土地，应当以出让等有偿使用方式取得；但是，下列建设用地，经县级以上人民政府依法批准，可以以划拨方式取得：（一）国家机关用地和军事用地；（二）城市基础设施用地和公益事业用地；（三）国家重点扶持的能源、交通、水利等基础设施用地；（四）法律、行政法规规定的其他用地。"

因此，除法律、法规明确规定的上述四类特殊项目用地外，建设单位应当通过有偿使用方式取得国有土地使用权。

第二部分

▼

招标采购篇

第一章　招标

87.赠款用于工程建设项目是否必须招标？

问：某高校有校友向学校捐赠360万元。该校拟将这笔资金用于一工程建设项目。请问：该笔资金是不是属于财政性资金？该项目是否必须招标？

答： 该笔资金性质属于财政性资金。

《事业单位财务规则》（财政部令第68号）明确规定，事业单位的各项收入应当全部纳入单位预算，统一核算，统一管理。事业单位为开展业务及其他活动依法取得的非偿还性资金收入为事业单位的收入，包括财政补助收入、事业收入、上级补助收入、附属单位上缴收入、经营收入和其他收入。该校的捐赠收入属于事业单位的其他收入，属于纳入预算管理的资金。

此外，从捐赠行为特征来看，在捐赠行为发生后，捐赠资金的所有权已经从捐赠人转移到受捐对象。即该校校友在实施捐赠行为后，该笔360万元资金已为预算单位所有，并被纳入预算管理。

根据《政府采购法》第二条规定，事业单位使用财政性资金采购依法制定的集中采购目录以内的或者采购限额标准以上的货物、工程和服务，依法纳入《政府采购法》管辖。根据《必须招标的工程项目规定》（国家发展和改革委员会16号令）的相关规定，使用事业单位资金投资建设的工程，施工单项合同估算价在400万元人民币以上，属于依法必须招标的工程项目。本项目估算价不足400万元，可以不进行招标。该校可依据《政府采购法实施条例》第二十五条的相关规定，采用竞争性磋商、竞争性谈判等其他非招标采购方式实施采购。

88. 有关稀缺资源分配的行政许可事项，行政许可机关可否通过招标方式做出决定？

问：某市市运管局研究决定在本市增加出租车数量，为了增加行政许可的透明度和公正性，拟采用招标方式确定出租车经营权的归属。这种做法是否可行？

答：《中华人民共和国行政许可法》第五十三条规定："实施本法第十二条第二项所列事项的行政许可的，行政机关应当通过招标、拍卖等公平竞争的方式做出决定。但是，法律、行政法规另有规定的，依照其规定。行政机关通过招标、拍卖等方式做出行政许可决定的具体程序，依照有关法律、行政法规的规定。行政机关按照招标、拍卖程序确定中标人、买受人后，应当做出准予行政许可的决定，并依法向中标人、买受人颁发行政许可证件。行政机关违反本条规定，不采用招标、拍卖方式，或者违反招标、拍卖程序，损害申请人合法权益的，申请人可以依法申请行政复议或者提起行政诉讼。"该法第十二条规定"下列事项可以设定行政许可：……（二）有限自然资源开发利用、公共资源配置以及直接关系公共利益的特定行业的市场准入等，需要赋予特定权利的事项……"交通运输部《巡游出租汽车经营服务管理规定》第十三条规定："国家鼓励通过服务质量招投标方式配置巡游出租汽车的车辆经营权。县级以上地方人民政府出租汽车行政主管部门应当根据投标人提供的运营方案、服务质量状况或者服务质量承诺、车辆设备和安全保障措施等因素，择优配置巡游出租汽车的车辆经营权，向中标人发放车辆经营权证明，并与中标人签订经营协议。"

本项目中，巡游出租车经营权的配置属于有数量限制、排他性、且取得者需要付出对价的行政许可，按照上述法律规定，可通过公开的招标方式做出行政许可决定，这样有利于增强行政机关做出行政许可决定程序的规范性、透明度，建立公平竞争的秩序，防范暗箱操作、权力寻租，增强行政行为的公信力，促进资源配置的效益。

89. 不同预算编号的同类项目是否可以合并招标？

问：某预算单位有下属六个基层预算单位。今年下属基层预算单位有两个同类项目，但预算编号不同，采购实施单位也不同。请问：可以将上述两个项目整体打包招标吗？有无相关法律依据?

答:可以合并招标。

《政府采购法》引入招标投标机制进行采购的根本目的,是为了提高采购资金的使用效益。本案例中招标人不同,项目性质相同,合并招标技术上可行,有利于招标采购活动的组织,也可以简化流程,节省时间,起到降低交易成本、提高资金使用效益的效果,符合《政府采购法》的立法目的。

需要注意的是,多个同类项目合并采购,对供应商的资格条件要求也随之提高,可能导致符合条件的供应商数量减少,从而降低项目的竞争程度。建议采购人在综合考虑各方因素的基础上,制定出符合实际的科学、合理的采购方案。

90. 政府投资项目实施单位具有相应资质,是否可以不招标?

问:某供排水有限公司,企业性质是国有企业,具有市政公用工程施工总承包三级资质。最近,当地县政府指定该公司作为项目业主,实施一项城乡供水管网工程,该项目总投资为 1800 万元。经对照《建筑业企业资质标准》中的相关规定,该公司可以承接该项目。请问:可以不通过招标方式自行施工吗?

答:本项目应当依法公开招标。

《招标投标法实施条例》第九条规定:"除《招标投标法》第六十六条规定的可以不进行招标的特殊情况外,有下列情形之一的，可以不进行招标：……（二）采购人依法能够自行建设、生产或者提供……"个人理解，该条款中所称的采购人应该是指自行投资建设、生产的单位，而不是受他人委托、使用他人资金的"代甲方"行为。

从表面上看，该项目似乎适用于该条款的规定。但该公司在本项目中的角色，应该是代政府行为，即受政府方委托的项目组织实施单位，而不是真正意义上的自行投资建设、生产的采购人，本项目真正的采购人是当地政府。因此，个人倾向该项目应当依法进行公开招标。

可以用反证法做个推导：如果该类项目可以不招标，那么政府方是不是可以通过"直接指定某施工单位作为项目业主"的方式，来规避公开招标呢？

基于上述考虑，该项目应当公开招标。

91.公立医院维修是否必须公开招标？

问：公立医院使用自有资金对病房大楼、门诊楼等进行维修，该项目不属于与新建、改建、扩建相关的维修，总投资大约 1500 万元，主要内容为刷涂料、修墙裙、吊顶、拆部分原墙后做轻质隔断等。请问：该项目是否属于依法必须进行招标的项目？可以采用邀请招标方式吗？

答：公立医院的自有资金属于国有资金，修缮、装修工程属于依法必须进行招标的项目，达到招标限额以上的项目，依法应当进行公开招标。

有一种观点认为，与建筑物和构筑物的新建、改建、扩建无关的单独装修、拆除和修缮工程，不属于依法必须进行招标的项目。这一观点值得商榷。退一步说，即使该类项目不属于《招标投标法》规定的依法必须进行招标的工程建设项目，也应属于《政府采购法》管辖下的政府采购工程。由于本项目合同估算价已经超过公开招标数额标准，仍属于依法必须公开招标的政府采购工程项目。

还有一种观点认为，事业单位自有资金不属于财政性资金。这一观点同样值得商榷。《政府采购法实施条例》将财政性资金定义为"纳入预算管理的资金"。依据《中华人民共和国预算法》（以下简称《预算法》）和《事业单位财务规则》（财政部令第 68 号）规定，事业单位的各项收入和各项支出应当全部纳入单位预算，统一核算，统一管理。事业单位为开展业务及其他活动依法取得的非偿还性资金收入为事业单位的收入，包括财政补助收入、事业收入、上级补助收入、附属单位上缴收入、经营收入和其他收入。

92.政府采购应急工程是否可以采用简易招标程序？

问：某应急抢险工程，如果采用招标投标程序，一般要历时一个多月。请问：应急类工程是否可以采用简易招标程序？在法律法规方面是否有相关规定？

答：法律没有关于简易招标的程序规定。

《招标投标法》第六十六条规定："涉及国家安全、国家秘密、抢险救灾或者属于利用扶贫资金实行以工代赈、需要使用农民工等特殊情况，不适宜进行招标的项目，按照国家有关规定可以不进行招标。"根据这一规定，应急抢险工程不适宜进行招标的，依法可以不进行招标。

93. 邀请招标项目邀请的供应商如何产生？

问：某县广播电视台计算机设备采购项目经审批同意采用邀请招标方式，广播电视台与采购代理机构向经考察确定的甲、乙、丙三家公司发出投标邀请书。请问：这种邀请方式是否符合规定？邀请招标项目邀请的供应商有哪些产生方式？

答：对于邀请招标项目邀请对象的产生，《政府采购法》第三十四条只是做了原则性规定，即"采购人应当从符合相应资格条件的供应商中，通过随机方式选择三家以上的供应商"，但未明确在随机抽取时"符合相应资格条件的供应商"如何产生。《政府采购法实施条例》也无相应规定。为弥补这一缺陷，《政府采购货物和服务招标投标管理办法》对此专门作了明确规定。该办法第十四条规定："采用邀请招标方式的，采购人或者采购代理机构应当通过以下方式产生符合资格条件的供应商名单，并从中随机抽取三家以上供应商向其发出投标邀请书：（一）发布资格预审公告征集；（二）从省级以上人民政府财政部门建立的供应商库中选取；（三）采购人书面推荐。采用前款第一项方式产生符合资格条件供应商名单的，采购人或者采购代理机构应当按照资格预审文件载明的标准和方法，对潜在投标人进行资格预审。采用第一款第二项或者第三项方式产生符合资格条件供应商名单的，备选的符合资格条件供应商总数不得少于拟随机抽取供应商总数的两倍。随机抽取是指通过抽签等能够保证所有符合资格条件供应商机会均等的方式选定供应商。随机抽取供应商时，应当有不少于两名采购人工作人员在场监督，并形成书面记录，随采购文件一并存档。投标邀请书应当同时向所有受邀请的供应商发出。"该条规定弥补了上位法的不足，明确了"符合相应资格条件的供应商"须通过资格预审的方式、从省级以上人民政府财政部门建立的供应商库中选取或采购人书面推荐产生，上述三种方式可任选其一，使得政府采购货物和服务项目的邀请招标具有较强的灵活性和实操性。

因此，本项目中采购人经过考察确定三家公司为邀请对象的做法不符合上述法律规定，应依法从上述三种法定方式中选择一种来确定邀请对象。

94. 政府采购邀请招标项目可以不抽取供应商吗？

问：某政府采购货物邀请招标项目，采用发布资格预审公告方式征集供应商。为了扩大竞争，采购人想在采购文件中规定，让所有通过资格审查的供应商均参加投标。请问：邀请招标项目必须要有随机抽取供应商这个环节吗？不抽取三家供应商而让所有符合资格条件的供应商都参加投标竞争是否可以？

答：可以。

《政府采购法》第三十四条规定："货物或者服务项目采取邀请招标方式采购的，采购人应当从符合相应资格条件的供应商中，通过随机方式选择三家以上的供应商，并向其发出投标邀请书。"《政府采购货物和服务招标投标管理办法》第十四条第一款规定"采用邀请招标方式的，采购人或者采购代理机构应当通过以下方式产生符合资格条件的供应商名单，并从中随机抽取三家以上供应商向其发出投标邀请书：（一）发布资格预审公告征集；（二）从省级以上人民政府财政部门建立的供应商库中选取；（三）采购人书面推荐。"

《政府采购法》和《政府采购货物和服务招标投标管理办法》的上述表述，隐含了一个前提，即：如果采购人拟邀请供应商的数量小于合格供应商数量的，则须采用随机方式选择3家以上供应商。在政府采购邀请招标活动中，如不存在这一隐含前提的，比如采购文件中规定拟邀请的供应商数量大于实际通过资格审查的供应商数量，或者采购人拟全数邀请所有符合资格条件的供应商参加投标的，则无须再采用随机抽取的方式。

举一个比较极端的例子：如采购文件规定邀请6家以上符合资格条件的供应商参加投标，但通过资格预审后，实际只有5家或6家供应商，在这种情况下，没有必要非得经过一道没有实质意义的随机抽取程序。同理，如采购人拟邀请所有合格供应商参加投标，也无须再随机抽取。

95. 招标文件规定"欧美一线品牌"是否构成违法指定品牌的行为？

问：某医院采购高频 X 线摄片机设备，竞争性谈判采购文件中有"欧美一线品牌"等具体要求，某公司投标设备为国产品牌，不符合"欧美一线品牌"要求。请问：评审委员会能否以此为由判定其未实质性响应采购文件要求而判定其投标无效？该资格条件是否构成违法指定品牌的行为？

答：根据《政府采购法》第十条的规定，除特定例外情形外，政府采购应当优先采购本国货物、工程和服务。该法第二十二条也规定了不得以不合理的条件对供应商实行差别待遇或者歧视待遇。显然，本采购项目采购文件中设定产品为"欧美一线品牌"，对采购产品的品牌限定为欧美品牌，且作为实质性条件加以限制，具有明显的歧视性，排斥了非欧美品牌产品供应商，未平等地给予所有潜在供应商公平竞争的机会，有违《政府采购法》第十条、第二十二条的规定。

96.采购文件能否设定业绩合同的金额？

问：某物业服务项目招标公告对"供应商资格要求"规定了供应商"自 2013 年至 2015 年须具有 1 个（含）以上合同金额在 100 万元（含）以上物业管理服务"业绩的内容，

是否合法？

答： 政府采购项目对供应商的资格条件要求必须要具备合法性、合理性，必须要与采购项目的具体特点和实际需要相适应、与合同履行相关。《政府采购法实施条例》第二十条规定："采购人或者采购代理机构有下列情形之一的，属于以不合理的条件对供应商实行差别待遇或者歧视待遇：（一）就同一采购项目向供应商提供有差别的项目信息；（二）设定的资格、技术、商务条件与采购项目的具体特点和实际需要不相适应或者与合同履行无关；（三）采购需求中的技术、服务等要求指向特定供应商、特定产品；（四）以特定行政区域或者特定行业的业绩、奖项作为加分条件或者中标、成交条件；（五）对供应商采取不同的资格审查或者评审标准；（六）限定或者指定特定的专利、商标、品牌或者供应商；（七）非法限定供应商的所有制形式、组织形式或者所在地；（八）以其他不合理条件限制或者排斥潜在供应商。"该条款是判定供应商资格条件是否合规的主要依据之一。

本项目规定供应商应具有"自 2013 年至 2015 年须具有 1 个（含）以上合同金额在 100 万元（含）以上物业管理服务"的业绩，设置合同业绩金额的限定与项目本身的预算金额并无直接关联性，而且采购人和代理机构有多种方式可以实现对供应商履约能力的考核，将特定金额的合同业绩设定成资格条件并非是唯一不可替代的方式。此外，《政府采购促进中小企业发展暂行办法》第五条规定："采购人在政府采购活动中应当合理确定采购项目的采购需求，不得以企业注册资本、资产总额、营业收入、从业人员、利润、纳税额等规模条件和财务指标作为供应商的资格要求或者评审因素，不得在企业股权结构、经营年限等方面对中小企业实行差别待遇或者歧视待遇。"虽然合同金额的限定不是直接对企业规模的限定，但由于合同金额与营业收入直接相关，本项目招标公告中有关供应商特定金额合同业绩条件的设置，实质是对中小企业营业收入的限制，构成对中小企业实行差别待遇或者歧视待遇，违反了《政府采购法》第二十二条第二款"采购人……不得以不合理的条件对供应商实行差别待遇或者歧视待遇"和《政府采购法实施条例》第二十条第二项的规定。

97. 招标文件规定多标段"兼投不兼中"是否可以？

问：有一个政府采购工程施工项目，分多个标段同时进行招标，招标人拟在招标文件中规定一个投标单位只能中标一个标段，请问是否可以？

答：关于多标段招标项目是否可规定"兼投不兼中"的问题，业界有以下两种不同的观点。

（1）规定"兼投不兼中"的做法涉嫌违法。持这一观点的专家认为，在多标段招标项目中，经综合评审后，如某投标人在多个标段同时排序第一，应当确定该投标人为中标单位，否则违反了《招标投标法》第四十一条的规定，且会对招标项目带来不利影响。

（2）规定"兼投不兼中"的做法并不违法。持这一观点的专家认为：一则相关法律无明确的禁止性规定；二则《招标投标法》第四十一条规定的"中标人应当符合的条件"中，均有"满足招标文件规定的"实质性要求或综合评价标准方面的要求，即招标文件如果规定不允许"兼投兼中"，则表明该投标人的中标条件不满足招标文件的相关要求，不能被确定为该标段的中标人。

相比较而言，第二种观点对法律条文的理解更为准确。但是，一般情况下，投标人中标了一个标段或一个项目以后，并不至于影响其他项目或标段的履约能力。因此，在招标文件中规定"兼投不兼中"的做法，其合理性不太充分。但是，对于一些特殊项目，比如说希望引进多家中标人，以便在不同标段之间开展质量、进度、成本和项目管理等方面竞争的项目来讲，该做法是招标人的合理需求，不应视为违法。

98. 政府采购项目可否要求额外赠送货物？

问：某政府采购招标项目，业主提出要求供应商免费赠送三年的备品备件，请问合法吗？是否可以在评审加分项中设置相应内容，对有免费赠送备品备件的供应商此项给予加分？

答：该要求不合法，采购人不可以在评审内容中设置该项内容。

《政府采购法》第二条第四款规定："本法所称采购，是指以合同方式有偿取得货物、工程和服务的行为……"该条款明确，采购人必须通过支付对价"有偿取得"相应货物、工程或服务。对于政府采购招标项目，《政府采购货物和服务招标投标管理办法》还在第六条第二款明确规定："采购人不得向供应商索要或者接受其给予的赠品、回扣或者与采购无关的其他商品、服务。"

因此，在政府采购项目采购公告的资格条件、采购文件的采购需求书或是评审办法中，要求供应商免费提供货物或服务的行为，都违反了《政府采购法》体系的相关规定，应当予以纠正。

99. 采购人未依法公布项目预算如何处理？

问：招标文件能否不公布采购项目的预算金额？如果没有公布，会导致什么后果？

答：《政府采购法实施条例》第三十条规定："采购人或者采购代理机构应当在招标文件、谈判文件、询价通知书中公开采购项目预算金额。"《政府采购货物和服务招标投标管理办法》第十三条、第二十条也规定了公开招标公告、招标文件应当包括采购项目的预算金额。也就是说，采购项目预算金额是采购文件的应有内容，未包含此内容的采购文件不符合法律规定。该规定有利于落实政府采购遵循的公平竞争原则，能够使所有供应商有公平的机会获得相同的采购项目信息。《预算法》第十四条第三款规定，各级政府、各部门、各单位应当将政府采购的情况及时向社会公开。《政府采购法》第三条规定政府采购应当遵循公开透明原则，第六条规定政府采购应当严格按照批准的预算执行。在招标文件、谈判文件和询价通知书等采购文件中公开采购项目预算金额，让政府采购活动的各方参与者按照项目预算金额参与采购活动，既能促进政府采购严格按照批准的预算执行，又能使所有参与采购活动的供应商获得相同的项目资金信息，防止暗箱操作。同时，通过公告招标文件、谈判文件和询价通知书等采购文件，也能够让社会公众了解政府采购情况，能起到公众监督作用。根据《政府采购货物和服务招标投标管理办法》第六十三条规定，投标人的报价超过招标文件中规定的预算金额的，其投标无效。如果所有投标人的报价均超过了采购预算，采购人不能支付的，则应当废标。因此，采购人如果没有在招标文件中公布采购项目预算的，应当在修改招标文件之后重新采购。

100. 招标文件能否将资格条件同时设置为评审因素？

问：某单位办公楼物业管理服务项目招标文件将"物业管理项目经理具有较强的工作能力，有五年以上的专业物业工作经验，有三年以上类似规模项目物业管理工作经验"设置为资格条件，同时又设置为评审因素，是否合适？

答：招标文件不得将供应商资格条件同时又设置为评审

因素。

《政府采购货物和服务招标投标管理办法》第五十五条第二款规定:"评审因素的设定应当与投标人所提供货物服务的质量相关,包括投标报价、技术或者服务水平、履约能力、售后服务等。资格条件不得作为评审因素。评审因素应当在招标文件中规定。"其中"资格条件不得作为评审因素",是指已经在招标项目的资格预审环节或者在招标文件中作为合格的投标人的资格条件的各项因素不得再作为评审因素进行考虑。

在本项目中,招标文件的前述内容都属于将资格条件作为评审因素,不符合《政府采购货物和服务招标投标管理办法》第五十五条第二款的规定,应当修改招标文件。

101. 政府采购货物服务招标项目,采用综合评分法时,能否将供应商成立年限作为评审因素?

问:某采购代理机构正在编制一份政府采购货物招标文件,拟采用综合评分法。请问:能否将供应商的公司成立年限作为评审因素?

答:不能。

根据《政府采购货物和服务招投标管理办法》第五十五条第二款"评审因素的设定应当与投标人所提供货物服务的质量相关,包括投标报价、技术或者服务水平、履约能力、售后服务等"的规定,公司成立年限与所提供货物和服务的质量无关，也与采购项目合同履行无关，故不应作为评审因素，否则就构成《政府采购法实施条例》第二十条规定的以不合理条件限制或者排斥潜在供应商的违法行为。

102. 政府采购货物招标项目，价格分权重设置为20%是否合法？

问：有一政府采购货物项目公开招标，拟采用综合评分法进行评审，考虑到该货物技术含量高，为确保质量，准备提高技术分占比，将价格分权重设置为20%。该做法是否合法？

答：不合法。

《政府采购货物和服务招标投标管理办法》第五十五条第五款规定："货物项目的价格分值占总分值的比重不得低于30%；服务项目的价格分值占总分值的比重不得低于10%。执行国家统一定价标准和采用固定价格采购的项目，其价格不列为评审因素。"本项目为货物招标采购，因此价格分权重设置不得低于30%。

103. 政府采购货物招标项目采用综合评分法的，将具有同类项目业绩作为资格条件，还能将业绩数量设置为打分项吗？

问：某政府采购货物招标项目，准备采用综合评分法，已经将具有同类项目业绩作为供应商的资格条件，那么还能将该业绩数量设置为打分项进行评审吗?

答:不能。

《政府采购货物和服务招标投标管理办法》第五十五条第二款规定:"评审因素的设定应当与投标人所提供货物服务的质量相关,包括投标报价、技术或者服务水平、履约能力、售后服务等。资格条件不得作为评审因素。评审因素应当在招标文件中规定。"因此,既然已经将业绩作为供应商的资格条件,那就意味着在采购项目中设置了门槛,通过门槛的供应商均予以认可,不应再通过评审打分区别对待。

104.招标内容变更怎么办?

问:某招标项目,立项批文里包含 3 个项目的改造。招标公告发布后,因计划变更,建设单位只保留对其中一个项目的改造,其余两个取消,建设内容和投资金额都发生较大变化。现潜在投标人已购买了招标文件,请问应该如何处理?

答:发布招标项目变更公告,修改原招标公告中的相关内容。如招标文件已出售,向所有已购买招标文件的潜在投标人发布补充文件,对原招标文件的相关内容进行修改、更正。

105.可以把招标控制价作为中标价吗?

问:某预算单位最近有个项目,该项目背景是这样的:

该项目资金源于上级拨付资金，且分期支付，额度之内用多少给多少。比如一期项目中标价为 1500 万元，二期项目也给 1500 万元；如一期项目中标价为 1000 万元，二期就只给 1000 万元。该单位想通过不竞争价格的方式，向上级争取更多的补助资金。该单位做了采购预算并已经过审价中心审核。现该单位拟将采购预算价作为供应商的中标价，不允许供应商下浮。请问这种做法违法吗？

　　答：该做法属于违法行为。

　　《政府采购法》第一条规定："为了规范政府采购行为，提高政府采购资金的使用效益，维护国家利益和社会公共利益，保护政府采购当事人的合法权益，促进廉政建设，制定本法。"

　　《政府采购法》的立法目的，是为了通过竞争方式"提高政府采购资金的使用效益"，而价格是最为核心的竞争要素。因此，除执行国家统一定价标准和采用固定价格采购的项目外，均应将价格列为评审因素。

　　把预算价作为中标价的做法，与《政府采购法》的立法目的相悖，属于违法行为；此外，该做法还涉嫌利用招标方式套取上级资金。

106.招标文件发售时间以何为准？

　　问：某政府采购货物招标项目，招标文件规定：招标文件的发售时间为 2019 年 6 月 1 日至 6 月 8 日。招标过程中，潜在投标人于 6 月 4 日才陆续前来购买招标文件，即招标文件实际发出时间为 2019 年 6 月 4 日。

《政府采购法》第三十五条规定："货物和服务项目实行招标方式采购的，自招标文件开始发出之日起至投标人提交投标文件截止之日止，不得少于二十日。"请问，这里的"不得少于二十日"的时限，是从 6 月 1 日开始起算，还是从 6 月 4 日开始起算，或者是扣除招标文件的发售时间以后（即 6 月 9 日以后）开始起算？

答：业界一般认为，是指从招标人做好了招标文件发售准备，开始发售招标文件时起算。

《中华人民共和国民法总则》（以下简称《民法总则》）第二百零一条规定："按照年、月、日计算期间的，开始的当日不计入，自下一日开始计算。"《政府采购货物和服务招标投标管理办法》第八十五条规定："本办法规定按日计算期间的，开始当天不计入，从次日开始计算。期限的最后一日是国家法定节假日的，顺延到节假日后的次日为期限的最后一日。"因此，本项目计算投标截止时间的时限起算点，应从 6 月 2 日开始起算。

107. 邀请招标项目开标时间可以缩短到多少天？

问：某服务类采购项目，预算为 75 万元，拟采用邀请招标方式。请问：邀请招标项目开标时间可以缩短到多少天？

答：**邀请招标不能缩短等标期。**

《政府采购法》第三十五条规定："货物和服务项目实行招标方式采购的，自招标文件开始发出之日起至投标人提交投标文件截止之日止，不得少于二十日。"依据这一规定，无论公开招标项目还是邀请招标项目，都必须遵循等标期不得少于 20 天的规定。

需要注意的是，《政府采购货物和服务招标投标管理办法》第十四条规定"采用邀请招标方式的，采购人或者采购代理机构应当通过以下方式产生符合资格条件的供应商名单，并从中随机抽取 3 家以上供应商向其发出投标邀请书：（一）发布资格预审公告征集；（二）从省级以上人民政府财政部门建立的供应商库中选取；（三）采购人书面推荐。"因此，依据政府采购相关法律的规定，政府采购项目采用邀请招标方式时，如采用发布资格预审公告方式征集供应商的，由于存在资格预审程序，因此还可能增加采购项目的采购周期。

108. 招标公告可以变更为资格预审公告吗？

问：某代理机构最近有个政府采购货物招标项目，招标公告发布后，共有 30 多家供应商购买了招标文件。采购人想通过把招标公告变更为资格预审公告，采用资格预审方式，从符合相应资格条件的供应商中，通过随机方式选择 7 家供应商参加投标。请问：招标公告发布后，可以变更为资格预审公告吗？

答：不可以。

把招标公告变更为资格预审公告，本质上属于终止招标后重新开始二次招标。此外，改用资格预审方式，从合格申请人中随机选择 3 家以上的供应商参加投标，是政府采购邀请招标的法定程序。

本项目如按采购人的想法实施采购，还涉嫌变更采购方式。《政府采购法》第二十七条规定："……因特殊情况需要采用公开招标以外的采购方式的，应当在采购活动开始前获得设区的市、自治州以上人民政府采购监督管理部门的批准。"

故采购人的想法不具有可行性。

109. 招标公告发布后变更资格条件该怎么办？

问：某政府采购代理机构最近有个服务项目，招标公告发布后，已经开始出售招标文件。此时，招标人要求该机构变更投标人的资质条件要求。原定招标文件的发售期为 5 个工作日。请问：需要延长招标文件的发售时间吗？

答：采购人须重新发布招标公告。

《政府采购货物和服务招标投标管理办法》第二十七条规定："采购人或者采购代理机构可以对已发出的招标文件、资格预审文件、投标邀请书进行必要的澄清或者修改，但不得改变采购标的和资格条件。"依据这一要求，如果采购项目的采购标的和资格条件确有必要修改，应在原公告媒体发布终止公告来终止本次采购活动，并重新发布新的招标公告。

110. 招标公告能否要求供应商在购买招标文件时即具备供应商资格条件？

问：某信息化采购项目，招标公告要求供应商在购买招标文件时需具有"软件能力成熟度集成模型4级（CMMI level 4）及以上证书"等条件，此要求是否合法？

答：政府采购项目公开招标项目，对供应商提供货物和服务能力的评判，是评审活动的重要内容，应当在评审环节进行。招标公告要求供应商在购买招标文件时需具备一定的资格条件，这些是本应在评审阶段由评审专家审查的因素，如将其作为供应商获取招标文件的条件，属于将应当在评审阶段审查的因素前置到招标文件购买阶段进行，违反了法定招标程序，构成《政府采购法》第七十一条第三项规定的"以不合理的条件对供应商实行差别待遇或者歧视待遇"的情形。因此，本项目中要求供应商在购买招标文件时需具有"软件能力成熟度集成模型4级（CMMI level 4）及以上证书"等条件，不符合法律规定，应予以纠正。

111. 招标公告发布后，采购人能否通过澄清来修改供应商的资格条件？

问：有一政府采购货物招标项目已经发布了招标公告和招标文件，之后想通过对招标文件进行澄清来修改供应商的资格条件，这一做法是否合法？

答：《政府采购货物和服务招标投标管理办法》第二十七条第一款规定："采购人或者采购代理机构可以对已发出的招标文件、资格预审文件、投标邀请书进行必要的澄清或者修改，但不得改变采购标的和资格条件。"即一旦招标公告发布，采购人不得修改供应商的资格条件，主要有两个原因：一是一部分供应商已经通过阅读招标公告了解了招标内容和资格条件，准备参加投标并为此付出了相应的成本，如果改变了资格条件，就会造成一些原本可以参加投标的供应商失去了投标的机会，对供应商不公平；二是为了防止采购人通过改变资格条件达到排斥某些供应商的目的。如果确实需要改变资格条件的，则应修改公告重新招标。

112. 政府采购招标项目，可以在发布招标公告的同时发售招标文件吗？

问：《政府采购法》第三十五条规定："货物和服务项目实行招标方式采购的，自招标文件开始发出之日起至提交投标文件截止之日止不得少于二十日。"某公司代理一政府采购项目，为了提高效率，可不可以在发布招标公告的同时发售招标文件？

答：《政府采购货物和服务招标投标管理办法》第十八条规定："采购人或者采购代理机构应当按照招标公告、资格预审公告或者投标邀请书规定的时间、地点提供招标文件或者资格预审文件，提供期限自招标公告、资格预审公告发布之日起计算不得少于5个工作日。"实际上该规定默认为自公告发布之日起，应同时提供招标文件。如果采购人未在公告发布之日同时提供招标文件，则违反了本条款的规定。但是《政府采购货物和服务招标投标管理办法》未规定相应的法律责任，视为法律并未禁止采购人可以在其他时间提供招标文件。如果采购人在其他时间提供招标文件，则也应遵守《政府采购法实施条例》第三十一条的规定，即"招标文件的提供期限自招标文件发出之日起不得少于5个工作日"。

113. 政府采购项目招标文件的提供期限最短为多长时间？

问：某政府采购项目招标公告发布时间为2017年10月12日，载明投标人报名及招标文件出售时间为2017年10月12日至2017年10月18日。有供应商对此提出质疑，认为招标文件的提供期限不符合法律规定，其说法有无道理？招标文件的提供期限最短为多长时间？

答：《政府采购法实施条例》第三十一条规定："招标文件的提供期限自招标文件开始发出之日起不得少于5个工作日。"5个工作日规定的是采购人提供招标文件期限的最短时限要求，采购人或者采购代理机构应当根据项目特点和本单位实际情况，按照有利于充分竞争的原则，在满足法定最短期限要求的前提下，规定足够长的招标文件提供期限，以便最大范围的供应商获取招标文件参与投标，促进竞争更为充分。此外,《政府采购货物和服务招标投标管理办法》第八十五条规定:"本办法规定按日计算期间的,开始当天不计入,从次日开始计算。期限的最后一日是国家法定节假日的,顺延到节假日后的次日为期限的最后一日。"根据该条规定,政府采购项目计算招标文件提供期限的"工作日"时,开始之日不计入期间计算,期间计算应当从次日开始。

本项目招标公告发布于 2017 年 10 月 12 日,当天不计算在内,招标文件的提供期限应从 2017 年 10 月 13 日起算,截止于 2017 年 10 月 18 日,其中 10 月 14 日、15 日为周末,非工作日应扣除,因此本项目招标文件实际发售时间只有 4 个工作日,不足 5 个工作日,违反了《政府采购法实施条例》第三十一条的规定,会对采购活动的公正性产生影响,属于《政府采购法》第三十六条第二项所列的"出现影响采购公正的违法、违规行为"的情形,可能导致废标。

114. 对于"样品",采购人应如何精简要求,评审结束应如何处理?

问:家具、服装等前期有设计要求的采购项目,采购人或者采购代理机构往往要求投标时提供样品,方便评标委员会直观感受评价产品的品质,但由于现成产品针对性不强、投标时间紧,制作、运输样品会增加投标成本,评标结束样品往往变为"废弃物"。请问:招标人应如何精简对"样品"

的要求，评审结束后应如何处理"样品"？

答：为了减轻供应商负担，降低投标竞争成本，《政府采购货物和服务招标投标管理办法》第二十二条对"样品"做出了以下几条明确规定：

（1）采购人、采购代理机构一般不得要求投标人提供样品。如果仅凭书面方式，确实不能准确描述采购需求或者需要对样品进行主观判断以确认是否满足采购需求等特殊情况的，才允许要求提供样品。

（2）特殊情况下，要求投标人提供样品的，应当在招标文件中明确规定样品制作的标准和要求、是否需要随样品提交相关检测报告、样品的评审方法以及评审标准。需要随样品提交检测报告的，还应当规定检测机构的要求、检测内容等。

（3）采购活动结束后，对于未中标人提供的样品，应当及时退还或者经未中标人同意后自行处理；对于中标人提供的样品，应当按照招标文件的规定进行保管、封存，并作为履约验收的参考。

115. 要求供应商提供样品并对样品评审的项目，投标截止时间后样品允许更换吗？

问：某单位采用公开招标方式采购工作服，要求提供样品，有一家供应商在样品提交截止时间前提供了样品，并且也作了样品记录。因为样品的存放地点是开放式的大厅，现场管理不到位，该供应商在评委评审样品前自己更换了样品（本来是蓝色换成绿色的）。请问样品能否允许更换？

答：按照《招标投标法》第二十九条、《招标投标法实施条例》第三十五条及《政府采购货物和服务招标投标管理办法》第三十四条规定，投标供应商在投标截止时间前可以对投标文件进行补充、撤回、修改，也就意味着投标截止时间后，供应商不得补充、撤销、修改、更换投标文件。本案例中，招标文件要求供应商提交样品并对样品进行评审，样品即是投标文件的组成部分，投标截止后不得更换。

116. 购买招标文件时初步审核供应商的资格条件是否合适？

问：某市实验小学发布课桌采购项目采购招标公告，要求供应商须具有近三年内与本市教育部门签订的课桌采购合同业绩方可参加投标。招标文件发售期间，采购代理机构以潜在供应商甲公司未按招标公告要求提供业绩证明材料，不符合资格条件为由拒绝向其出售招标文件。采购代理机构的做法是否合法？

答：《政府采购法》第二十三条规定："采购人可以要求参加政府采购的供应商提供有关资质证明文件和业绩情况，并根据本法规定的供应商条件和采购项目对供应商的特定要求，对供应商的资格进行审查。"在招标采购实践中，很多采购人或采购代理机构会设置投标报名环节，要求潜在供应商在领购招标文件时出具相应的资格证明材料。严格来讲，投标报名这一环节是非法定程序，其本质上属于一种简易的资格审查程序，即要求潜在供应商出具相关证明材料，方可领购招标文件。《政府采购货物和服务招标投标管理办法》第四十四条规定："公开招标采购项目开标结束后，采购人或者采购代理机构应当依法对投标人的资格进行审查。"依据该法律条款，对于非资格预审项目来讲，资格审查应当在开标之后、评标之前进行。

本项目中，采购代理机构在领购招标文件时设置简易资格审查程序，属违法设置程序。原则上所有有兴趣参与本项目竞争的潜在供应商均有购买招标文件的权利，采购代理机构在潜在供应商购买招标文件时对其进行资格审查，并以业绩不符为由拒绝出售招标文件，该行为造成的实际后果是违反了《政府采购法实施条例》第二十条"以不合理的条件对供应商实行差别待遇或者歧视待遇"的规定。

117. 招标文件可以澄清或修改吗？

问：某中学教学设备采购项目招标文件发布后发现有误，文件规定项目采用综合评分法，总分为 100 分，其中安装、调试方案包括三个小项，满分 12 分，但这三个小项的累计总分却是 14 分。也就是说，分项的分数超出了总项分数 2 分。请问对该有问题的招标文件应如何处理？

答：《政府采购法实施条例》第三十一条规定："采购人

或者采购代理机构可以对已发出的招标文件进行必要的澄清或者修改。澄清或者修改的内容可能影响投标文件编制的，采购人或者采购代理机构应当在投标截止时间至少 15 日前，以书面形式通知所有获取招标文件的潜在投标人；不足 15 日的，采购人或者采购代理机构应当顺延提交投标文件的截止时间。"《政府采购货物和服务招标投标管理办法》第二十七条规定："采购人或者采购代理机构可以对已发出的招标文件、资格预审文件、投标邀请书进行必要的澄清或者修改，但不得改变采购标的和资格条件。澄清或者修改应当在原公告发布媒体上发布澄清公告。澄清或者修改的内容为招标文件、资格预审文件、投标邀请书的组成部分。"因此，对于招标项目而言，已发出的采购文件存在错误遗漏的，采购人或者采购代理机构可以依法进行澄清或者修改，且应当在原公告发布媒体上发布澄清公告。

118. 招标文件澄清的内容需要书面通知供应商吗?

问：某采购项目已经向供应商发售了招标文件，因发现招标文件有一处阐述不清楚，需要进行澄清和修改。那么，对招标文件澄清的内容是否需要书面通知供应商呢?

答：《政府采购货物和服务招标投标管理办法》第二十七条规定："采购人或者采购代理机构可以对已发出的招标文件、资格预审文件、投标邀请书进行必要的澄清或者修改，但不得改变采购标的和资格条件。澄清或者修改应当在原公告发布媒体上发布澄清公告。澄清或者修改的内容为招标文件、资格预审文件、投标邀请书的组成部分。澄清或者修改的内容可能影响投标文件编制的，采购人或者采购代理机构应当在投标截止时间至少15日前，以书面形式通知所有获取招标文件的潜在投标人；不足15日的，采购人或者采购代理机构应当顺延提交投标文件的截止时间。"因此，对于招标文件的澄清和修改内容应当书面通知供应商。

119.政府采购货物服务项目公开招标失败如何处理？

问：某政府采购货物项目，已经过两次公开招标，第一次招标因供应商不足3家流标，第二次招标因满足通过符合性审查的供应商不足3家而再次流标。请问：两次招标失败以后是否必须再招标？能否直接审批为单一来源采购或直接采购？

答：《政府采购货物和服务招标投标管理办法》第四十三条规定："公开招标数额标准以上的采购项目，投标截止后投标人不足3家或者通过资格审查或符合性审查的投标人不足3家的，除采购任务取消情形外，按照以下方式处理：（一）招标文件存在不合理条款或者招标程序不符合规定的，采购人、采购代理机构改正后依法重新招标；（二）招标文件没有不合理条款、招标程序符合规定，需要采用其他采购方式采购的，采购人应当依法报财政部门批准。"

依据这一规定，对于达到公开招标数额标准的政府采购货物和服务招标项目来讲，如果首次招标失败，只要达到法定情形，即可报财政部门批准改用其他采购方式。结合《政府采购非招标采购方式管理办法》第五条和第二十八条的规定，政府采购货物和服务项目招标失败后如需报财政部门改用其他采购方式，应当提交如下材料：①采购人名称、采购项目名称、项目概况等项目基本情况说明；②项目预算金额、预算批复文件或者资金来源证明；③拟申请采用的采购方式和理由；④在省级以上财政部门指定的媒体上发布招标公告的证明材料；⑤采购人、采购代理机构出具的对招标文件和招标过程是否有供应商质疑及质疑处理情况的说明；⑥评标委员会或者 3 名以上评审专家出具的招标文件没有不合理条款的论证意见。

120. 废标后应该重新招标还是改用其他采购方式？

问：某代理机构最近代理了一个政府采购货物招标项目，因实质性响应的供应商不足 3 家而废标。《政府采购法》规定，废标后，除采购任务取消情形外，应当重新组织招标。但根据《政府采购货物和服务招标投标管理办法》又区分为两种情形：如招标文件存在不合理条款或招标程序不符合规定的，应依法重新招标；如招标文件没有不合理条款、招标程序符合规定，则可报财政部门批准后变更为其他采购方式。

请问：废标后是必须按照《政府采购法》的规定重新组

织招标，还是可以根据《政府采购货物和服务招标投标管理办法》的规定视不同情形分别处理？如果可以根据《政府采购货物和服务招标投标管理办法》的规定变更采购方式，如何认定招标文件有无不合理条款？

答：《政府采购法》第三十七条规定："废标后，除采购任务取消情形外，应当重新组织招标；需要采取其他方式采购的，应当在采购活动开始前获得设区的市、自治州以上人民政府采购监督管理部门或者政府有关部门批准。"由此可见，在《政府采购法》中，并未强制规定废标后必须无条件重新组织招标，而是给依法变更为其他采购方式留了"口子"。

《政府采购货物和服务招标投标管理办法》第四十三条规定："公开招标数额标准以上的采购项目，投标截止后投标人不足3家或者通过资格审查或符合性审查的投标人不足3家的，除采购任务取消情形外，按照以下方式处理：（一）招标文件存在不合理条款或者招标程序不符合规定的，采购人、采购代理机构改正后依法重新招标；（二）招标文件没有不合理条款、招标程序符合规定，需要采用其他采购方式采购的，采购人应当依法报财政部门批准。"该条款沿袭了上位法的立法思路，但对《政府采购法》第三十七条的规定进行了细化和完善，使得废标以后的处理方式更具有可操作性。

以上法律法规关于废标后的处理方式没有矛盾之处，而是一种传承和细化关系。

关于废标后申请采用其他采购方式须提交的申请材料，

《政府采购非招标采购方式管理办法》第二十八条规定："符合本办法第二十七条第一款第一项情形和第二款情形，申请采用竞争性谈判采购方式时，除提交本办法第五条第一至第三项规定的材料外，还应当提交下列申请材料：（一）在省级以上财政部门指定的媒体上发布招标公告的证明材料；（二）采购人、采购代理机构出具的对招标文件和招标过程是否有供应商质疑及质疑处理情况的说明；（三）评标委员会或者 3 名以上评审专家出具的招标文件没有不合理条款的论证意见。"

依据《政府采购非招标采购方式管理办法》的规定，招标失败如需变更为其他采购方式，应由 3 名以上专家对招标文件是否存在不合理条款进行论证并出具论证意见。

121. 招标完成后因故暂停，可以重新招标吗？

问：某单位去年有一工程项目，招标完成后因故暂停，中标通知书至今未发。现投标有效期已过，由于市场信息价等与去年相差较大，想重新编制工程预算后再重新进行招标，请问是否可以？

答：可以。

由于本项目第一次招标时，未与中标单位签订合同的责任在该单位，根据《中华人民共和国合同法》（以下简称《合同法》）等相关法律，该单位应当承担缔约过失责任。建议该单位根据公平原则，给予首次招标的中标人一定的经济补偿后,再重新启动二次招标程序。

122. 重大设计变更是否需要重新招标?

问:某预算为1500多万元的政务中心装修和智能化工程,已通过招标方式确定了施工单位。中标合同签订后,市相关领导认为原设计已经过时,目前本项目实施机构已对该装修和智能化工程重新进行了设计。

请问:如价款变化不大,可以直接让原中标人继续施工吗?

答:不可以。

原施工单位的中标方案是以原施工图设计为基础制定的。本项目已重新进行施工图设计,与之对应的项目预算、工程量清单和施工组织设计也应做相应调整,建议重新组织招标。

123. 政府采购招标项目,评审错误必须废标后重新组织招标吗?

问:某代理机构最近有个政府采购货物招标项目,采用最低评标价法评审。评审结束后,有供应商质疑中标供应商的产品不符合招标文件的实质性要求。经核实,发现是评标委员会评审错误。经仔细对照《政府采购货物和服务招标投标管理办法》规定的重新评审情形,发现不属于可以重新组织评审的情形。

请问：政府采购招标项目评审错误只能重新组织招标吗？

答：责令原评标委员会改正错误更为妥当。

《政府采购法实施条例》第七十五条规定："政府采购评审专家未按照采购文件规定的评审程序、评审方法和评审标准进行独立评审或者泄露评审文件、评审情况的，由财政部门给予警告，并处 2000 元以上 2 万元以下的罚款；影响中标、成交结果的，处 2 万元以上 5 万元以下的罚款，禁止其参加政府采购评审活动……政府采购评审专家有上述违法行为的，其评审意见无效，不得获取评审费；有违法所得的，没收违法所得；给他人造成损失的，依法承担民事责任。"

《招标投标法实施条例》第七十一条规定："评标委员会成员有下列行为之一的，由有关行政监督部门责令改正；情节严重的，禁止其在一定期限内参加依法必须进行招标的项目的评标；情节特别严重的，取消其担任评标委员会成员的资格（一）……（三）不按照招标文件规定的评标标准和方法评标……（六）对依法应当否决的投标不提出否决意见……"

依据《招标投标法》第二条规定，我国境内的招标投标活动适用《招标投标法》。因此，政府采购招标项目，应当适用《招标投标法》体系的一般规定和《政府采购法》体系的特别规定。本项目属于政府采购招标项目，可适用《招标投标法实施条例》第七十一条的相关规定，由行政监督部门责令原评标委员会改正评审错误。

此外，如果由于评标委员会的评审错误而重新组织采购活动，这种做法对于采购人、供应商和采购项目本身，都是不太负责的表现，也违背了"谁出错谁承担责任"的归责原则。

124. 终止招标是否要退还招标文件工本费？

问：某代理机构最近代理了一个政府采购招标项目，招标文件发出后，收到供应商的质疑。质疑函称：该项目属于集中采购项目，应当由集中采购机构组织采购活动，社会代理机构不得组织该项目的采购活动。随后该项目终止采购活动并移交给政府集中采购中心实施采购。采购项目终止后，有供应商要求该单位退还招标文件工本费。

请问该单位可以不退还供应商的招标文件工本费吗？

答：应当退还。

该项目终止招标是该单位操作不当导致，该单位应当承担缔约过失责任，对善意相对方已经产生的成本给予相应赔偿。

125. 招标启动前，建设单位可以与施工单位签署项目合作备忘录吗？

问：某政府投融资平台公司，最近有个项目规模较大，总投资达 1.76 亿元，用于当地一个重要庆典活动。该项目立项较晚，工期要求特别紧，如果按正常的招标投标流程，很难保证如期交付使用。

该公司拟采用以下操作方法：在招标启动之前，先和某家施工单位签订项目合作备忘录，让该施工单位先进场施工。合作备忘录中明确：后期项目启动招标时，该施工单位应积极参与投标并争取中标。若该施工单位中标，再和该施工单位签订正式施工合同；若该施工单位未中标，则必须离场交由中标单位负责施工，由该公司支付该施工单位实际已经发生的工程价款。

请问：这种方式是否合法，或者说需要本级政府直接与施工单位签订项目合作备忘录才符合规定吗？

答：不合法。

从项目背景情况来看，这是一个政府投资项目，且达到了依法必须招标的规模标准。该类项目应当依法通过招标方式选定施工单位以后，方可进场施工。否则属于未招先建，相关人员应承担相应的法律责任。

第二章 投标

126. 为赶进度能否将编制投标文件的时间压缩为少于 20天？

问：某采购项目为了赶进度，将招标投标各环节时间安排得比较紧凑，招标公告载明"招标文件发售期为 9 月 27 日 13：00 至 10 月 10 日 9：00"，"投标截止时间为 10 月 10 日 9：00"，这样规定是否合适？

答：在政府采购中，采购人和采购代理机构应当依法给投标人留出充分的投标准备时间，以保证投标人的数量和投标的质量。《政府采购法》第三十五条规定"货物和服务项目实行招标方式采购的，自招标文件开始发出之日起至投标人提交投标文件截止之日止，不得少于二十日。"本项目中，9月 27 日开始发售招标文件，至 10 月 10 日投标截止，一共仅有 13 天，远不符合法定的 20 天时间要求，招标公告明显违反了上述规定。采购人本以为通过缩短投标截止时间能够加快采购进度，但是导致程序不合法，反而需要纠正，从而影响采购进度。

在实践中，确实有很多采购项目十分紧急，采购人对时间要求比较高，希望尽快完成采购活动，将采购的货物早日投入使用。但是，在这种情况下，如果单纯考虑效率问题，将投标截止时间设定得过短，就不能保证投标人有充分的时间准备投标，反而导致投标人的投标文件准备不充分或参与投标的供应商较少，降低了采购项目的竞争效果或投标质量，最终对采购项目的采购效果造成不利影响。

127. 招标失败后，重新招标时"等标期"能否缩短？

问：某单位采购检验设备，第一次招标仅有两家供应商符合资格要求，因项目紧急，将进行第二次招标，请问"等标期"能否缩短？

答：不能。重新招标依然要遵守《政府采购法》第三十五条的规定，即"货物和服务项目实行招标方式采购的，自招标文件开始发出之日起至提交投标文件截止之日止不得少于二十日。"

若项目紧急，按照《政府采购非招标采购方式管理办法》第二十七条第二款"公开招标的货物、服务采购项目，招标过程中提交投标文件或者经评审实质性响应招标文件要求的供应商只有两家时，采购人、采购代理机构按照本办法第四条经本级财政部门批准后可以与该两家供应商进行竞争性谈判采购"的规定，采购人可以向财政部门申请采用竞争性谈判采购方式。

128. 投标截止时间之后提交的资料能否接收？

问：某供应商参加一政府采购服务项目，供应商在投标截止时间前提交的投标文件中未包含业绩证明材料，在投标截止时间后补充提交了上述材料，对此能否接收？

答：《政府采购货物和服务招标投标管理办法》第三十三条规定："投标人应当在招标文件要求提交投标文件的截止时间前，将投标文件密封送达投标地点……逾期送达或者未按照招标文件要求密封的投标文件，采购人、采购代理机构应当拒收。"也就是说，不论什么原因，只要供应商未在投标截止时间之前提交投标文件或与之相关的部分材料，在投标截止时间之后都不能再补充提交。在招标文件要求提交投标文件的截止时间之后送达的投标文件，都是无效投标文件，采购人和采购代理机构应当拒收，评标委员会也不应认可。

129. 以进口产品投标是否应当认定为无效投标？

问：某电子识别系统进行公开招标，招标文件中只是列明了拟采购产品的名称、数量、详细技术参数及考核标准，并未规定产品必须为本国产品，也没有明确规定不允许进口产品参加投标，某公司所投产品中包含进口产品，是否应当认定为无效投标？

答：《政府采购法》第十条确立的一项政府采购政策就是采购国内产品，除非出现法律规定的特殊情况，一般情况下，必须采购本国货物、工程和服务。招标文件没有标明投标产品必须为本国产品，也不意味着可以用进口产品进行投标，允许进口产品投标须在招标文件中进行明示。《政府采购进口产品管理办法》（财库〔2007〕119号）第四条规定："政府采购应当采购本国产品，确需采购进口产品的，实行审核管理。"财政部《关于政府采购进口产品管理有关问题的通知》（财办库〔2008〕248号）规定："采购人采购进口产品时，必须在采购活动开始前向财政部门提出申请并获得财政部门审核同意后，才能开展采购活动。在采购活动开始前没有获得财政部门同意而开展采购活动的，视同为拒绝采购进口产品，应当在采购文件中明确做出不允许进口产品参加的规定。未在采购文件中明确规定不允许进口产品参加的，也视为拒绝进口产品参加。"也就是说，政府采购项目允许进口产品参加的，应在采购文件中予以明示。未在采购文件中明确规定不允许进口产品参加的，也视为拒绝进口产品参加。因此，本项目采购文件中没有明确规定不允许进口产品参加，应当视为拒绝进口产品参加。某公司所投产品中包括进口产品，评标委员会应当作无效投标处理。也提醒采购人和采购代理机构在编制招标文件时应明示是否允许进口产品参加。

130. 哪些主体可以认定串通投标？

问：对于供应商是否存在串通投标的情形，哪些主体可以认定？

答：根据现有法律规定，在政府采购活动中可以认定"串通投标"的主体有以下三个：一是评标委员会，在评标过程中根据对投标文件的评审进行认定，如确认有串通投标行为的，应当判定其投标无效；二是政府采购监督管理部门，在监督检查和受理投诉、举报过程中去认定，可以判定中标、成交无效并予以行政处罚；三是司法机关，在审理案件中直接根据相关违法情节认定投标人相互串通，并依法追究"串通投标罪"予以刑事处罚。

131. 投标报价相同是否可以认定为串标？

问：某代理机构最近有个政府采购服务招标项目，在评审时发现有两家投标人报的总价相同，请问可以认定这两家公司串通投标吗？

答：应当慎重。

《政府采购货物和服务招标投标管理办法》第三十七条规定"有下列情形之一的，视为投标人串通投标，其投标无效：（一）不同投标人的投标文件由同一单位或者个人编制；（二）不同投标人委托同一单位或者个人办理投标事宜；（三）不同投标人的投标文件载明的项目管理成员或者联系人员为同一人；（四）不同投标人的投标文件异常一致或者投标报价呈规律性差异；（五）不同投标人的投标文件相互混装；（六）不同投标人的投标保证金从同一单位或者个人的账户转出。"

依据该法律条款的规定，不同投标人的投标文件"异常一致"或者"投标报价呈规律性差异"可视为串通投标。本项目出现的情况是两家投标人的"投标总价相同"，故仅以"投标总价相同"认定这两家投标人串通投标依据不足。

建议在评审时，对这两份投标文件的分项报价、技术文件和商务文件进行详细比对，如两份投标文件中出现分项报价相同、技术或商务方案异常一致或相同的文字书写错误等情形，可依照《招标投标法实施条例》第四十条的规定视为串通投标。

132. 投标单位采购招标文件以后企业名称发生变化怎么办？

问：某投标单位最近刚刚变更了企业名称。请问投标单位在采购招标文件后，开标之前企业名称发生变更，可以用变更后的企业名称继续进行投标吗？

答：可以。

建议投标企业去市场监督管理部门开一份企业名称变更证明，并将该证明资料附在投标文件中，以证明两个名称不同的单位实际上是同一企业。

133.通过修改招标文件中的产品参数以达到招标要求的行为是否构成"提供虚假材料"？

问：某设备采购项目招标文件技术部分对产品的数据参

数和供应商的服务方案进行了明确要求，但 B 公司的投标文件中投标产品的部分数据参数修改了招标文件中对应参数的"要求值"，并在"响应值"中载明"完全满足"，该情形是否属于"提供虚假材料"？

答：产品的技术参数是产品性能的说明，直接决定着产品能否满足采购人的实际需求。提供产品的真实数据参数是对供应商最基本的要求。供应商在明知招标产品不符合招标文件技术参数要求的情况下，通过修改投标文件中的产品参数，意图达到满足招标文件要求，该行为违背了《政府采购法》第三条规定的诚实信用原则，是典型的"提供虚假材料"。如果供应商凭借虚假数据获得了中标，一方面剥夺了其他投标人的中标机会，造成对其他投标人的不公；另一方面也使得采购人无法获得真正符合要求的产品，造成对其合法权益的侵害。因此，供应商通过修改招标文件中的产品参数以达到招标要求的行为，构成了以虚假材料谋取中标的违法情形。根据《政府采购法》第七十七条的规定，供应商提供虚假材料谋取中标、成交的，其中标无效，还将承担罚款、列入不良行为记录名单、在一至三年内禁止参加政府采购活动等行政处罚。

134. 政府采购货物招标项目，同一品牌不同型号可以同时投标吗？

问：某单位以公开招标方式采购计算机设备，其中两家供应商所投商品为同一品牌但不是同一型号，是否可以投标?

答：《政府采购货物和服务招标投标管理办法》第三十一条规定："采用最低评标价法的采购项目，提供相同品牌产品的不同投标人参加同一合同项下投标的，以其中通过资格审查、符合性审查且报价最低的参加评标；报价相同的，由采购人或者采购人委托评标委员会按照招标文件规定的方式确定一个参加评标的投标人，招标文件未规定的采取随机抽取方式确定，其他投标无效。使用综合评分法的采购项目，提供相同品牌产品且通过资格审查、符合性审查的不同投标人参加同一合同项下投标的，按一家投标人计算，评审后得分最高的同品牌投标人获得中标人推荐资格；评审得分相同的，由采购人或者采购人委托评标委员会按照招标文件规定的方式确定一个投标人获得中标人推荐资格，招标文件未规定的采取随机抽取方式确定，其他同品牌投标人不作为中标候选人。"因此，供应商提供产品不管是几个型号，但是只要是同一品牌，都应当按照上述规定，即都可以投标，但是按一个投标人计算。

135. 政府采购活动中可以设置哪些类型的保证金?

问：某城市垃圾清扫采购项目，招标文件要求供应商在提交投标保证金的同时还需另行提交设备购置保证金 30 万元。请问：招标文件设置的该保证金是否符合规定?

答：无论是政府采购活动还是其他公共采购活动，保证金类型的设置都不得违反国家现行规定，不得设置没有法律法规依据的保证金。从 2016 年开始，国务院、工业和信息化部、财政部、住房和城乡建设部相继发布了《国务院办公厅关于清理规范工程建设领域保证金的通知》《关于开展涉企保证金清理规范工作的通知》等文件，要求建立保证金目录清单制度，取消没有法律法规依据或未经国务院批准的保证金，清单之外的保证金一律不得收取（执行）。2017 年 9 月 21 日，工业和信息化部、财政部发布《关于公布国务院部门涉企保证金目录清单的通知》，保证金目录清单制度正式确立。目录中涉及公共采购领域保证金的，只有投标保证金、竞争性谈判、询价等响应保证金以及履约保证金。以往招标采购实践中较为常见的所谓诚信保证金、设备保证金等有关人员自行创设的保证金，均不在其中。因此，本项目采购人要求供应商除投标保证金之外，还需提供设备购置保证金，该保证金不在国务院涉企保证金目录清单之列，缺乏法律依据。

136. 政府采购保证金能否采用现金方式？

问：《招标投标法实施条例》允许在招标投标活动中采用现金方式交纳投标保证金，那么在政府采购活动中，能否要求采用现金方式交纳采购保证金。

答：关于政府采购保证金的形式，《政府采购法实施条例》第三十三条规定："招标文件要求投标人提交投标保证金的，投标保证金不得超过采购项目预算金额的2%。投标保证金应当以支票、汇票、本票或者金融机构、担保机构出具的保函等非现金形式提交。"《政府采购非招标采购方式管理办法》第十四条第一款规定："采购人、采购代理机构可以要求供应商在提交响应文件截止时间之前交纳保证金。保证金应当采用支票、汇票、本票、网上银行支付或者金融机构、担保机构出具的保函等非现金形式交纳。保证金数额应当不超过采购项目预算的2%。"《政府采购竞争性磋商采购方式管理暂行办法》第十二条也规定了"磋商保证金应当采用支票、汇票、本票或者金融机构、担保机构出具的保函等非现金形式交纳。磋商保证金数额应当不超过采购项目预算的2%。"上述法律规定，都要求政府采购保证金应当采用非现金形式交纳。

禁止以现金方式交纳政府采购保证金，其理由在于：一是依据国务院《现金管理暂行条例》规定，政府采购保证金不属于采用现金结账的适用范围，故为规避风险应当使用非现金方式提交。二是为了减少采购成本，供应商如果参加多项政府采购项目，保证金需要占用大量资金，对供应商来讲无疑是一个沉重的负担，不利于激发市场活力、鼓励交易，从这个意义上保证金也应当以非现金形式提交。

137. 招标文件可以要求投标保证金汇入代理公司的分支机构吗？

问：某施工企业最近想参加一个政府采购项目的投标。该项目招标公告是以招标代理机构公司法人的名义发布的，但招标文件上要求投标人将投标保证金汇至该招标代理公司的分公司。请问这种情形合法吗？

答：招标文件可以做这方面的规定。

从谨慎角度考虑，建议该公司向该招标代理机构总公司咨询一下，以确认该做法是否经过总公司的同意或授权。如经过授权，该分公司的行为即代表总公司，该行为合法。

138. 公路工程投标保证金上限可以超过80万元吗？

问：按照《工程建设项目施工招标投标办法》（七部委30号令）规定投标保证金不得超过项目估算价的2%，最高不超过80万元。新颁布的《公路工程建设项目招标投标管理办法》（交通运输部2015年24号令）规定，投标保证金不得超过招标标段估算价的2%。请问公路工程施工的投标保证金可以设置在80万元以上吗？

答：可以。

《工程建设项目施工招标投标办法》颁布于2003年，于2013年修订，规制的是所有工程施工项目；《公路工程建设项目招标投标管理办法》颁布于2015年，规制公路工程勘察设计、施工、施工监理等项目的招标投标活动。

在关于投标保证金上限的设置规定中，上述两部规章的规定有不一致之处。依据"新法优于旧法""特别规定优于一般规定"的法律适用原则，个人理解公路工程建设项目应以《公路工程建设项目招标投标管理办法》（交通运输部 24 号令）的规定为准。

139. 投标保证金能否以现金形式提交？

问：政府采购项目进行招标，能否在招标文件中规定供应商应当以现金形式提交投标保证金？

答：根据《政府采购法实施条例》第三十三条"招标文件要求投标人提交投标保证金的，投标保证金不得超过采购项目预算金额的 2%。投标保证金应当以支票、汇票、本票或者金融机构、担保机构出具的保函等非现金形式提交"的规定，投标保证金不能以现金形式提交，在招标文件中也不能规定投标保证金的形式是现金。

140. 不予退还的投标保证金归谁所有？

问：某市级公共资源交易中心最近遇到一个工程施工项目，中标候选人在公示期间无正当理由放弃中标。按照招标文件的规定，该投标人的投标保证金将不予退还。

请问不予退还的保证金是归招标人所有呢，还是由交易中心统一上缴国库？现在招标人提出要到交易中心提取该投标保证金，该如何处理？招标人需要提供哪些材料，才能把保证金转给招标人？

答：投标人提交的投标保证金，是对特定的招标项目提供的担保，用以担保投标人在本招标项目中的投标行为合法合规，避免因投标人的违规行为给招标项目带来损失。

此外，对于政府采购项目而言，财政部《关于明确政府采购保证金和行政处罚罚款上缴事项的通知》（财库〔2011〕15号）规定："中央政府采购活动中，供应商出现政府采购相关规定和采购文件约定不予退还保证金（投标保证金和履约保证金）的情形，由集中采购机构、采购人按照就地缴库程序，将不予退还的保证金上缴中央国库。"依据这一文件精神，政府采购项目不予退还的保证金，应该作为政府非税收入上缴财政国库，不得自行处理。

141. 购买招标文件后不参加投标，可以扣除投标保证金吗？

问：某代理机构最近代理了一个政府采购工程项目，只有3家潜在投标人购买了招标文件。其中投标人甲公司购买投标文件后，于开标前5天向招标人交纳了投标保证金。投标截止时，发现该投标单位未参加投标，也未提交放弃投标函，导致该项目因投标人不足3家而流标。请问：甲公司不参加投标造成这个项目流标，是否可以不退还其投标保证金？

答：不可以。

投标保证金担保的是投标人在缔约过程中因不诚信行为而给招标人造成的损失，如投标截止后投标人撤销投标、中标后未按规定签订合同等不诚信行为。

在投标截止前，潜在投标人可根据招标文件的具体要求，结合企业自身实际，做出参加投标还是不参加投标的决定。购买了招标文件的潜在投标人，没有义务必须参加投标。如潜在投标人在仔细分析招标文件后，做出不参加本项目投标的决定，招标人应当退还其投标保证金。项目招标失败的风险，按理应由招标人自行承担。

142. 投标保证金忘了退还怎么办？

问：某公司 2012 年参与一个项目投标，中标后签订了合同。该项目已经于 2014 年竣工验收，但该公司一直忘了去退还投标保证金。到目前为止，该项目投标保证金一直未退还，请问该如何讨回这个项目的投标保证金？

答：带上该项目的投标保证金递交收据或银行转账单之类的凭据，向招标人要求退还即可。

143. 代理机构不退还投标保证金怎么办？

问：某供应商最近中标了一个公立医院食堂运营项目，该项目合同已经签订。目前已经进场营业，代理服务费等相关费用也已经交付，但采购代理机构一直不肯退还该供应商的投标保证金。

请问：应该如何维护自己的合法权益？

答：中标供应商可先向采购代理机构提出质疑，要求采购代理机构按照相关法律和招标文件的规定，如期退还保证金。

如采购代理机构未依法答复或对其答复不满意，可向当地财政部门投诉。

第三章 开标

144. 不同招标人的同类项目可不可以合并开评标?

问:最近遇到一批项目,是县政府下属不同乡镇的通村公路建设项目,项目性质雷同度较高。请问是不是可以合并招标,类似于一个整体建设项目中的几个不同标段,安排在同一天开评标,且采用同一批评标专家?这么做是否妥当?

答:法律上并无这方面的禁止性规定,个人理解可以合并招标。

理由主要有以下三个:一是有利于提高资金的使用效益。招标的根本目的是为了提高建设资金的使用效益,同类项目合并招标有利于发挥批量采购的规模优势,降低招标采购组织活动的成本,从而提高建设资金的使用效益。二是可以减少很多重复工作。该类项目性质雷同,在同一时间、地点开标,使用同一批评标委员会,招标组织相对轻松简便,可以减少很多重复的工作,节省了大量的人力、物力投入,也相对节约了招标组织的总体时间。三是技术上可行。由于该类项目大致安排在同一时间建设,使得合并招标成为可能,在实际操作中并无技术方面的障碍,且程序相对更加简化。

145. 3家潜在投标人均迟到，招标人该怎么办？

问：某政府采购货物项目招标，潜在投标人总共3家，在开标时均迟到了，因而未能在招标文件规定的投标截止时间前送达并递交投标文件。

因该项目时间紧，招标人不想重新走一遍流程，可否让3家单位写承诺书：同意将开标时间推迟至某一具体日期。或者招标人能否现场将开标时间推迟至某一具体日期？

答：不可以。

《政府采购货物和服务招标投标管理办法》第三十三条第二款规定："逾期送达或者未按照招标文件要求密封的投标文件，采购人、采购代理机构应当拒收。"该办法第七十八条规定"采购人、采购代理机构有下列情形之一的，由财政部门责令限期改正，情节严重的，给予警告，对直接负责的主管人员和其他直接责任人员，由其行政主管部门或者有关机关给予处分，并予通报；采购代理机构有违法所得的，没收违法所得，并可以处以不超过违法所得3倍、最高不超过3万元的罚款，没有违法所得的，可以处以1万元以下的罚款：……（十二）其他违反本办法规定的情形。"

针对一个具体行为，在判断其是否违法时，法律的明文规定是唯一的衡量标准。即使参与事件的所有人都认可这一做法，也改变不了其行为违法这一事实。

146. 开标顺序是否应先拆封商务和技术文件再拆封报价文件?

问:某单位视频监控系统维护及监控设备采购项目招标文件载明:"供应商或其当场推荐的代表检查投标文件密封的完整性,确认无误后拆封唱标。招标代理机构在开标仪式上,将公布供应商名称、投标内容、投标价格、交货期等以及招标人认为合适的其他内容,并做开标记录。"有一供应商在开标现场提出质疑,认为采购代理机构的开标程序违法,先开价格标,后开商务标和技术标,应当按照"采取先拆封商务和技术文件、后拆封报价文件的顺序进行"。该供应商的说法有无法律依据?

答:根据《政府采购货物和服务招标投标管理办法》第四十一条第一款的规定,开标时应当由投标人或者其推选的代表检查投标文件的密封情况;经确认无误后,由采购人或者采购代理机构工作人员当众拆封,宣布投标人名称、投标价格和招标文件规定的需要宣布的其他内容。也即,该办法规定开标时一并拆封宣读商务文件、技术文件和价格文件等,并未对开标先后顺序做出规定。

本项目中,招标文件的内容符合《政府采购货物和服务招标投标管理办法》第四十一条的规定,也并没有法律规定必须先开商务和技术文件最后公布投标报价,因此该供应商关于开标顺序违法的说法缺乏法律依据。

147. 开标必须监督人员到场监督吗？

问：某政府采购项目开标仪式中，某投标人当场提出质疑，认为开标时无监管人员参加，不符合招标文件规定，属于违法开标。此说法有无法律依据？

答：根据《政府采购法》第十三条规定，各级人民政府财政部门是负责政府采购监督管理的部门，依法履行对政府采购活动的监督管理职责。行使监督职责的手段是多种多样的，但现有立法并没有要求行政监督部门应当派人到现场监督开标活动。修订以前的《政府采购货物和服务招标投标管理办法》第三十八条也只是规定"招标采购单位在开标前，应当通知同级人民政府财政部门及有关部门。财政部门及有关部门可以视情况到现场监督开标活动"。也就是说，财政部门及有关部门是"可以视情况"但不是"必须"到现场监督开标活动，修订后的《政府采购货物和服务招标投标管理办法》把上述规定也删除了。因此，供应商提出的"开标活动无监督人员参加违反法律规定"的说法缺乏法律依据。当然，财政部门如果认为有必要也可以参加开标过程实行现场监督，但并没有将现场监督设置为必备要件。

148. 未按照规定程序开标应怎么处理？

问：某项目开标，招标文件约定：电子光盘导入后先宣布投标报价，再进行评审。在开标现场，代理机构导入光盘后即开始资信技术评审，技术标评审结束后才宣布商务报价并进行价格评审。评审结束后，有投标人提出程序不符合规定，要求重新组织招标。请问该如何处理？

答：本项目已经评审结束，改正开标阶段的程序性错误已经不可能。

对于该项目来讲，应依据该程序性错误是否对评审结果造成实质性影响而进行区别处理：如该程序性错误对评审结果未造成实质性影响，倾向于认定开标、评标活动有效，对招标代理未按规定开标的情况另行处理；如该程序性错误影响评审结果的，建议重新组织招标，并对善意投标人给予相应赔偿。

149. 政府采购邀请招标项目，投标人不足三家怎么办？

问：某政府采购项目，预算已达到公开招标数额，属于分散采购项目。该项目由于供应商较少，采购人决定采用邀请招标方式，向经常合作的 3 家单位发出了邀请书。

开标当日，只有一家供应商递交了投标文件。经采购人代表和评审专家商议，直接推荐该供应商为中标候选人。请问该操作合法吗，要不要重新招标？

答：《政府采购法》第二十七条规定："采购人采购货物或者服务应当采用公开招标方式的，其具体数额标准，属于中央预算的政府采购项目，由国务院规定；属于地方预算的政府采购项目，由省、自治区、直辖市人民政府规定；因特殊情况需要采用公开招标以外的采购方式的，应当在采购活动开始前获得设区的市、自治州以上人民政府采购监督管理部门的批准。"

公开招标方式是政府采购的主要采购方式。依据相关法律规定，达到公开招标数额标准的政府采购项目，如拟采用公开招标以外的其他采购方式，应当向市级以上政府采购监管部门报批。

依据《政府采购货物和服务招标投标管理办法》第十四条的规定，采用邀请招标的政府采购项目中，备选供应商应当通过如下三种方式产生：①发布资格预审公告征集；②从供应商库中随机抽取；③采购人书面推荐。

邀请招标项目的采购人应当从上述三种方式产生的备选供应商中，随机抽取3家以上供应商，并向其发出投标邀请书。如采用第二种或第三种方式产生备选供应商的，符合条件的备选供应商总数，应当不少于拟随机抽取供应商总数的两倍。

《政府采购货物和服务招标投标管理办法》第四十一条第二款规定："投标人不足3家的，不得开标。"本项目递交投标文件的投标人不足3家，不得开标、评标并推荐中标候选人。

综上所述，本项目邀请招标程序违法，应当依法重新组织招标。如重新招标拟采用邀请招标方式，采购活动开始前，还应报财政部门批准。

150.流标项目投标文件要唱标吗?

问：某政府采购货物招标项目，投标单位不足 3 家，在投标截止时间收到的标书，是不是应将收到的标书拆封唱标呢？如果要唱标，那不是把投标人的报价信息泄漏了吗？

还有一个问题：流标后没有抽取评委，那么唱标后是把这两份投标文件退还给投标人吗？

答：《政府采购货物和服务招标投标管理办法》第四十一条规定："开标时，应当由投标人或者其推选的代表检查投标文件的密封情况；经确认无误后，由采购人或者采购代理机构工作人员当众拆封，宣布投标人名称、投标价格和招标文件规定的需要宣布的其他内容。投标人不足 3 家的，不得开标。"针对正常项目的开标，需要将标书拆封唱标。但对于投标人不足 3 家的招标项目，则"不得开标"，也就是招标人不得启封、唱标。

151. 开标时不足3家，投标文件是否需要退还?

问：最近有个政府采购货物项目，开标时只有 2 家单位递交了投标文件。请问这两份投标文件是否需要退还，还是拆封、唱标后由招标人存档？

答：《政府采购货物和服务招标投标管理办法》第四十一条第二款规定："投标人不足 3 家的，不得开标。"此处的"不得开标"是指不得启封、唱标。该法律条款的言外之意，是

指招标人在出现上述情况时，应将收到的投标文件原封不动
退还，并重新启动招标程序。

152.邀请招标可以不唱标吗？

问：某投标单位最近参加一个政府采购项目投标，该项
目是邀请招标项目。投标文件递交后，招标代理机构不公开
唱标，该投标单位就此质询招标代理机构，其回答说邀请招
标可以不公开开标，走一个流程就可以。请问招标代理机构
的操作是否合法？

答：招标代理机构的做法不符合法律规定。

开标是招标投标活动中公开原则的重要体现，也是招标
人接受投标人监督的重要程序。《政府采购货物和服务招标投
标管理办法》第四十一条第一款规定："开标时，应当由投标
人或者其推选的代表检查投标文件的密封情况；经确认无误
后，由采购人或者采购代理机构工作人员当众拆封，宣布投
标人名称、投标价格和招标文件规定的需要宣布的其他内容。"
因此，不管是公开招标项目还是邀请招标项目，招标人都应
当在投标截止时间的同一时间和招标文件规定的地点公开组
织开标，公布投标人名称、投标报价等内容，并将相关情况
记录在案。

邀请招标项目，除了不公开发布招标公告，其余流程和
公开招标一致。

153. 唱标时价格唱错并被供应商签字确认了怎么办？

问：某政府采购项目开标现场，唱标的同事把某供应商的报价唱错了，投标人在确认时也没仔细看就签字确认了。请问：评标时是以投标文件上的正确价格为准，还是以投标人确认过的错误报价为准？有评标专家说应当以唱标时的错误报价为准，是否有相关法律依据？

答：应当以投标文件上的正确价格为准。

本案例由于采购人（或代理机构）的失误造成宣读投标报价有误，虽然这一经公开宣读的错误报价也经过了供应商的确认，但与事实不符。如果评标时采用了这一错误报价，相当于认可了采购人、供应商在投标截止后修改了原投标文件中的投标报价，这种做法与《政府采购货物和服务招标投标管理办法》的相关规定相违背。

在原《政府采购货物和服务招标投标管理办法》第四十条第二款中，确有 "未宣读的投标报价在评标时不予认可" 的规定，但上述两部规章中的该规定均有其特定的适用前提，不可机械套用，而且在《政府采购货物和服务招标投标管理办法》修订后已经将上述规定删除，不再适用。

第四章 评标

154. 评标委员会成员中是否必须要有采购人代表？

问：某政府采购招标项目 5 名评委会成员全部为技术、经济方面的专家，评标委员会中没有采购人代表，有人提出质疑，认为评标委员会组成不合规，必须要有采购人代表参加。此说法有无道理？

答：《政府采购货物和服务招标投标管理办法》第四十七条规定"评标委员会由采购人代表和评审专家组成，成员人数应当为 5 人以上单数，其中评审专家不得少于成员总数的三分之二。采购项目符合下列情形之一的，评标委员会成员人数应当为 7 人以上单数：（一）采购预算金额在 1000 万元以上；（二）技术复杂；（三）社会影响较大。"从此规定来看，未使用"应当""必须""不得"等词语，不属于强行性法律规范，而属于任意性法律规范，允许在一定范围内自行选择或协商确定。也就是说，此规定仅仅是规定了评标委员会的人员组成范围，即采购人代表和专家两类成员可参与评标，评标委员会成员不能超过这个范围。而且，紧接着又规定了评审专家成员的人数下限（不得少于成员总数的 2/3）但未规定上限，也没有规定采购人代表的人数下限。因此，评审专家在评标委员会中占比越高越能增强评标委员会的独立性，减少采购人的干预，即使占比 100% 也是合法的。

此外，《关于进一步规范政府采购评审工作有关问题的通知》（财库〔2012〕69 号）规定"采购人委派代表参加评审委员会的，要向采购代理机构出具授权函。"这里采购人委派代表参加评审委员会不是强制性的，可以委派，也可以不委派。如果委派，则应出具授权函。

因此，从上述法律规定来看，并不要求采购人必须派代表参加评标委员会。采购人可以根据项目实际和需要，委派代表作为评标委员会成员参与评审，也可以不向评标委员会派出代表。

155. 业主可以委托代理机构的工作人员作为招标人代表参与评标吗？

问：某市行政机关最近有一个工程项目招标，评标时需要委派一名招标人代表。由于单位性质所限，没有工程方面的专业人才，是否可以委托代理机构的专业人员作为招标人代表参加本项目的评审？

答：《评标委员会和评标方法暂行规定》（七部委 12 号令）第九条规定："评标委员会由招标人或其委托的招标代理机构熟悉相关业务的代表，以及有关技术、经济等方面的专家组成，成员人数为五人以上单数，其中技术、经济等方面的专家不得少于成员总数的三分之二。"依据这一规定，工程建设项目招标，招标人可以委托招标代理机构熟悉相关业务的专业人员，作为招标人代表参与项目评审活动。

需要注意的是，《政府采购货物和服务招标投标管理办法》第四十七条第二款规定，采购代理机构工作人员不得参加由本机构代理的政府采购项目的评标。因此，如果是政府采购项目，采购人不得委托代理机构的主管人员作为采购人代表参加本机构代理的招标项目的评标。

156. 采购人代表能担任评审小组组长吗？

问：某单位有一政府采购项目要进行招标，组建评审小组时，由采购人派出的代表能不能担任评审小组组长？

答：根据《财政部关于进一步规范政府采购评审工作有关问题的通知》（财库〔2012〕69 号）"评审委员会应当推选组长，但采购人代表不得担任组长"的规定，采购人代表不能担任评审小组的组长，应从评审专家中选定评审小组组长。

157. 代理机构工作人员能否参与本机构代理项目的评审工作？

问：某设备采购招标项目，采购人拟委派代理本项目的招标代理机构的工作人员作为本单位的采购人代表参与评标，是否可以？

答：根据《政府采购货物和服务招投标管理办法》第

四十七条第三款"……采购代理机构工作人员不得参加由本
机构代理的政府采购项目的评标"的规定，采购代理机构工
作人员既不能作为采购人代表参与本机构代理项目的评标，
也不能以专家身份参与该项目的评标。

158. 采购人工作人员符合评标专家的资格条件，能否以专家身份参与本单位采购项目的评标？

问：某学校新教学楼办公桌椅采购项目评标委员会由 5
名评委组成，随机抽取了 3 名评标专家，另外 2 人都是采购
人的工作人员，其中 1 人具有高级经济师职称，能否将其列
为评标专家参与评审？

答：采购人应当依法组建评标委员会。为了确保评标工
作独立、公正，不受外界干扰，评标工作必须依靠身份独立
于采购人的评标专家进行，同时也需要熟悉采购需求的采购
人代表参与，但其人数不应过多，以免影响评标委员会的独
立、公正判断。因此，《政府采购货物和服务招标投标管理办
法》第四十七条规定："评标委员会由采购人代表和评审专家
组成，成员人数应当为 5 人以上单数，其中评审专家不得少
于成员总数的三分之二……评审专家对本单位的采购项目只
能作为采购人代表参与评标，本办法第四十八条第二款规定
情形除外。采购代理机构工作人员不得参加由本机构代理的
政府采购项目的评标。"采购人代表如果符合评标专家资格以
专家身份参与本单位采购项目的评标，虽然在形式上满足专

家超过评委总数的 2/3，但可能会造成事实上采购人代表过多甚至多数或全部专家均来自采购人的情况，影响了评标工作的独立性和公正性。因此，采购人代表不能以专家身份参与本单位采购项目的评标工作。在本项目中，采购人委派代表2人，超过了评标委员会成员总数的 1/3，导致评标委员会构成不合法。

159. 采购人能否自行选择评标专家？

问：某信息管理系统建设项目采购，在采购人的监督下，从采购代理机构的专家库中随机抽取了评标专家，是否合适？

答：《政府采购货物和服务招标投标管理办法》第四十八条规定："采购人或者采购代理机构应当从省级以上财政部门设立的政府采购评审专家库中，通过随机方式抽取评审专家。对技术复杂、专业性强的采购项目，通过随机方式难以确定合适评审专家的，经主管预算单位同意，采购人可以自行选定相应专业领域的评审专家。"《政府采购评审专家管理办法》第三条规定"评审专家实行统一标准、管用分离、随机抽取的管理原则。"《政府采购评审专家管理办法》第十二条规定："采购人或者采购代理机构应当从省级以上人民政府财政部门设立的评审专家库中随机抽取评审专家。评审专家库中相关专家数量不能保证随机抽取需要的，采购人或者采购代理机构可以推荐符合条件的人员，经审核选聘入库后再随机抽取使用。"《政府采购评审专家管理办法》第十三条规定:"技术复杂、专业性强的采购项目,通过随机方式难以确定合适评审专家的,经主管预算单位同意,采购人可以自行选定相应专业领域的评审专家。自行选定评审专家的,应当优先选择本单位以外的评审专家。"

综上所述,法律规定一般的政府采购项目的评审专家应当从财政部门设立的政府采购评审专家库中随机抽取,而不能从采购人、采购代理机构自行建立的评审专家库中选取。如属于技术复杂、专业性强的采购项目,经主管预算单位同意可以自行选定评审专家。因此,本项目从采购代理机构的专家库中随机抽取评标专家的做法违反了上述法律规定。

160. 政府采购项目评标委员会中是否可以有采购人代表?

问:某政府采购货物招标项目,采购预算为 350 万元。由于该货物涉及技术较为复杂,采购人选派了 2 名代表进入评标委员会,并从财政部门的专家库中随机抽取了 5 名技术、经济方面的专家。采购结果公告后,综合得分排名第二的供应商提出质疑,称采购人选派代表进入评标委员会违反了《政府采购货物和服务招标投标管理办法》的规定,应重新组建评标委员会对本项目重新进行评审。请问:在政府采购活动中,采购人代表不得进入评标委员会吗?

答:《政府采购货物和服务招标投标管理办法》第四十七

条规定"评标委员会由采购人代表和评审专家组成，成员人数应当为 5 人以上单数，其中评审专家不得少于成员总数的三分之二。采购项目符合下列情形之一的，评标委员会成员人数应当为 7 人以上单数：（一）采购预算金额在 1000 万元以上；（二）技术复杂；（三）社会影响较大。评审专家对本单位的采购项目只能作为采购人代表参与评标，本办法第四十八条第二款规定情形除外。采购代理机构工作人员不得参加由本机构代理的政府采购项目的评标……"从该法律条款的表述来看，法律禁止的是采购人以评审专家身份进入评标委员会，而不是禁止采购人代表进入评标委员会。即采购人代表在进入评标委员会时，即使该代表是政府采购评审专家库中的专家，也只能以采购人代表的身份出现，不得以技术、经济类评审专家的身份出现，不得占用技术、经济类评审专家的名额。

本项目属技术复杂的货物采购项目，根据上述规定"评标委员会成员人数应当为 7 人以上单数"，且评审专家为 5人，不少于评标委员会成员总数的三分之二。因此，本项目评标委员会组成合法，质疑人提出的主张应不予支持。

161. 评标委员会全部由专家组成违法吗？

问：《政府采购货物和服务招标投标管理办法》第四十七条规定"评标委员会由采购人代表和评审专家组成，成员人数应当为 5 人以上单数，其中评审专家不得少于成员总数的三分之二。采购项目符合下列情形之一的，评标委员会成员人数应当为 7 人以上单数：（一）采购预算金额在 1000 万元以上；（二）技术复杂；（三）社会影响较大……"某政府采购服务项目，招标人不愿意进入评标委员会，评标委员会全部由随机抽取的评审专家组成。请问：采购人可以不参加评标委员会吗？评标委员会全部由随机抽取的评审专家组成合法吗？

答：采购人可以不参加评标委员会。

业界一般认为采购人参加评标委员会是法律赋予的一项权利，而不是一项义务。法定的权利可以放弃，法定的义务则必须履行。因此，采购人自己主动放弃参加评标委员会的权利是可以的。在这种情况下，本项目的评标委员会全部由随机抽取的专家组成，并不违法。

162. 政府采购项目评标委员会组建不合法怎么办？

问：最近有个政府采购招标项目，评审结束后发现：有两位评审专家应属于回避情形，导致本项目评标委员会组建不合法。请问：本项目是重新组织招标，还是重新组建评标委员会进行评审？

答：本项目应重新组建评标委员进行评审。

《政府采购货物和服务招标投标管理办法》第六十七条规定"评标委员会或者其成员存在下列情形导致评标结果无效的，采购人、采购代理机构可以重新组建评标委员会进行评标,并书面报告本级财政部门,但采购合同已经履行的除外:(一)评标委员会组成不符合本办法规定的……"

依据上述规定,本项目属于评标委员会组成不符合法律规定,应重新组建评标委员会进行评审。

163. 采购评审专家最早什么时间可以抽取?

问:为了确保评审专家在评审之前的保密性,采购评审专家的抽取时间越晚越好,那么采购评审专家最早什么时间可以抽取?

答:《政府采购评审专家管理办法》(财库〔2016〕198号)规定:"除竞争性谈判、竞争性磋商方式采购的,以及异地评审项目外,采购人或者采购代理机构抽取评审专家的开始时间原则上不得早于评审活动开始前2个工作日。"因此,一般情况下,政府采购项目应在评审活动开始前2个工作日内抽取评审专家;竞争性谈判和竞争性磋商项目以及需要从异地抽取专家评审的项目,视情况可以早于2个工作日抽取。

164. 同类项目是否可以使用同一批专家评审?

问:同一个项目法人下的三个同类防洪项目,委托了三家不同的招标代理机构,这三个项目在同一天开标,评标时采用了随机抽取的同一批专家进行评审。请问:这种行为违法吗,有没有相关法律禁止这么做?

答:相关法律没有禁止该行为。

相关法律要求采购人应当依法组建评标委员会对投标文件进行评审。对于同时开标的同一批项目，出于节约时间成本等方面的考虑，使用同一批专家评审并无不妥。需要注意的是，采购人采用上述方式时，应当遵守相关法律关于评标专家组成结构、评标专家名单泄露、评审过程保密等方面的要求。

165. 政府采购招标项目的资格审查由谁负责？

问：对于政府采购项目，采用招标方式采购的，对投标人的资格性审查由谁负责？

答：《政府采购货物和服务招标投标管理办法》第四十四条规定："公开招标采购项目开标结束后，采购人或者采购代理机构应当依法对投标人的资格进行审查。"该条明确规定，由采购人或者采购代理机构审查供应商的资格，专家不再进行资格审查。这一变化主要有以下两个原因：一是随着政府互联网化不断推进，市场监管、住房和城乡建设、税务等相关部门的信息以及最高人民法院失信被执行人、行贿犯罪记录等信用信息都将逐步互联共享，投标供应商资格证明有望实现自动核验，准确率高，无须人工审查；二是评审专家的长处是处理技术问题，让评审专家不再审查供应商资格条件，从非技术性事务分离出来，只负责对供应商的投标文件进行符合性审查，以确定其是否满足招标文件的实质性要求；对符合性审查合格的投标文件进行商务和技术评估，综合比较与评价技术和服务，使其集中精力发挥专业优势，回归政府采购评审专家制度设计的初衷。此外，相对于评审专家，采购人更了解采购需求和投标人的资格要求，审核效率更高，也会更加用心。

166. 政府采购项目，是否可以委托评标委员会进行资格审查？

问：《政府采购货物和服务招标投标管理办法》第四十四条规定："公开招标采购项目开标结束后，采购人或者采购代理机构应当依法对投标人的资格进行审查。"由于原该办法规定由依法组建的评标委员会进行资格审查，请问该办法修订后，采购人是否还可以委托评标委员会对投标人进行资格审查？

答：相比于原《政府采购货物和服务招标投标管理办法》而言，《政府采购货物和服务招标投标管理办法》修订后有很多重要变化和亮点。其中一项非常重要的变化，就是把对投标人和投标文件的评审分为资格审查、符合性审查和商务技术评估三个环节，其中资格审查环节交由采购人或其委托的采购代理机构承担，而符合性审查、商务技术评估两个环节仍由评标委员会负责。

从《政府采购货物和服务招标投标管理办法》这一修订来看，可以揣摩出立法者不主张由评标委员会进行资格审查。因此，《政府采购货物和服务招标投标管理办法》施行后，不主张采购人或代理机构再把这一部分工作内容依旧委托给评标委员会负责。

167. 评标现场能通过视频对外公开吗?

问:某市财政局从事政府采购监管的人员,为增强政府采购评审专家的责任心,防止评审专家与个别参与投标的供应商私下串通,打算通过视频的方式对外公开评审活动,现场直播评标的过程和评标细节,让所有供应商参与对评审活动的监督。请问这一做法合适吗?

答:不合适。

依照现行招标投标相关法律的有关规定,该做法有违法嫌疑。《政府采购货物和服务招标投标管理办法》第六十六条第二款规定:"有关人员对评标情况以及在评标过程中获悉的国家秘密、商业秘密负有保密责任。"现行法律要求采购人必须保证评标委员会在严格保密的状态下进行评审,不得对外公开评标过程和评标细节。

168. 政府采购招标项目资格审查出现错误怎么办?

问:某政府采购代理机构,最近代理了一个政府采购服务招标项目。开标后,该机构安排了相关工作人员对供应商的资格条件进行了审查。采购人在审查评审报告后发现:资格审查结果有误,把原本符合资格条件要求的供应商剔除了。请问:出现这种情况该怎么办?是不是要废标以后重新招标?

　　答:《政府采购货物和服务招标投标管理办法》颁布实施前,出现资格审查错误可依据财政部《关于进一步规范政府采购评审工作有关问题的通知》(财库〔2012〕69号)的相关规定组织评标委员会重新评审。

　　《政府采购货物和服务招标投标管理办法》施行后,对可以重新组织评审的情形作了相应调整,该办法第六十四条规定"评标结果汇总完成后,除下列情形外,任何人不得修改评标结果:(一)分值汇总计算错误的;(二)分项评分超出评分标准范围的;(三)评标委员会成员对客观评审因素评分不一致的;(四)经评标委员会认定评分畸高、畸低的。"与财政部《关于进一步规范政府采购评审工作有关问题的通知》相比,《政府采购货物和服务招标投标管理办法》删除了"资格性检查认定错误"这一情形。

　　需要说明的是,《政府采购货物和服务招标投标管理办法》第六十四条的这一变化,其主要原因是依据相关规定,评标委员会不再负责对供应商进行资格审查,其资格审查由采购人或其委托的代理机构负责。因此,笔者认为法律条款中的这一变更,并不意味着一旦资格审查出现错误,就只能废标后重新组织招标。《政府采购货物和服务招标投标管理办法》第七十八条规定"采购人、采购代理机构有下列情形之一的,由财政部门责令限期改正……(三)未按照规定进行资格预审或者资格审查的……"依据这一规定,如果采购人或采购代理机构资格审查错误，财政部门可责令采购人或者采购代理机构予以改正。采购人或采购代理机构改正资格审查错误后，依旧可以组织原评标委员会对资格审查错误的投标文件进行评审。

169. 资格性审查及符合性审查有什么区别？

问：政府采购项目评标需要进行资格性审查和符合性审查，两者有什么区别？

答：《政府采购货物和服务招标投标管理办法》第四十四条第一款规定："公开招标采购项目开标结束后，采购人或者采购代理机构应当依法对投标人的资格进行审查。"该办法第五十条规定："评标委员会应当对符合资格的投标人的投标文件进行符合性审查，以确定其是否满足招标文件的实质性要求。"该办法第五十二条规定："评标委员会应当按照招标文件中规定的评标方法和标准，对符合性审查合格的投标文件进行商务和技术评估，综合比较与评价。"也就是说，政府采购项目在初步审查环节，评标委员会要依照招标文件规定对供应商进行资格性审查及符合性审查。资格性审查是评标委员会根据招标文件中所列供应商资格条件要求，对供应商资格证明文件进行审查；符合性审查是评标委员会审查投标文件是否对采购文件作了实质性响应，即投标文件是否满足或响应招标文件技术、商务方面的要求。只有依次通过资格性审查和符合性审查的供应商方可进入评分环节。未通过资格性审查和符合性审查的投标文件，将按照投标无效对待，不参与评分和中标候选人推荐。

170.资格条件要求和资格证明材料要求不一致怎么办？

问：某政府采购代理机构，最近有个司法鉴定服务招标项目，因招标文件编制人员失误，资格条件中要求供应商须具有"司法鉴定机构资质"，但在供应商须提供的资格证明材料要求时，误写为"须提供司法会计鉴定机构资质证明材料"。

招标文件的书写错误在开标后才发现，采购代理机构在组织资格审查时，按照招标文件规定的"司法鉴定机构资质"要求进行资格证明材料审查。此时有供应商提出质疑，称代理机构未按照招标文件规定的要求进行审查。请问代理机构可以按照项目的实际要求对供应商进行资格审查吗？

答：可以。

根据本项目的特点，不应要求对方具有司法会计鉴定机构的资质，招标文件中对供应商应当提供的资格证明材料中的要求，和资格条件要求不一致，不符合项目特点，应属于明显的书写错误。明显的书写错误，不是当事人的真实意思表示。

《民法总则》第一百四十三条规定"具备下列条件的民事法律行为有效：（一）行为人具有相应的民事行为能力；（二）意思表示真实；（三）不违反法律、行政法规的强制性规定，不违背公序良俗。"依据上述相关规定，本项目要求供应商提供"司法会计鉴定机构资质证明材料"属无效法律行为，建议结合采购文件的前后文和采购项目的特点，按照当事人的真实意思表示来处理。

171. 资格审查合格的投标人不足三家怎么办？

问：某设备采购项目开标以后，由采购人委托采购代理机构组织开展供应商资格性审查，审查发现有三家供应商资格不合格，投标无效，只剩两家供应商，针对这种资格审查合格的投标人不足三家的情形，应当如何处理？

答：《政府采购法》第三十六条规定"在招标采购中，出现下列情形之一的，应予废标：（一）符合专业条件的供应商或者对招标文件作实质响应的供应商不足三家的；（二）出现影响采购公正的违法、违规行为的；（三）投标人的报价均超过了采购预算，采购人不能支付的；（四）因重大变故，采购任务取消的。废标后，采购人应当将废标理由通知所有投标人。"也就是说，经过资格审查，合格的供应商不足三家，此时只能废标。

《政府采购货物和服务招标投标管理办法》第四十三条有更为具体的规定，即"公开招标数额标准以上的采购项目，投标截止后投标人不足三家或者通过资格审查或符合性审查的投标人不足三家的，除采购任务取消情形外，按照以下方式处理：（一）招标文件存在不合理条款或者招标程序不符合规定的，采购人、采购代理机构改正后依法重新招标；

（二）招标文件没有不合理条款、招标程序符合规定，需要采用其他采购方式采购的，采购人应当依法报财政部门批准。"

因此，本项目在评标期间出现符合资格条件的供应商不足三家的情形时，应当废标。之后除采购任务取消情形外，应当在废标后根据招标文件内容是否合法、程序是否合规分别进行处理：一是招标文件和招标程序不合规的，修改招标文件或改正后依法重新招标；二是招标文件和招标程序合规的，可以重新组织招标，根据实际需要采用其他采购方式采购的，采购人应当依法报财政部门批准。

172. 对"采用综合评分法的，评审标准中的分值设置应当与评审因素的量化指标相对应"如何理解？

问：某泵站辅助设备采购项目，招标文件第五部分"评标办法"评审因素中设置了大量的区间分值，如产品质量和稳定性评价良 3~4 分，中 1~2 分，但招标文件并未针对同一区间的不同分值设置相对应的评审标准。这种情形是否符合规定？

答：在政府采购评审中采取综合评分法的，评审标准中的分值设置应当与评审因素的量化指标相对应。一方面，评审因素的指标应当是可以量化的，不能量化的指标不能作为评审因素。评审因素在细化和量化时，一般不宜使用"优""良""中""一般"等没有明确判断标准、容易引起歧义的表述。另一方面，评审标准的分值也应当量化，评审因素的指标量化为区间的，评审标准的分值也必须量化到区间。评审标准中的分值设置与评审因素的量化指标不对应的，应当修改后重新招标。

本项目招标文件第五部分"评标办法"评审因素中设置了大量的区间分值，如产品质量和稳定性评价良 3~4 分，中 1~2 分。但招标文件并未针对同一区间的不同分值设置相对应的评审标准，该项目招标文件关于评分因素和评标标准的设置，违反了《政府采购法实施条例》第三十四条第四款"采用综合评分法的，评审标准中的分值设置应当与评审因素的量化指标相对应"的有关要求。

173. 对于综合评标项目价格、商务、技术、服务等评分有分数限制吗？

问：某计算机网络信息中心设备采购项目主要购买服务器、磁盘阵列、交换机等设备，同时卖方承担设备的安装、调试及售后服务，采用综合评分法，满分 100 分，能否将评分细则设置为价格分 20 分，商务分 20 分，技术分 30 分，服务分 30 分（安装、调试及售后服务各占 10 分）？现有法律对分数设置及比例有具体要求吗？

答：招标文件是采购过程中最为重要的文件之一，它是投标人据以准备投标文件和评标委员会据以进行评标的依据，因此招标文件的各项规定必须清楚、准确，所设定的相关要求和标准要合理、合法。尤其是评标办法中的评分标准、各部分分值比重等相关规定，直接影响中标结果，因此必须科学、严谨。《政府采购货物和服务招标投标管理办法》第五十五条规定采用综合评分法的项目，"货物项目的价格分值占总分值的比重不得低于30%；服务项目的价格分值占总分值的比重不得低于10%。执行国家统一定价标准和采用固定价格采购的项目，其价格不列为评审因素。"本项目主要是设备采购，应当按照货物项目来设定各项评审分值，价格分比重应在30%及以上，但本项目却设置为"20%"（20分），不符合法律规定。

174. 制造商和代理商同时投同一个包件怎么办？

问：最近有个政府采购货物招标项目，开标时发现制造商和销售代理商都参加了这个项目的投标。招标文件就此情形没有做出规定，请问该如何处理？

答：该项目属于政府采购货物招标项目，财政部《关于多家代理商代理一家制造商的产品参加投标如何计算供应商家数的复函》（财办库〔2003〕38号）文件规定："原则上同一品牌同一型号产品只能有一家投标人……如果有多家代理商参加同一品牌同一型号产品投标的，应当作为一个供应商计算。"依据这一文件精神，本项目可参照上述规定将制造商和销售代理商按一个供应商计算，并进入后续评审程序。评审工作按照《政府采购货物和服务招标投标管理办法》第三十一条规定执行，即"采用最低评标价法的采购项目，提供相同品牌产品的不同投标人参加同一合同项下投标的，以其中通过资格审查、符合性审查且报价最低的参加评标；报价相同的，由采购人或者采购人委托评标委员会按照招标文件规定的方式确定一个参加评标的投标人，招标文件未规定的采取随机抽取方式确定，其他投标无效。使用综合评分法的采购项目，提供相同品牌产品且通过资格审查、符合性审查的不同投标人参加同一合同项下投标的，按一家投标人计算，评审后得分最高的同品牌投标人获得中标人推荐资格；评审得分相同的，由采购人或者采购人委托评标委员会按照招标文件规定的方式确定一个投标人获得中标人推荐资格，招标文件未规定的采取随机抽取方式确定，其他同品牌投标人不作为中标候选人。非单一产品采购项目，采购人应当根据采购项目技术构成、产品价格比重等合理确定核心产品，并在招标文件中载明。多家投标人提供的核心产品品牌相同的，按前两款规定处理。"

175. 相同品牌的不同投标人参加同一项目投标时如何评审？

问：在政府采购项目招标活动中，如果发现有两家或者两家以上供应商用相同品牌的产品参加同一项目的投标，评标委员会应当如何评审？

答：《政府采购货物和服务招标投标管理办法》第三十一条对于使用相同品牌、不同投标人参与同一项目的投标时应该如何评审做出了明确的规定，具体如下：

（1）对于采用最低评标价法的采购项目，提供相同品牌产品的不同投标人参加同一合同项下投标的，以其中通过资格审查、符合性审查且报价最低的参加评标；报价相同的，由采购人或者采购人委托评标委员会按照招标文件规定的方式确定一个参加评标的投标人，招标文件未规定的采取随机抽取方式确定，其他投标无效。

（2）对于使用综合评分法的采购项目，提供相同品牌产品且通过资格审查、符合性审查的不同投标人参加同一合同项下投标的，按一家投标人计算，评审后得分最高的同品牌投标人获得中标人推荐资格；评审得分相同的，由采购人或者采购人委托评标委员会按照招标文件规定的方式确定一个投标人获得中标人推荐资格，招标文件未规定的采取随机抽取方式确定，其他同品牌投标人不作为中标候选人。

（3）非单一产品采购项目，采购人应当根据采购项目技术构成、产品价格比重等合理确定核心产品，并在招标文件中载明。多家投标人提供的核心产品品牌相同的，按前两款规定处理。

也就是说，对于提供相同品牌产品的不同投标人，采用最低评标价法时，只认定一家参加评标；采用综合评分法时，只有一家投标人有中标资格；报价或评审得分相同的，可以按照招标文件规定的方式确定中标候选人，也可以随机抽取中标候选人。这与财政部《关于多家代理商代理一家制造商的产品参加投标如何计算供应商家数的复函》（财办库〔2003〕38号）的规定不同，既避免引起纠纷，也解决了实务操作过程中供应商家数不足、相同品牌投标人串通等问题。此外，该条规定还明确了单一产品和非单一产品，描述清晰准确，考虑全面，具有很强的可操作性和实用性。当然，对于落实上述规定中"报价相同"或"评审得分相同"时如何认定还需要"招标文件规定"，如果招标文件未规定，则采取随机抽取方式确定。

176.实质性参数正偏离是否可以加分？

问：某政府采购货物招标项目正在编制招标文件。评标办法中规定：实质性参数出现负偏离的，作无效投标处理。现采购人提出如供应商提供的货物出现正偏离，是否可以加分？

答：政府采购货物和服务招标项目中，出现正偏离一般不予加分。

《政府采购法实施条例》第三十七条规定："《政府采购法》第三十八条第五项、第四十条第四项所称质量和服务相等，是指供应商提供的产品质量和服务均能满足采购文件规定的实质性要求。"依据这一规定，如供应商提供货物的性能参数指标出现正偏离，通常只认为其满足招标文件的实质性要求，和其他满足要求的供应商视为"质量相等"，故在评标办法中，一般不予考虑加分。

177. 评标专家分工评审，参照他人单项评分打分是否合适？

问：某单位印刷采购项目评审过程中，评委会对商务部分和技术部分的指标进行分工评审，各专家评完所分配的指标后宣读分数，其他专家在没有审阅投标文件的情况下参照打分，这种打分方式是否合法？

答：这种打分方式违反了《政府采购货物和服务招标投标管理办法》第五十五条第四款"评标时，评标委员会各成员应当独立对每个投标人的投标文件进行评价，并汇总每个投标人的得分"的规定，其中一个评标委员会成员的评审结果会直接干扰和影响其他评委的评审，影响了采购活动的公正性。如有此行为，按照《政府采购法》第三十六条的规定，由于采购活动中出现了影响采购公正性的违规行为，应责令采购人废标，之后重新采购。

178. 评标现场必须要全程录音录像吗？

问：采购人处理供应商质疑和财政部门处理投诉时，经常需要调取评标现场的录音录像资料以核实相关情况。请问：评标现场是否必须要全程录音录像？

答：《财政部关于进一步规范政府采购评审工作有关问题的通知》（财库〔2012〕69号）第二部分规定："省级以上政府集中采购机构和政府采购甲级代理机构，应当对评审工作现场进行全过程录音录像，录音录像资料作为采购项目文件随其他文件一并存档。"可见，录音录像资料属于政府采购活动的基础档案，采购代理机构应当按规定对评标过程进行全过程录音录像并进行保存。

179. 评标委员会成员违反纪律使用手机将导致什么后果？

问：某政府采购项目，采购代理机构在评标前未对评标委员会成员的手机等通信工具进行统一保管。评审中，评标委员会成员多次查看使用手机，部分评标委员会成员多次用手机接听电话并进出评标现场。请问：评标委员会成员违反纪律使用手机将会导致什么后果？

答：政府采购项目评审工作应该有严肃的工作纪律，采购代理机构应该在评审工作开始之前介绍评审程序以及强调评审纪律，对评审专家的通信工具进行统一保管，对评审专家进出评审会场和不得接打电话提出明确的要求。评审专家应遵守评标纪律，不得擅自使用通信工具。《政府采购货物和服务招标投标管理办法》第四十五条规定"采购人或者采购代理机构负责组织评标工作，并履行下列职责：……（二）宣布评标纪律……（五）在评标期间采取必要的通信管理措施，保证评标活动不受外界干扰"；财政部《关于进一步规范政府采购评审工作有关问题的通知》（财库〔2012〕69号）也规定"三、严肃政府采购评审工作纪律。在评审工作开始前，将手机等通信工具或相关电子设备交由采购人或采购代理机构统一保管"。

本项目中，采购代理机构没有统一保管通信工具，部分评标委员会成员没有遵守评审纪律，随意通话，评审工作并未在保密的情况下进行。可能影响中标结果，应由监管部门视环节轻重处以责令改正等相应处罚。

180. 评委名单泄密将导致什么后果？

问：某监测系统采购项目进行招标，在评标专家确定后，某供应商法定代表人李某与采购人办公室主任吴某联系，打听评标专家人选。吴某认为专家都是网上抽取的，依法合规，不会出什么问题，就将专家名单告知了李某。李某获悉专家名单后，先后与几个评标专家进行了联系。此行为将导致什么后果？

答：此情形主要反映了采购人和采购代理机构在招标结果确定前泄露评标专家名单的问题。评标专家是评标活动的关键人物，也是投标人"围猎"的对象。只有他们客观、公正地进行评审，不受外界干扰和影响，才能保证采购活动的公平、公正。如果在招标结果确定前就将评标专家的名单泄露出去，供应商就有可能与评标专家联系，对评标专家进行不正当的影响，以谋求中标，这样就难以保证评标活动的公平、公正。因此，《政府采购货物和服务招标投标管理办法》第四十七条明确规定"评标委员会成员名单在评标结果公告前应当保密。"而本项目中，采购人在评标前就将评标专家的名单告知了某供应商，导致该供应商能够在评标前与专家进行联系，有可能造成评标的不公正，应重新开展采购活动。

181. 评标专家用铅笔打分是否有效？

问：某招标代理机构最近刚刚代理了一个项目。在整理评标资料时发现：有一位评标专家的评审打分表是用铅笔书写的。目前评审结果已经汇总，评标报告也已经提交给招标人。请问：该评审结果是否有效，该怎么处理？

答：目前没有法律政策文件明文规定，评标专家使用铅笔打分无效。倾向于该评标专家的评审行为是有效的。但是，采用铅笔书写的评审表确实非常容易被涂改。因此，一般情况下，评审表等重要资料不能使用铅笔书写。

本项目评标结果已经汇总，建议先采用拍照等方式，把该名专家的原始打分表留存下来，然后通知该专家按照之前的打分情况，另外出具一张使用墨水笔书写的打分表，替换该铅笔书写的打分表。

182. 供应商低于成本报价如何处理？

问：某单位印刷服务招标，某印刷厂投标文件中规格为82mm×127mm 通用机打卷式发票的报价为 0.10 元，低于该项纸张成本，对此应当如何处理？

答：《政府采购法》第三条规定，政府采购应当遵循公开透明原则、公平竞争原则、公正原则和诚实信用原则。参与市场竞争的生产经营者在竞争中要恪守诚实信用原则。在政府采购中，供应商的投标行为属于有偿提供商品或服务的行为，也是一种销售行为。各供应商投标的目的就是为了获取中标。其投标文件无论是采用较低价格的报价，还是通过在技术、服务等因素中体现其优势，都是为了在竞争中获得优势地位。因此，政府采购活动中，供应商应当遵循公开透明、公平竞争、公正以及诚实信用的原则，投标报价不得低于成本价。

多数情况下，生产经营者提供货物或服务都是以营利为目的，因此正常的交易价格不应低于成本价格。低于成本价格销售商品或提供服务，要么带来垄断，要么导致商品或服务的质量下降，不利于社会经济秩序的正常运行，也会扰乱市场正常的竞争秩序。因此，以排斥竞争对手为目的的低于成本价销售商品的行为应予以禁止。《中华人民共和国价格法》（以下简称《价格法》）第十四条规定"经营者不得有下列不正当价格行为：……（二）在依法降价处理鲜活商品、季节性商品、积压商品等商品外，为了排挤竞争对手或者独占市场，以低于成本的价格倾销，扰乱正常的生产经营秩序，损害国家利益或者其他经营者的合法权益"。对此，《政府采购货物和服务招标投标管理办法》第六十条规定："评标委员会认为投标人的报价明显低于其他通过符合性审查投标人的报价，有可能影响产品质量或者不能诚信履约的，应当要求其在评标现场合理的时间内提供书面说明，必要时提交相关证明材料；投标人不能证明其报价合理性的，评标委员会应当将其作为无效投标处理。"

本项目中，某印刷厂将单价报价为 0.10 元，远低于其成本，该报价显然与该项服务实际发生的投入价值不符，有违诚实信用原则，应当要求该投标人予以解释，投标人不能做出合理说明的，按照无效投标处理。

183. 投标文件未加盖公章是否应该按照投标无效处理？

问：某柴油发电机设备采购项目招标文件规定："投标人须提供 ISO9000 系列质量管理体系认证情况、ISO14001：2004 环境管理体系认证（复印件，加盖公章），柴油发电机组的泰尔认证（复印件，加盖公章），该条款为实质性条件，不满足将导致投标无效。"某供应商的投标文件中收录的 ISO9000 系列质量管理体系认证证书、ISO14001：2004 环境管理体系认证证书及柴油发电机组的泰尔认证证书均未加盖本公司公章，对此评标委员会是否应该判定为投标无效？

答：投标文件的签署、盖章应符合招标文件要求。投标人应当按照招标文件的要求对所提供的各项资料加盖公章，以证明对文件的真实性负责。《政府采购货物和服务招标投标管理办法》第六十三条规定"投标人存在下列情况之一的，投标无效：……（二）投标文件未按招标文件要求签署、盖章的……"本项目招标文件明确要求质量管理体系认证证书、环境管理体系认证证书及泰尔认证证书均应当加盖投标人的公章，且明确"该条款为实质性条件，不满足将导致投标无效"，但恰恰该供应商投标文件中的上述证书均没有投标人的公章，评标委员会可以根据上述法律规定和招标文件的规定认定其投标无效。

184. 政府采购项目低于成本竞争能否判定为无效投标？

问：最近有个货物招标项目，某供应商以 10 元报价应标。评审时，被评标委员会认为低于成本竞争而被判定为投标无效。其后，该供应商以"政府采购法律规范未禁止低于成本竞争"为由，对评标结果提出质疑。请问：该如何处理？政府采购项目允许低于成本竞争吗？

答：不得低于成本竞争的规定，在《价格法》中有明确规定。因此，即使《政府采购法》及其配套法律规范均无这方面的相关规定，供应商也不得以低于成本的价格参与竞争。

此外，在《招标投标法》中，也以明文规定的形式强调投标人"不得低于成本竞争"。《招标投标法实施条例》第五十一条中还规定了投标报价低于成本的，评标委员会应当否决其投标。根据《招标投标法》第二条 "在中华人民共和国境内进行招标投标活动，适用本法"的规定，评标委员会可以根据《招标投标法》中的相关规定，对该供应商的投标文件作否决投标处理。因此，本项目评标委员会对该供应商投标文件的处理符合相关法律规定。如该单位是采购人或者代理机构，可依法对其质疑做出回复即可。

185. 政府采购项目投标人以零报价投标，该怎么处理？

问：某社区信息化管理服务平台系统建设项目，是使用财政性资金的政府采购项目，采用公开招标方式进行采购以后，共有 10 家单位参与投标竞争。甲投标人某通信有限公司自愿投资 50 万元，投标报价为 0 元。请问该投标文件是否可作无效投标处理？

答：该投标文件应当作无效投标处理。

《价格法》有"不得低于成本竞争"的明确规定。

这里的不得低于成本竞争，是指不得低于投标人的个别成本，即投标供应商在生产经营方面的个别成本。投标供应商的个别成本不可能为零，就本案例而言，投标人以零报价竞争，违背了法律的相关规定，应当判定为该投标文件无效。

此外，《政府采购法》第二条第四款规定："本法所称采购，是指以合同方式有偿取得货物、工程和服务的行为，包括购买、租赁、委托、雇用等。"此处的"有偿所得"，即明确了政府采购项目的采购人应当通过支付对价的方式取得相应标的，不得接受供应商无偿提供的采购标的。

186. 投标有效期与招标文件的规定不一致怎么办？

问：有一个项目，招标文件规定投标有效期为 90 天。某投标人在投标文件中填写的投标有效期是 120 天，请问该如何处理？如果不应该否决，最终是以其在投标文件中承诺的有效期为准，还是按招标文件中规定的投标有效期为准？

答： 投标人承诺的投标有效期比招标文件规定的投标有效期更长，应视为该投标文件对投标有效期的响应程度是优于招标文件的要求，而不是不满足招标文件的要求，不应该否决。

评审时，对于该投标人而言，应该是以其在投标文件承诺的有效期为准。也就是说，假如发生需要延长投标有效期的情况，只要延长日期不超过 30 天，招标人无须向该投标人发出延长有效期的书面征询函。

187. 甲企业投标文件中出现乙企业的银行基本账户开户许可证证明文件是否可以认定为串标？

问： 某政府采购项目，评审时评标委员会发现甲投标企业的投标文件中，出现乙投标企业的银行基本账户开户许可证证明文件。请问可以直接认定甲乙两家公司串标吗？

答： 直接认定串通投标似乎有些牵强。

对照相关法条，与本案例情形最为接近的串通投标情形是《招标投标法实施条例》第四十条第五项和《政府采购货物和服务招标投标管理办法》第三十七条第五项关于"视为投标人串通投标"的规定"不同投标人的投标文件相互混装"。这里的"相互"，从字面意义上理解，是指"彼此"的意思。也就是说，"相互混装"应该是指不同的投标人彼此之间把投标文件装错了。本案例评审时只发现甲公司的投标文件中有乙公司的相关资料，暂时未发现乙公司的投标文件中有甲公司的相关资料，不符合对"相互混装"字面意义的理解。

因此，仅凭这一情形，直接认定甲、乙两家投标人串通投标似乎有些牵强。

但是，本案例出现的这一情况确实蹊跷。针对这一情况，评审时可提醒评标委员会对甲、乙两家投标人的投标文件予以重点关注，仔细查找两份投标文件是否有出现其他诸如"投标报价呈规律性差异""投标文件异常一致"或"投标文件由同一单位或者个人编制"等情形，以便能准确判定甲、乙两家投标人的行为性质。一般情况下，如果存在串通投标行为，其两份投标文件中，总有一些"蛛丝马迹"可循。

188. 报名资料中的人员与投标文件中的不一致，该投标文件是否有效？

问：某施工招标项目在评标过程中发现，投标文件中所报的项目班子中，施工安全员与报名时提供的不是同一人。请问这份投标文件是否有效？

答：该文件应当被认定为有效。

首先，报名环节是一个非法定程序。在《招标投标法》及其实施条例规定的招标投标程序中，没有投标报名这一环节。实践中很多地方设置了投标报名环节，这一做法严格来讲是缺乏法律依据的。

其次，退一步讲，即使设置了报名程序，在报名环节就要求投标单位提供项目班子成员名单也是不妥的。项目班子如何配备，按理应由投标人在获取招标文件以后，根据招标项目的实际情况而定。

综上所述，以"投标文件中所报施工安全员与报名时所提供的不是同一人"为由否决该投标文件的做法是不妥的。

189. 投标文件项目名称与招标文件不完全一致，可以否决吗？

问：某公开招标的政府采购工程项目，评审时发现一投标文件中书写的项目名称与招标文件不完全相符。招标文件中的项目名称是 S 省某工程招标项目。投标文件中的项目名称是某工程招标项目。两者的差别是项目前面的地域名，请问该投标有效吗？

答：有效。

从投标人参与本项目投标并递交投标文件等行为中可以看出，该投标人递交的投标文件即是针对本项目而编制的，而非针对其他项目而编制的。虽然该投标人在投标文件中书写的项目名称和招标文件中的项目名称并不完全一致，但两者指向的是同一项目，这点应该是明确的。因此，不可以项目名称不完全一致为由认定该投标文件无效。

190. 营业执照中的公司住所与经营场所不一致，是否可以取消中标资格？

问：某公司最近刚中标了一个工程咨询项目，在签订中标合同时，甲方工作人员发现该公司营业执照上的住所与公司实际的经营场所不同，说其违规，要取消其中标资格。请问：营业执照上的住所与公司实际经营场所不一致，可以取消中标资格吗？

答：《公司法》第七条规定："……公司营业执照应当载明公司的名称、住所、注册资本、经营范围、法定代表人姓名等事项。公司营业执照记载的事项发生变更的，公司应当依法办理变更登记，由公司登记机关换发营业执照。"该法第十条同时规定："公司以其主要办事机构所在地为住所。"

依据《公司法》的相关规定，如公司住所发生变化时，公司应当及时办理变更登记，由登记机关换发营业执照。但是，在实践中，公司营业执照上的住址和主要办事机构所在地不同的现象时有发生，特别是投标企业如果地处较大城市，由于公司规模扩大等原因，经常会出现搬迁新址、多处办公等情况，有部分企业出于对相关法律规定不了解或未引起足够重视等原因，未及时办理营业执照变更手续。

出现营业执照中的住所与实际经营场所不一致的情形，仅代表该公司在这一方面的管理存在一些漏洞和不足，不能理解为该公司不具备该项目的履约能力。笔者认为，如果招标文件对此情形没有约定或者约定不明，不宜以该公司存在"影响中标结果的违法行为"为由取消其中标资格。当然，作为中标企业也应当吸取教训，及时办理营业执照变更登记事宜。

191. 业绩证明文件加盖证明单位科室印章是否有效?

问：某政府采购项目，招标文件业绩评分条款中要求：业绩证明材料须加盖委托单位公章。评审时，有一个供应商填写的业绩委托单位是市某行政管理局，而该业绩证明资料里加盖的公章则是该机关下属的某科室。评审专家对该业绩不予认可，理由是委托单位与加盖公章的不是同一个主体。目前该供应商已经就此事提出质疑。请问该意见是否合理?

答：倾向于认同评审专家的认定意见。

本项目招标文件要求加盖委托单位的意见，投标人提交的是该委托单位下设机构的公章，而不是委托单位自己的公章。从严格意义上来讲，下设机构的意见不能代表委托单位的意见。

192. 交货期未按格式填写是否可以否决投标?

问：最近有个货物招标项目，招标文件要求的交货期是30个日历日。评标时发现，有个投标人在投标文件中承诺的是具体的日期，如填写成了"2018年10月12日"。请问：

这种情况是否属于实质性响应招标文件要求？可以否决其投标吗？

答：倾向于不能简单地判定该投标人未实质性响应招标文件。

建议评标委员会在评审时，对照招标文件规定的合同签订时间、交货期和投标人填报的具体供货日期等相关因素，计算一下该投标人所报的交货日期是否满足招标文件规定的交货期的要求。如经过计算，该投标人所报的交货期满足招标文件的要求，则不应该否决其投标。

193. 政府采购项目计算基准价可以采用平均值法吗，可以去掉最低报价吗？

问：某单位采购大型实验设备，采用综合评分法，采购人担心供应商报价过低不能保证产品质量，拟在计算基准价时采用平均值法，拟去掉最低报价，是否合法？

答：不合法。

政府采购只有招标方式和竞争性磋商方式可以采用综合评分法。根据《政府采购货物和服务招标投标管理办法》及《政府采购竞争性磋商采购方式管理暂行办法》（财库〔2014〕214号）的相关规定，基准价的计算方式只能是低价优先法，即满足招标文件要求且投标价格最低的投标报价为评标基准价。

此外，根据《政府采购货物和服务招标投标管理办法》

（财政部令第 87 号）第五十五条第六款"评标过程中，不得去掉报价中的最高报价和最低报价"的规定，评审过程中也不得去掉最低报价。

194. 政府采购中一分钱投标能否接受？

问：某市政务外网云服务项目进行公开招标，项目预算将近 500 万元，共有 5 家供应商前来投标，有 4 家的报价分别为 170 万元到 400 万元不等，但有 1 家企业报价只有 1 分钱，该报价能否接受？

答：《政府采购法》第二条第四款规定"本法所称采购，是指以合同方式有偿取得货物、工程和服务的行为，包括购买、租赁、委托、雇用等。"《政府采购法实施条例》第十一条第二款规定："采购人不得向供应商索要或者接受其给予的赠品、回扣或者与采购无关的其他商品、服务。""以合同方式有偿取得货物、工程和服务的行为""采购人不得向供应商索要或者接受其给予的赠品"。《政府采购货物和服务招标投标管理办法》第六十条还规定了投标人报价不合理的，评标委员会应当将其作为无效投标处理。这些法律规定就是认定供应商零元报价违规，投标无效的法律依据。同理，接受供应商 1 分钱报价，虽然不是"无偿取得"或"接受供应商给予的赠品"，但明显低于成本的报价也容易引发不正当竞争。

因此，本项目在评审过程中，应当拒绝供应商的超低报价，并作无效投标处理。虽然软件与信息化服务项目的成本不好认定，但不可否认市场中每一个产品都会投入相应的成本，这些产品的成本不会只有一分钱。一味地追求超低价必然会颠覆政府采购良性竞争的格局，把行业拖进一种恶性无序竞争的状态。因此，采购人不宜接受一分钱的投标报价。

195. 非单一产品采购项目如何确定核心产品？

问：《政府采购货物和服务招标投标管理办法》第三十一条第三款规定："非单一产品采购项目，采购人应当根据采购项目技术构成、产品价格比重等合理确定核心产品，并在招标文件中载明。多家投标人提供的核心产品品牌相同的，按前两款规定处理。"在实践中，如遇到采购集成产品，核心产品可以有多个吗，还是只能确定一个核心产品？

答：笔者认为核心产品原则上应为一个。

《政府采购货物和服务招标投标管理办法》第三十一条第一款和第二款，分别规定了采用最低评标价法和综合评分法的采购项目，出现提供相同品牌产品的不同投标人参加同一合同项下投标的处理办法。这两款的规定，默认的前提是针对采购单一产品的情形。而对于采购非单一产品，由于可能涉及其中一部分产品的品牌相同而另一部分产品的品牌不同的问题，无法依据该办法第三十一条第一款和第二款的规定进行处理。

《政府采购货物和服务招标投标管理办法》第三十一条第三款要求非单一产品采购时应先确定核心产品，本质上是为了解决多产品采购项目难以用单一产品的品牌进行评判和衡量的问题。因此，从这个角度来讲，非单一产品采购项目，原则上应该确定唯一的核心产品品牌，否则依然很难解决多产品品牌冲突的问题。

但是，在实践中，也确实存在采购品目多，根据采购项目技术构成、产品价格比重等法定因素，依然很难选择并确定唯一核心产品的可能。遇到这类项目，如采购人确定多个产品为核心产品，则应在招标文件中明确"凡列入核心产品的，如供应商出现相同品牌，均被认定为一家投标人"，以利于实践中避免争议。

196.评标过程中发现招标文件存在重大缺陷如何处理？

问：在评标过程中，评标委员会发现招标文件存在重大缺陷，没有具体的"价格评审优惠"的内容，对此情形应如何处理？

答：根据《政府采购货物和服务招标投标管理办法》第六十五条规定，评标委员会发现招标文件存在歧义、重大缺陷导致评标工作无法进行，或者招标文件内容违反国家有关强制性规定的，应当停止评标工作，与采购人或者采购代理机构沟通并作书面记录。采购人或者采购代理机构确认后，应当修改招标文件，重新组织采购活动。对于本项目来讲，由于没有具体的"价格评审优惠"标准，导致评标工作难以进行，此种情形下评标委员会又不能自己创设评标标准或补充评标细则，则只能停止评标工作，向采购人或者采购代理机构报告由其报财政部门备案、发布终止公告并修改招标文件后重新组织采购活动。

197. 政府采购项目实质性响应不足三家的能否继续评审？

问：某单位采用招标方式采购分析仪器，有三家供应商投标，经过初步审查后，只有两家合格供应商，因项目紧急，采购人能否要求评标委员会继续评标？

答：不能。

《政府采购法》第三十六条规定"在招标采购中，出现下列情形之一的，应予废标：（一） 符合专业条件的供应商或者对招标文件作实质响应的供应商不足三家的……"因此，在招标采购过程中符合条件的合格供应商不足三家的，应当予以废标后重新采购，不得继续评标。

198. 采购代理机构能否复核专家的错误打分？

问：某公司在某项目投标文件中的案例业绩部分，共提供了 10 个案例及相应的合同材料，根据招标文件的评分细则规定，某公司的案例得分应为 3 分，而实际的评分情况是 5 名评标专家给某公司此项的打分均为 3 分、2 名采购人代表给某公司此项的打分均为 0 分。对此问题，采购代理机构能否进行复核？

答：本项目中评标委员会对于案例分这一客观分评分不一致，违反了《财政部关于进一步规范政府采购评审工作有关问题的通知》（财库〔2012〕69号）第二条"对供应商的价格分等客观评分项的评分应当一致"的规定。《财政部关于进一步规范政府采购评审工作有关问题的通知》第二条还规定："采购人、采购代理机构要对评审数据进行校对、核对，对畸高、畸低的重大差异评分可以提示评审委员会复核或书面说明理由。"因此，采购代理机构作为评标工作的组织者，在评标过程中，应该对评标数据进行校对，并提示评标委员会对评分存在差异的地方复核，特别是提醒评标委员会成员对客观分的评分要保持一致，这是其职责所在，是其应承担的法律义务，不用因担心其影响评标委员会评审而放弃履行其应尽的提示义务。因此，本项目采购代理机构可以进行复核，要求评标委员会成员纠正"客观分评分不一致"的问题。

199. 政府采购项目是否可以不对中标候选人进行排序？

问：某政府采购服务项目采用公开招标方式，评标委员会评标结束，在其评标报告中只是给各投标人打分，但是没有对中标候选人进行排序。这种做法是否合适？

答：评标委员会提交的评标报告必须对中标候选人进行排序。

《政府采购货物和服务招标投标管理办法》第五十六条规定："采用最低评标价法的，评标结果按投标报价由低到高顺序排列。投标报价相同的并列。投标文件满足招标文件全部实质性要求且投标报价最低的投标人为排名第一的中标候选人。"该办法第五十七条规定:"采用综合评分法的,评标结果按评审后得分由高到低顺序排列。得分相同的,按投标报价由低到高顺序排列。得分且投标报价相同的并列。投标文件满足招标文件全部实质性要求,且按照评审因素的量化指标评审得分最高的投标人为排名第一的中标候选人。"从上述两个法律条款的规定来看,对于政府采购货物和服务项目而言,无论是采用最低评标价法还是综合评分法的项目,评标结果均应该按序排列。

《政府采购法实施条例》第四十三条规定:"采购代理机构应当自评审结束之日起 2 个工作日内将评审报告送交采购人。采购人应当自收到评审报告之日起 5 个工作日内在评审报告推荐的中标或者成交候选人中按顺序确定中标或者成交供应商。"该法律条款明确要求采购人应当在中标候选人中按顺序确定中标人,进一步佐证了对中标候选人进行排序的强制性和必要性。没有对中标候选人进行排序,则采购人也就无从确定中标人了。

综上所述,本项目所述的"不对中标候选供应商进行排序"的做法,不符合《政府采购法实施条例》和《政府采购货物和服务招标投标管理办法》的相关规定,应当予以纠正。

200. 评审专家拒绝在评标报告上签字怎么办？

问：某政府采购项目评标结束，一评标专家对评标结果有异议，拒绝在评标报告上签字。请问：该评标报告是不是必须所有的评标委员会成员签字？没有签字是不是就无效？

答：评标专家如果拒绝签字，视为同意评标报告。

《政府采购货物和服务招标投标管理办法》第六十一条规定："评标委员会成员对需要共同认定的事项存在争议的，应当按照少数服从多数的原则做出结论。持不同意见的评标委员会成员应当在评标报告上签署不同意见及理由，否则视为同意评标报告。"因此，评标报告不要求所有的评标委员会成员的意见一致，如有不同意见的，应当载明不同意见及其理由，并由所有评标委员会成员签字，如果拒绝签字，也视为其同意评标报告。

201. 评标委员会未按评标标准和方法进行评审的，是重新组织评标还是重新招标？

问：采购人收到评标委员会提交的评标报告，发现推荐的第一中标候选人的投标文件没有完全响应招标文件的实质性要求，但是评标委员会并没有将此作为投标无效，书面报告财政部门处理。经财政部门调查核实，认定评标委员会存在没有按照招标文件规定的评标标准和方法评标，直接影响了中标结果和合同的履行。此时，是重新组织评标还是重新招标？

答：《政府采购法实施条例》第七十五条规定："政府采购评审专家未按照采购文件规定的评审程序、评审方法和评审标准进行独立评审或者泄露评审文件、评审情况的，由财政部门给予警告，并处 2000 元以上 2 万元以下的罚款；影响中标、成交结果的，处 2 万元以上 5 万元以下的罚款，禁止其参加政府采购评审活动……政府采购评审专家有上述违法行为的，其评审意见无效，不得获取评审费；有违法所得的，没收违法所得；给他人造成损失的，依法承担民事责任。"结合本项目来看，经采购人报告、财政部门调查认定评标委员会存在没有按照招标文件规定的评标标准和方法评标，导致原推荐的第一中标候选人不符合中标供应商条件。对此情形，根据上述规定，原评审意见无效，可以适用启动重新评审程序，组织原评标委员会重新进行评标，并非必须要重新招标。

202. 评标结果无效的，采购人是重新评标还是重新招标？

问：某政府采购项目因评标委员会未能独立公正评标，导致原评定的中标候选人不适宜中标的情况下，采购人是重新确定中标人还是重新组织招标？

答：《政府采购货物和服务招标投标管理办法》第六十七条规定"评标委员会或者其成员存在下列情形导致评标结果

无效的，采购人、采购代理机构可以重新组建评标委员会进行评标，并书面报告本级财政部门，但采购合同已经履行的除外：（一）评标委员会组成不符合本办法规定的；（二）有本办法第六十二条第一至五项情形的；（三）评标委员会及其成员独立评标受到非法干预的；（四）有《政府采购法实施条例》第七十五条规定的违法行为的。有违法违规行为的原评标委员会成员不得参加重新组建的评标委员会。"也就是说，因评标委员会未能独立公正评标，导致原评定的中标候选人不适宜中标的情况下，采购人可以重新组建评标委员会进行评标，并书面报告财政部门，当然也可以重新招标，或者选择其他中标候选人递补中标，其决定权在采购人，而不是必须要重新招标。

第五章　定标

203. 投标报价最低是否就应当中标？

问：某招标项目评标采用综合打分法，"评分因素"分为服务、价格、管理、技术四项，各有不同分值和具体的评分指标，总分为100分，按评审后得分由高到低顺序排列，得分相同的，按投标报价由低到高顺序排列，得分且投标报价相同的，按技术指标优劣顺序排列。中标公告发布后，某供应商提出质疑，称其投标价格最低却未中标，是否是评标不公正？

答：投标价格最低不意味必然中标。

根据《政府采购货物和服务招标投标管理办法》第五十五条规定，综合评分法，是指投标文件满足招标文件全部实质性要求，且按照评审因素的量化指标评审得分最高的投标人为中标候选人的评标方法。评审因素的设定应当与投标人所提供货物服务的质量相关，包括投标报价、技术或者服务水平、履约能力、售后服务等。价格分应当采用低价优先法计算，即满足招标文件要求且投标价格最低的投标报价为评标基准价，其价格分为满分。因落实政府采购政策进行价格调整的，以调整后的价格计算评标基准价和投标报价。也就是说，价格只是评标因素之一，采用综合评分法的项目是综合计算价格、技术、商务等各方面评分高低排序推荐中标候选人的，尽管按照低价优先法，投标报价最低的将在报价得分中得满分，但是还要考虑商务、技术等评分以及执行政府采购政策调整评标基准价等因素，报价最低不见得就代表着综合评分最高。所以，不能仅因报价最低未能中标就怀疑招标活动的公正性，没有法律依据。

204. 政府采购项目是否可以同时选取多家中标人？

问：最近承接了一个政府采购货物招标项目，采购人想同时选取多家中标人，并为不同中标人规定相应供货份额，请问是否违法？

答：《政府采购货物和服务招标投标管理办法》第六十八条第二款规定："采购人应当自收到评标报告之日起5个工作日内，在评标报告确定的中标候选人名单中按顺序确定中标人。中标候选人并列的，由采购人或者采购人委托评标委员会按照招标文件规定的方式确定中标人；招标文件未规定的，采取随机抽取的方式确定。"结合《政府采购货物和服务招标投标管理办法》第五十六条、第五十七条等相关规定，本书编者认为，对于政府采购招标项目而言，采购人应当只能选取一家中标供应商。如采购项目确有必要确定多家中标供应商，应当采用协议供货、定点采购等方式确定中标供应商。

需要特别指出的是，如果采购人是为了照顾不同供货商的利益，而采用选取多个中标人的方式量身定做，该行为违反了《政府采购法》关于政府采购活动应当"提高政府采购资金的使用效益"的立法目的，属违法行为。

205. 政府采购项目成交供应商必须是唯一的吗？

问：政府采购项目，通过竞争方式确定协议供货或定点采购单位时，往往需要同时确定多家供货单位。但法定的政府采购方式要求中标人（或成交人）只有一人。请问：应如何破解这一矛盾？是否有相关法律或规定支持？

答：在政府采购活动中，从几种法定采购方式的特征来看，选择协议供货单位和定点供货单位时，采用招标方式比较适宜。其他非招标采购方式更适合针对特定的某一货物、工程或服务采购项目。

采用招标方式选择协议供货单位和定点供货单位时，中标供应商不受只有一家的限制，可以确定多家供应商为成交供应商。

206. 摇号确定中标人是否可取？

问：某县级招标投标监督部门，这几年在招标过程中，发现很多施工项目的投标人特别多，按照现在的法律法规要求，每个项目都必须经过评标委员会评审，程序较多且耗时长，还经常有投标人对评审结果提出异议或投诉，导致一些项目进度拖延，无法按时启动。为此，该部门打算出台一个办法，对符合资格条件的投标人，采用摇号方式确定中标人。

请问该方式是否可取？经查好像法律也没有禁止。那么，采用摇号方式确定中标人有什么弊端吗？

答：采用摇号方式确定中标人不可取。

和一对一的买卖活动相比，招标投标活动最大的特点是"改买卖双方之间的博弈为供应商之间的博弈"。招标投标机制的基本原理是通过投标人之间的相互竞争，比较出不同投标人的优劣后，择优选择中标人。而抽签、摇号等方式，本质上属于一种博彩机制，在这种机制下，供应商之间拼的是运气和概率，而不是技术和能力。因此，择优机制和博彩机制，在基本原理上是存在着互斥和冲突的。

而实际上，采用抽签、摇号等方式确定中标人，虽然表面上公平，但对于综合能力占优的施工单位而言，反而是不公平的。此外，博彩机制也无助于促进整个施工行业的企业技术进步和管理水平提升。

综上所述，不建议采用抽签、摇号等方式确定中标人。

207. 采购人能否在中标（成交）候选人以外确定中标（成交）人？

问：对于政府采购项目，当评审委员会或谈判（询价）小组评审结束，采购人能否在评审委员会或谈判（询价）小组推荐的中标候选人（成交候选人）以外确定中标（成交）人？

答：不可以。

《政府采购法实施条例》第四十三条规定："采购代理机构应当自评审结束之日起 2 个工作日内将评审报告送交采购人。采购人应当自收到评审报告之日起 5 个工作日内在评审报告推荐的中标或者成交候选人中按顺序确定中标或者成交供应商。"《政府采购货物和服务招标投标管理办法》第六十八条、《政府采购非招标方式管理办法》第三十六条、第四十九条以及《政府采购竞争性磋商采购方式管理暂行办法》（财库〔2014〕214 号）第二十条对应上位法也做出了相同的规定，采购人应当在中标（成交）候选人中确定中标或者成交供应商。

如果采购人未在中标（成交）候选人中确定中标或者成交供应商的，将按照《政府采购法实施条例》第六十七条的规定，承担相应的法律责任。

208. 中标结果公告后处理质疑，查实中标人资格不合格应如何处理？

问：某学校采暖设备公开招标，特种设备公司不具备招标文件要求的《特种设备制造许可证》（压力容器）第Ⅲ类低、中压容器 A2 级及以上资质，在收到中标通知书后，其他投标人提出质疑，采购代理公司组织原评审委员会复审后认定该特种设备公司不满足招标文件要求的资格条件，采购代理公司以该项目合格供应商不足三家为由，宣布采购项目废标，原中标通知书无效，并重新组织招标。该决定是否合法有效？

答：本项目特种设备公司作为投标人，其制造压力容器的资质并不符合招标人在招标公告中规定的资格条件，违反了《招标投标法》第二十六条"投标人应当具备承担招标项目的能力；国家有关规定对投标人资格条件或者招标文件对投标人资格条件有规定的，投标人应当具备规定的资格条件"的规定以及《政府采购法》第二十二条关于政府采购供应商的资格条件的规定，其投标无效，中标通知书也无效。该公司投标无效后，投标资格条件合格的投标人不足三家，应依据《政府采购法》第三十六条规定予以废标。

209. 因质疑事项导致中标或成交结果改变应当怎么办？

问：某信息系统设备采购及安装项目评标结束，公示 B 公司为中标供应商。投标人 A 公司提出质疑，称在本次投标中，A 公司报价最低，中标人报价最高，而各供应商技术水平相当，按分数推算，A 公司价格分比中标单位高，理应中标。招标公司在收到质疑后，组织了原评标委员会进行复核，发现 B 公司提供虚假资料，项目有效投标人不足三家，应作废标处理。对此情况，应当如何处理？

答：根据《财政部关于进一步规范政府采购评审工作有关问题的通知》（财库〔2012〕69 号）"质疑答复导致中标或

成交结果改变的，采购人或采购代理机构应当将相关情况报财政部门备案"的规定，在答复质疑期间，因质疑事项导致中标或成交结果改变的情形，采购人应报财政部门备案之后按照规定进行处理。在本项目中，采购人收到质疑后，发现中标供应商提供虚假材料谋取中标的违法违规情形，属于质疑事项之外的内容，超出了质疑答复范围，采购人不能自行认定中标无效并废标，而是应由财政部门认定中标无效后，做出废标决定。中标无效及废标的决定不应由评标委员会做出。

210. 采购人认为第一中标候选人弄虚作假，是否可以不按照评审委员会推荐的中标候选人顺序确定中标人？

问：某政府采购项目评审结束，评审报告中推荐了中标候选人。采购人进行公开调查，发现第一中标候选人投标业绩造假后，确认第二中标候选人为中标供应商，并发布中标公告。请问：在这种情况下，采购人能否不按照中标候选人顺序确定中标人？

答：《政府采购法实施条例》第四十三条第一款规定："采购代理机构应当自评审结束之日起 2 个工作日内将评审报告送交采购人。采购人应当自收到评审报告之日起 5 个工作日内在评审报告推荐的中标或者成交候选人中按顺序确定中标或者成交供应商。"因此，采购人应当从评审报告推荐的中标候选人中按顺序确定中标供应商，不得自行改变评审委员会推荐的中标候选人顺序选择中标人。如果确实采购人发现第一中标候选人存在违法行为的，根据《政府采购法实施条例》第四十四条第一款"除国务院财政部门规定的情形外，采购人、采购代理机构不得以任何理由组织重新评审。采购人、采购代理机构按照国务院财政部门的规定组织重新评审的，应当书面报告本级人民政府财政部门"的规定，应当书面向本级人民政府财政部门反映要求查实处理，而不能自行核实并确定第二中标候选人为中标人。本项目中，采购人自行确认第二中标候选人为中标供应商的行为违反了上述规定。

211. 投标有效期已过，招标人还可以向中标单位发出中标通知书吗？

问：某单位有一个 2019 年完成招标的项目，评标委员会的评标报告早已经出具，中标候选人也已经选出。但由于上级主管单位一直未作批复，中标通知书一直未能发出。现在想和原中标候选人签订合同，可以吗？

答：根据上述情况，截至目前，本项目的投标有效期应该早已超过了。学界一般认为投标文件是附承诺期限（即投标有效期）的要约，而中标通知书是招标人对投标人做出的承诺。

《合同法》第二十三条规定："承诺应当在要约确定的期限内到达要约人。"如招标人在投标有效期过后才做出承诺，由于该承诺已经超出了要约文件确定的承诺期限，不具有法律效力。因此，就本项目而言，招标人已经超出做出有效承诺的时限，建议重新组织招标。

212. 放弃中标应向谁提出？

问：某政府采购供应商最近中标了一个项目，由于公司自身方面的原因，打算放弃中标资格。请问：中标人在收到中标通知书后想放弃中标，应该向谁提出，需要承担什么责任？

答：供应商如放弃中标，可向采购人或采购代理机构提出。从实践操作的角度看，最好是向采购人提出比较合适。

《政府采购法实施条例》第七十二条规定，供应商中标或成交后无正当理由拒不与采购人签订政府采购合同的，依照《政府采购法》第七十七条第一款的规定承担法律责任，即处以采购金额 5‰以上 10‰以下的罚款，列入不良行为记录名单，在一至三年内禁止参加政府采购活动，有违法所得的，并处没收违法所得，情节严重的，由工商行政管理机关吊销营业执照；构成犯罪的，依法追究刑事责任。

因此，供应商无故放弃中标的法律风险很大，建议该公司慎重考虑。

213. 供应商放弃中标怎么办？

问：某政府采购工程建设项目评标后，A、B、C 三家

购人原因，直到投标有效期结束仍未发出中标通知书。第一中标候选人是否可向采购人提出赔偿要求？如果可以，采购人的赔偿责任是否包括项目实施的预期利润？

答：可以索赔。

招标投标本质上是一个交易合同的缔约过程。招标公告和文件属于要约邀请，投标文件属于要约，而中标通知书属于承诺。采购人迟迟不发出中标通知书，其法律责任应归于缔约过失责任。业界一般认为，缔约过失责任的赔偿，以当事人的信赖利益损失为限。由于工程项目在建设期间各种不可预见的因素很多，在司法实践中，在计算采购人应当依法承担的赔偿责任时，一般不把预期利润计入其中。

第三部分

▼

非招标采购篇

第一章 竞争性谈判

215. "因服务时间、数量事先不能确定等原因不能事先计算出价格总额的采购项目，可以采用竞争性谈判方式采购"指的是什么情形？

问：《政府采购非招标采购方式管理办法》第二十七条规定了因服务时间、数量事先不能确定等原因不能事先计算出价格总额的采购项目，可以采用竞争性谈判方式采购，那么其一般指的是什么情形呢？

答："因服务的时间、数量事先不能确定等原因导致不能事先计算出价格总额"的情形，主要是指政府采购服务项目，特别是政府向社会力量购买公共服务的项目，如教育、医疗卫生、文化和社会服务等，往往会因服务的时间、数量等方面的原因，导致其事先难以计算出应支付的价格或服务费金额。由于采购对象独特而又复杂，以前较少采购且缺乏成本信息，不易估算出价格总额，如果采用一次性报价的招标投标方式，根本无法公平地进行价格竞争和评价，反而适合采用竞争性谈判方式，能够争取到更有利的条件、更优惠的价格。因此，凡是符合上述任何一种情形的，法律允许不再使用公开招标采购方式，可以依照本条规定采用竞争性谈判方式来采购。

216. 政府采购货物招标项目技术参数设置有倾向性，两次招标失败后，能否转为竞争性谈判方式采购？

问：对于政府采购货物招标项目，因技术参数设置有倾向性，导致两次招标均失败，这种情况下能否转为竞争性谈判方式采购？

答：不能转为竞争性谈判方式。

根据《政府采购非招标采购方式管理办法》第二十七条第二款规定，对于公开招标的政府采购货物、服务招标项目，招标过程中提交投标文件或者经评审实质性响应招标文件要求的供应商只有两家时，采购人、采购代理机构可以报请本级财政部门批准后与该两家供应商进行竞争性谈判采购。但是也要注意，招标失败向财政部门申请竞争性谈判的前提是招标时间、程序合法且招标文件没有不合理的条款。

本项目招标文件存在倾向性、排斥性条款才导致招标失败，如同意其转为竞争性谈判方式采购，就等同于规避公开招标。此情形下，财政部门可以责令采购人修改招标文件后重新进行招标。

217. 招标失败改为竞争性谈判，供应商是否需要满足三家？

问：某政府采购服务项目，两次招标都因为只有两家而流标。后经财政部门审批改为采用竞争性谈判方式进行采购。请问：这类项目也需要满足供应商必须三家以上的要求吗？

答：不需要。

《政府采购非招标采购方式管理办法》第二十七条第二款规定："公开招标的货物、服务采购项目，招标过程中提交投标文件或者经评审实质性响应招标文件要求的供应商只有两家时，采购人、采购代理机构按照本办法第四条经本级财政部门批准后可以与该两家供应商进行竞争性谈判，采购人、采购代理机构应当根据招标文件中的采购需求编制谈判文件，成立谈判小组，由谈判小组对谈判文件进行确认。符合本款情形的，本办法第三十三条、第三十五条中规定的供应商最低数量可以为两家。"

218. 因符合要求的供应商只有两家导致招标失败，转为竞争性谈判时还需要发公告吗？

问：某采购项目招标，符合要求的供应商只有两家，招标失败后，向财政部门申请同意转为竞争性谈判方式采购，此时还需要发布竞争性谈判采购公告吗？

答：按照《政府采购非招标采购方式管理办法》第二十七条第二款"公开招标的货物、服务采购项目，招标过程中提交投标文件或者经评审实质性响应招标文件要求的供应商只有两家时，采购人、采购代理机构按照本办法第四条经本级财政部门批准后可以与该两家供应商进行竞争性谈判采购"的规定,为提高政府采购效率,招标失败后,采购人可以直接邀请符合要求的两家供应商进行谈判,无须再发布公告。

219. 采购人确定参加竞争性谈判或询价活动的供应商的方式有几种?

问:对于竞争性谈判和询价采购项目,参加竞争性谈判、询价活动的供应商是通过什么方式确定的?

答:《政府采购非招标采购方式管理办法》第十二条规定:"采购人、采购代理机构应当通过发布公告、从省级以上财政部门建立的供应商库中随机抽取或者采购人和评审专家分别书面推荐的方式邀请不少于 3 家符合相应资格条件的供应商参与竞争性谈判或者询价采购活动。符合《政府采购法》第二十二条第一款规定条件的供应商可以在采购活动开始前加入供应商库。财政部门不得对供应商申请入库收取任何费用,不得利用供应商库进行地区和行业封锁。采取采购人和评审专家书面推荐方式选择供应商的,采购人和评审专家应当各自出具书面推荐意见。采购人推荐供应商的比例不得高于推荐供应商总数的 50%。"

综上所述,该办法规定了参加竞争性谈判和询价活动的供应商有以下三个来源:一是通过发布公告邀请供应商。《政府采购非招标采购方式管理办法》规定的第一种是通过发布公告邀请，类似于公开招标的招标公告，通过公告吸引社会上符合条件的供应商主动提出参加竞争性谈判申请，采购人从中选拔合格的供应商。二是从供应商库中随机抽取供应商。也就是从省级以上财政部门建立的供应商库中随机抽取。三是采购人和评审专家分别推荐供应商。采购人和评审专家"背靠背"分别书面推荐。这种方式是《政府采购非招标采购方式管理办法》根据竞争性谈判、询价采购的特点规定的，对有特殊需求或者潜在供应商较少的采购项目来讲，有利于有足够多的符合条件的供应商参与竞争，也能适当简化采购程序，缩短采购活动所需时间，提高采购效率。

220. 竞争性谈判项目只有两家供应商购买文件怎么办？

问：某政府采购代理机构最近有个竞争性谈判项目，采购公告中规定，谈判文件的出售时间为 3 个工作日，谈判文件出售期届满时，发现只有两家供应商购买了谈判文件。请问这种情况该如何处理，可以和两家供应商进行谈判吗？

答：《政府采购非招标采购方式管理办法》第十二条规定："采购人、采购代理机构应当通过发布公告、从省级以上财政部门建立的供应商库中随机抽取或者采购人和评审专家分别书面推荐的方式，邀请不少于 3 家符合相应资格条件的供应商参与竞争性谈判或者询价采购活动。"

如本项目采购公告中设置的供应商资格条件合理，谈判文件中也没有不合理条款，建议先发布变更公告，延长本项目谈判文件的出售时间，以便让更多的供应商参与本项目竞争。如首次响应文件提交截止时，依然只有两家供应商递交响应文件，该项目应当终止采购程序，并重新组织采购活动。

221. 为什么要求技术复杂、专业性强的竞争性谈判小组的评审专家中应包含一名法律专家？

问：《政府采购非招标采购方式管理办法》第七条规定技术复杂、专业性强的竞争性谈判采购项目的竞争性谈判小组评审专家中应包含一名法律专家。为什么要有法律专家呢？

答：之前的关于政府采购评审专家组成的规定中均未要求必须有法律专家，《政府采购非招标采购方式管理办法》是首次做出评审专家中须有法律专家的规定。法律专家应当从政府采购评审专家库内法律专业的专家名单中随机抽取。做出如此规定其理由在于，竞争性谈判主要谈的是采购需求和合同条款，特别是随着政府购买公共服务工作的推进，许多大的公共服务采购项目均需通过竞争性谈判方式进行，合同主要条款的变更至关重要。每一轮谈判结束后，合同草案的主要条款就要变动一次，技术专家解决不了合同问题，必须要有一名法律专家。法律专家作为评审专家参加政府采购项目的评审的端倪出现在进口产品采购的专家论证中，《政府采购进口产品管理办法》第十二条规定："本办法所称专家组应当由五人以上的单数组成，其中，必须包括一名法律专家，产品技术专家应当为非本单位并熟悉该产品的专家。"而后有业界专家在媒体上公开呼吁评审委员会应当有法律专家。实际评审中常常涉及很多法律问题，没有法律专家的评审会经常出现问题。采购代理机构的法律顾问，很多时候也需要到评审现场向评委解释评审中遇到的法律问题。因此，《政府采购非招标采购方式管理办法》第七条第三款对此呼吁做出了回应。作此规定，解决了评审现场遇到法律问题无法得到处理的尴尬情况，为政府采购项目评审的顺利进行提供了便利条件。该做法可弥补"专家专业不专"的常见问题，专家组成更加合理，评选出真正质量和服务均能满足采购文件实质性响应要求且报价最低的供应商，有助于协助解决谈判中涉及的合同等法律问题。

222. 采购人代表允许参加评审吗？

问：《政府采购非招标采购方式管理办法》第七条规定："竞争性谈判小组或者询价小组由采购人代表和评审专家共 3 人以上单数组成，其中评审专家人数不得少于竞争性谈判小组或者询价小组成员总数的 2/3。采购人不得以评审专家身份参加本部门或本单位采购项目的评审。采购代理机构人员不得参加本机构代理的采购项目的评审。"采购人代表是竞争性谈判小组中的一员，但其不得以评审专家身份参加本部门或本单位的采购项目的评审，这是否矛盾？

答：根据《政府采购非招标采购方式管理办法》第七

条的规定，采购人可以派采购人代表参与评审，但不得以专家身份参与评审。如果从专家库里抽到与采购人有关联的专家，比如来自本单位的专家，就需要回避。该规定是为了防止采购人占用专家身份，在竞争性谈判小组中所占比例太高，实际超过2/3，从而影响和控制评审结果的现象产生。因此，采购人代表可以作为竞争性谈判小组成员，但不能占用评审专家的名额。

223. 谈判代表与供应商存在经济利益关系是否应该回避？

问：张某为某技术学院系主任，与某技术学院和其余10个自然人共同签订《共同组建产学研实体的协议》，注册成立了一家产学研公司。在某技术学院的一项政府采购竞争性谈判项目中，该产学研公司参加项目竞争，张某也作为采购人代表被推荐担任本项目竞争性谈判小组成员，并参与了该项目谈判。此种情形下，张某与供应商某产学研公司是否存在利害关系，是否应当回避？

答：政府采购活动中，为了确保评审的公平、公正，防范评审中出现倾向性或不公正评审的行为，与供应商有利害关系的采购人员、评标委员会成员、谈判小组成员、询价小组成员等必须回避。《政府采购法》第十二条规定"在政府采购活动中，采购人员及相关人员与供应商有利害关系的，必须回避。供应商认为采购人员及相关人员与其他供应商有利害关系的，可以申请其回避。前款所称相关人员，包括招标采购中评标委员会的组成人员，竞争性谈判采购中谈判小组的组成人员，询价采购中询价小组的组成人员等。"本项目中，采购人代表张某是参加竞争性谈判的某供应商的股东，与该供应商具有经济上的利益关系，可能会影响评审的公正性，依法应当回避。

224. 哪些内容可能影响响应文件的编制呢？

问：《政府采购非招标采购方式管理办法》第二十九条规定了对谈判文件的澄清或者修改的内容可能影响响应文件编制的，采购人、采购代理机构或者谈判小组应当在提交首次响应文件截止之日 3 个工作日前，以书面形式通知所有接收谈判文件的供应商，不足 3 个工作日的，应当顺延提交首次响应文件截止之日。那么，哪些内容可能影响响应文件的编制呢？

答：判断哪些内容可能影响响应文件的编制，可以考虑以下因素：一是修改采购需求和合同条款、增加参与谈判证明材料等，会影响响应文件的编制；二是减少参与谈判证明材料，或对响应文件开启时间、地点的微小调整则不会影响编制响应文件，具体情况需要具体分析。需要注意的是，《政府采购非招标采购方式管理办法》第二十九条没有对如何判断"可能影响"的主体、程序做出明确的规定，在实践中，只要采购双方无异议即视为不影响，就可以保证按照原确定的时间提交和开启响应文件。当然如果供应商认为其内容有影响响应文件编制的可能性，采购人或采购代理机构就应当适当延长提交响应文件的截止时间，以满足距离提交响应文件截止时间前 3 个工作日的规定。

225. 竞争性谈判过程中能否对谈判文件作实质性变动？

问：《政府采购非招标采购方式管理办法》第十一条规定谈判文件应当明确谈判小组根据与供应商谈判情况可能实质性变动的内容，那么竞争性谈判中是否可以对谈判文件作实质性变动？

答：竞争性谈判采购是否可以对谈判文件作实质性变动，在实务操作中有以下两种不同的认识和做法：

（1）按照竞争性谈判项目的特点，应当允许在谈判中实质性修改谈判文件才能顺利完成谈判活动，否则谈判就失去了意义。因为有些竞争性谈判项目的采购需求存在不确定性，有些在编制时本身有不合理的地方，这些情况往往会在谈判的过程中随着采购人与供应商的深入接触谈判逐渐显现出来，如果严格按照原定的采购文件进行谈判，可能导致采购到的产品或服务不满足采购人的实际需求。如果像招标投标方式那样，要求修改采购文件之后重新组织竞争性谈判活动，不完全符合竞争性谈判项目的实际需要，也延误了采购时间。

（2）在谈判中实质性修改谈判文件对供应商不公平。供应商是根据采购公告和谈判文件来决定是否参加竞争性谈判采购项目的，某些供应商认为自己无法满足谈判文件的要求而放弃参加谈判，如果谈判中实质性修改谈判文件使不参加谈判的供应商又满足了谈判文件的要求，此时这些供应商就无法再参加谈判采购活动。

综合以上两种观点，《政府采购非招标采购方式管理办法》对此折中处理，在该办法第十一条中规定可以在谈判中实质性修改谈判文件，但可能修改的内容要提前在谈判文件中明确，使得供应商提前预知可能修改的内容。

同时，为了防止谈判中采购人或谈判小组随意改变谈判文件的情况，《政府采购非招标采购方式管理办法》对采购人或谈判小组在谈判中实质性变动谈判内容的权利做了限制，该办法第三十二条规定："在谈判过程中，谈判小组可以根据谈判文件和谈判情况实质性变动采购需求中的技术、服务要求以及合同草案条款，但不得变动谈判文件中的其他内容。"把谈判中实质性变动的内容严格限制在谈判文件明确的范围内，如果谈判文件不明确可能实质性变动的内容，则谈判过程中不能对谈判文件进行实质性变动。此举解决了实务操作中采购人或者谈判小组随意改变谈判文件导致供应商无所适从的问题，从而吸引更多供应商参加政府采购，也减少采购代理机构操作竞争性谈判项目的工作量，提高了采购效率。

226. 竞争性谈判项目响应文件的有效期如何规定？

问：某竞争性谈判采购项目正在编制采购文件，法律对于供应商响应文件的有效期有无规定，在采购文件中规定多长时间比较合适？

答：《政府采购法》《政府采购法实施条例》以及《政府采购非招标采购方式管理办法》对非招标方式采购活动中响应文件的有效期并未做出具体规定，由采购人自行在采购文件中约定，具体时间以保证能在该有效期内能完成采购程序并签订合同为宜，不宜过短也不宜过长。

227. 竞争性谈判文件哪些内容允许实质性变动？

问：《政府采购法》第三十八条第四项和《政府采购非招标采购方式管理办法》第三十二条都规定了允许在竞争性谈判过程中对原采购文件内容进行实质性的变动。那么，哪些内容允许变动，还是采购文件的所有内容都可以变动？

答：考虑到采购效率，在《政府采购法》第三十八条第四项明确了谈判文件可以进行实质性变动，这与招标投标活动中在投标截止时间之后不允许变更招标文件，以及评标过程中发现招标文件重大错误只能修改招标文件重新招标的做法截然不同，更突出了效率原则。但该条没有明确可以修改的实质性内容的具体范围。《政府采购非招标采购方式管理办法》第三十二条对该条款进行了细化，其规定："在谈判过程中，谈判小组可以根据谈判文件和谈判情况实质性变动采购需求中的技术、服务要求以及合同草案条款，但不得变动谈判文件中的其他内容。"

因此，对于需求难以明确的竞争性谈判项目，采购人在制定方案时可只提供谈判框架，一些实质性条款可由谈判小组在谈判过程中逐步确定，使竞争性谈判更具灵活性，也更符合实际情况，符合竞争性谈判先确立采购需求后竞争报价的交易机制，也会降低交易的成本，体现了竞争性谈判程序的灵活性和适应采购复杂采购标的的重要特点。当然，谈判小组可以变更采购需求中的技术、服务要求以及合同草案条款三项内容，但不得变更谈判文件的其他内容（如有重大错误时，可以修改谈判文件后重新采购）。

228. 因只有两家供应商投标而招标失败转为竞争性谈判后又有三家供应商参与时，如何谈判？

问：某采购项目公开招标，由于投标人只有两家，经财政部门批准后变更为竞争性谈判，采购代理机构随后发布了竞争性谈判采购公告。这次，有三家供应商提交响应文件参加谈判。此种情形下，谈判小组到底是和这三家供应商谈判，还是只和原来参加投标的两家供应商谈判？

答：《政府采购非招标采购方式管理办法》第二十七条第二款中规定"公开招标的货物、服务采购项目，招标过程中提交投标文件或者经评审实质性响应招标文件要求的供应商只有两家时，采购人、采购代理机构按照本办法第四条经本级财政部门批准后可以与该两家供应商进行竞争性谈判采购。"也就是说，公开招标的货物、服务采购项目，招标过程中因提交投标文件，或者经评审实质性响应招标文件要求的供应商只有两家时，经财政部门批准后，可以与这两家供应商直接进行竞争性谈判。此种情况下，采购代理机构不用重新发布竞争性谈判采购公告，直接邀请这两家供应商进行谈判比较适当。如果发布了竞争性谈判采购公告，又出现本项目中有三家供应商参加谈判时谈判小组应当与原参与采购竞争的供应商进行谈判。

229. 竞争性谈判项目首轮报价需要公开吗？

问：对于竞争性谈判项目，在组织供应商开启响应文件进行谈判时，对于供应商的首轮报价是否需要公开？

答：不得公开。

因《政府采购法》及《政府采购非招标方式管理办法》均有相关规定，谈判小组成员在谈判过程中不得透露供应商的报价等信息。也就是说，供应商的报价（含首轮报价）在谈判结束前都应该保密，不得公开，这一点与投标报价必须公开的要求截然不同。

230. 非招标采购项目需要检查、评审响应文件的密封性吗？

问：对于政府采购货物和服务招标项目，接收投标文件时对于密封不合格的可以拒绝接收；开标时应当由投标人或者其推选的代表检查投标文件的密封情况。对于非招标采购项目，是否也需要在接收和开启响应文件时对其密封性进行检查和评审？

答：对于非招标采购项目而言，不检查也不评审响应文件的密封性。

《政府采购非招标采购方式管理办法》并未采用招标投标法律法规中规定的对投标文件进行密封性检查的做法，没有要求采购人对供应商提交的响应文件进行密封性检查。《政府采购非招标采购方式管理办法》第十五条仅规定供应商应当将响应文件密封，但并未规定要对其密封情况进行检查，也没有规定未密封或者未按要求密封的响应文件是无效文件。该办法第十六条也没有规定需要对响应文件的密封情况进行审查。

供应商对其递交的文件进行密封的目的是为了防止自己的文件内容在截止时间前泄露，从而保护自己的秘密，所以密封仅仅是供应商的保护措施，不应把密封的作用扩大。严格来讲，供应商对其递交的文件不密封，只是放弃了保护自己的措施，不应引起其他后果。

231. 竞争性谈判项目能采用综合评分法评审吗？

问：对于政府采购招标项目，可以采用最低评标价法和综合评分法进行评审，那么对于竞争性谈判项目是否可以采用综合评分法进行评审？

答：不能。根据《政府采购法》第三十八条第五项规定"谈判结束后，谈判小组应当要求所有参加谈判的供应商在规定时间内进行最后报价，采购人从谈判小组提出的成交候选人中根据符合采购需求、质量和服务相等且报价最低的原则确定成交供应商，并将结果通知所有参加谈判的未成交的供应商。"《政府采购非招标采购方式管理办法》第三十五条规定"谈判小组应当从质量和服务均能满足采购文件实质性响应要求的供应商中，按照最后报价由低到高的顺序提出 3 名以上的成交候选人，并编写评审报告。"竞争性谈判项目的成交原则是经过谈判后，技术服务满足谈判文件实质性要求的基础上，价格最低，不得采用综合评分法。

232. 竞争性谈判项目是否必须与供应商进行谈判？

问：对于政府采购竞争性谈判项目，采购人是否必须要与供应商进行谈判？有的项目是否可以不与供应商进行谈判？

答：竞争性谈判项目是否与供应商进行谈判要区分情况对待。

适用竞争性谈判方式的项目归纳起来有四类：一是招标失败转竞争性谈判的项目；二是时间紧急的项目；三是非依法必须招标的建设工程项目；四是复杂标的的项目。

针对复杂标的的项目，因其技术复杂或性质特殊，不能确定详细规格或者具体要求，或不能计算价格总额，需要通过谈判来逐步明确。但是对于招标失败转为竞争性谈判的项目、时间紧急的项目，或者非依法必须招标的建设项目，如果标的、技术服务内容明确的项目，可以不需要进行谈判。

233. 竞争性谈判项目供应商可以不到现场吗？

问：某政府采购服务项目，采用竞争性谈判方式进行采购，竞争性谈判文件规定本项目采用两轮报价。首次响应文件提交截止前，共有 8 家供应商递交了谈判响应文件，其中有一家供应商采用快递方式递交响应，且未指派代表参加现场谈判和第二轮报价。请问是否可认定该供应商的响应文件无效，或认定为该供应商中途退出谈判？

答：对于竞争性谈判项目，由于在谈判过程中，可能会涉及技术、服务和合同条件的变化，一般情况下，供应商应派代表到现场参加谈判。此外，如果该项目须进行二轮报价，如果供应商代表不到现场，将很难进行报价。

但是在理论上，竞争性谈判项目也存在通过远程视（音）频、电子邮件等方式进行谈判和报价的可能，且相关法律未规定供应商必须到现场谈判。因此，如果谈判文件没有关于"供应商未到现场谈判将被认定为无效响应，或视为退出谈判"等类似规定，认定响应文件无效会有争议。从这个角度分析，不建议直接认定该响应文件无效。

对于本项目而言，建议谈判小组按正常程序对该响应文件进行评审，并通过响应文件中预留的联系方式征求该供应商对谈判项目的相关意见并组织报价。

234. 可否只与两家供应商谈判？

问：某政府采购项目招标，符合条件的供应商不足 3 家，经申请改为竞争性谈判。采购人在指定媒体公开发布竞争性谈判公告后，共有 5 家供应商报名。根据《政府采购非招标采购方式管理办法》的规定，采购人可以只与之前参加投标的这两家供应商谈判吗？

答：不可以。

依据《政府采购非招标采购方式管理办法》第十二条和第二十七条规定，竞争性谈判方式供应商的产生共有四种方式：公开发布公告、从供应商库中选取、书面推荐和直接邀请。本项目公开招标失败，经申请同意改为竞争性谈判方式后，采购人原本可以直接邀请这两家供应商进行谈判，但采购人却选择了公开发布公告的方式确定谈判供应商。

此举意味着采购人放弃了采用直接邀请两家投标供应商参加谈判的方式产生竞争性谈判供应商，而是采用了公开发布公告方式确定参加谈判的供应商。采购人一旦选择了公告方式确定谈判供应商，就应当向所有符合公告要求的供应商发出谈判文件，邀请其参加谈判。否则，有违背诚实信用原则的嫌疑。

235. 政府采购项目二次竞争性谈判只有两家是否可以继续？

问：政府采购项目竞争性谈判活动失败后，采购人重新发布公告启动了第二次谈判活动。在二次采购活动中，只有两家供应商在响应文件截止前递交响应文件，请问是否可以继续？有无相关法律依据？

答：不可以继续。

根据《政府采购非招标采购方式管理办法》的相关规定，除该办法第二十七条第二款规定的情形外，采用竞争性谈判方式的政府采购项目，参与谈判响应、递交最后报价和被推荐为成交候选人的供应商，都应当满足三家以上的要求。

236. 竞争性谈判的轮次是否有限制？

问：竞争性谈判活动允许采购人和供应商进行面对面的谈判，但是尚没有法律明确可以谈判的轮次，请问竞争性谈判的轮次是否有限制？

答：竞争性谈判轮次不受限制。

与招标、询价等采购方式不同的是，竞争性谈判、竞争性磋商与单一来源采购等采购程序就是面对面、反反复复讨价还价的过程，是采购人与供应商多轮次谈判交流博弈的过程，也就是一轮一轮合同法上的"要约—反要约"的缔约过程，直到采购人满意或者一方退出谈判结束。对谈判过程没有过多限定，只要求有"最后报价"，这无论是对采购人、采购代理机构或供应商都有益处。也就是说，只要不违反《政府采购法》的规定，就可以与供应商进行多轮次的谈判，谈到采购人满意为止。

237. 竞争性谈判项目可否只进行一轮报价？

问：某单位采用竞争性谈判方式采购工程装修项目，实行清单报价，拟只实施一轮报价，是否可以？

答：根据《政府采购法》第三十条及《政府采购法实施条例》第二十五条的规定，适用竞争性谈判方式的项目归纳起来有四类：一是招标失败转竞争性谈判的项目；二是时间紧急的项目；三是非依法必须招标的建设工程项目；四是复杂标的的项目。

竞争性谈判项目的谈判轮次并没有限制。针对复杂标的的项目，因其技术复杂或性质特殊，不能确定详细规格或者具体要求，或不能计算价格总额，需要通过谈判来逐步明确。谈判过程中，随着技术、服务内容的变动，价格也随之变动，所以会有多轮报价。

从理论上讲，对于招标失败转为竞争性谈判的项目、时间紧急的项目，或者非依法必须招标的工程建设项目，如果标的明确，技术服务内容明确，不需要进行谈判，一轮报价就可以了。但是《政府采购非招标采购方式管理办法》第三十三条规定："……谈判结束后，谈判小组应当要求所有继续参加谈判的供应商在规定时间内提交最后报价……"该法条并未区分不同情形的竞争性谈判项目，一刀切地规定了所有竞争性谈判项目均应提交"最后报价"，故建议实践中采用多轮报价更为妥当。

238. 竞争性谈判报价一定是越谈越低吗？

问：某采购代理机构组织一专业服务项目竞争性谈判，三家供应商参加谈判。谈判中，谈判小组增加了采购需求，做出了部分实质性变动，同时通知三家供应商，三家供应商的最终报价都比第一轮报价要高。有人质疑竞争性谈判报价应当是越谈越低，如果最终报价还高于第一轮报价，那还要谈吗？请问竞争性谈判报价一定是越谈越低吗？

答：采用竞争性谈判的采购项目，谈判的最终报价有可能高于第一轮报价。

《政府采购法》《政府采购法实施条例》《政府采购非招标采购方式管理办法》都没有关于竞争性谈判的最终报价不能高于第一轮报价的规定。一般情况下，价格是谈判的主要对象，供应商第一轮报价会高于其价格底限，为后续轮次谈判留下足够的降价空间，竞争性谈判价格应该是越谈越低，实践中也多为此结果。但竞争性谈判不仅仅是谈价格，砍价不是竞争性谈判的唯一目的。采用竞争性谈判方式的，大多是专业复杂的采购项目，而非通用产品。许多情况下，竞争性谈判是基于采购人的采购需求难以在采购文件中准确表述，只有通过对诸多实质性事项进行详细的谈判，才能让采购人与供应商达成共识。因此，竞争性谈判过程中允许经采购人确认实质性变动采购需求中的技术、服务要求以及合同草案条款，就可能会影响报价基础，比如经谈判后扩大了供货范围、增加了采购内容、提高了技术要求，在这样的情况下，后续谈判中报价也就可能相应提高，最终报价高于初始报价，这属于正常现象。

239. 报价最低就能成为成交供应商吗？

问：某单位大宗印刷等采购项目采用竞争性谈判方式采购，某公司虽然报价最低，但最终没有被推荐为成交供应商。该公司认为报价最低就应当成交，故提起了质疑。请问：在竞争性谈判项目中，是不是报价最低的供应商就应当被确定为成交供应商？

答：根据《政府采购法》第三十八条第（五）项规定，采用竞争性谈判方式采购的，采购人应当根据符合采购需求、质量和服务相等且报价最低的原则从谈判小组提出的成交候选人中确定成交供应商。《财政部关于加强政府采购货物和服务项目价格评审管理的通知》第三项规定："统一竞争性谈判采购方式和询价采购方式评审方法采购人或其委托代理机构采用竞争性谈判采购方式和询价采购方式的，应当比照最低评标价法确定成交供应商，即在符合采购需求、质量和服务相等的前提下，以提出最低报价的供应商作为成交供应商。"对于"质量和服务相等"，《政府采购法实施条例》第三十七条解释为"是指供应商提供的产品质量和服务均能满足采购文件规定的实质性要求。"《政府采购非招标采购方式管理办法》第三十六条也规定了采购人应当"从评审报告提出的成交候选人中，根据质量和服务均能满足采购文件实质性响应要求且最后报价最低的原则确定成交供应商"。因此，价格不是成交的唯一因素，必须是在供应商提供的产品质量和服务均能满足采购文件规定的实质性要求，不管是否存在优劣高下之分，都视为"质量和服务相等"的情况下，才只考虑比较供应商的价格，也就是相当于采用"最低评标价法"，谁的报价最低（如有符合中小企业等条件的还需执行政府采购政策考虑调整评标基准价）谁将成为成交供应商。因此，在本项目中，尽管某公司的报价最低，但也可能存在其未满足采购文件实质性要求的情况，也可能还有其他小微企业因享受价格折扣等优惠政策反而报价占优，都可能导致报价最低但未能成交。

240. 如何判断"质量和服务相等"？

问：《政府采购法》第三十八条第五项规定采购人从谈判小组提出的成交候选人中根据符合采购需求、质量和服务相等且报价最低的原则确定成交供应商。该法第四十条第四项规定采购人根据符合采购需求、质量和服务相等且报价最低的原则确定成交供应商，那么"质量和服务相等"如何判断？

答：《政府采购法》第三十八条第五项对竞争性谈判项目确定成交供应商的规则做出明确规定，即采购人从谈判小组提出的成交候选人中根据符合采购需求、质量和服务相等且报价最低的原则确定成交供应商。该法第四十条第四项对询价采购项目确定成交供应商的规则做出明确规定，即采购人根据符合采购需求、质量和服务相等且报价最低的原则确定成交供应商，并将结果通知所有被询价的未成交的供应商。这里所称"质量和服务相等"更多是指按照统一的尺度衡量供应商。在采购实践中，供应商自身的条件不同，对竞争性谈判文件或者询价通知书的理解不同，响应文件中关注的内容也会不同，很少出现质量和服务完全相等的情况。而《政府采购非招标采购方式管理办法》第三十六条、第四十九条规定对于竞争性谈判和询价项目，都是从成交候选人中根据质量和服务均能满足采购文件实质性响应要求且报价最低的原则确定成交供应商。那么以"符合采购需求、质量和服务相等且报价最低"的原则确定成交供应商和以"质量和服务均能满足采购文件实质性响应要求且报价最低"的原则确定成交供应商，文字表述不同，实践中也就产生了理解上的争议。因此，《政府采购法实施条例》第三十七条解释"《政府采购法》第三十八条第五项、第四十条第四项所称质量和服务相等，是指供应商提供的产品质量和服务均能满足采购文件规定的实质性要求。"按照该解释，《政府采购法》规定的

"质量和服务相等"就是《政府采购非招标采购方式管理办法》规定的"质量和服务均能满足采购文件实质性响应要求"。也就是说，供应商提交的响应文件对谈判文件、询价通知书做了实质性响应，满足采购人的采购需求即可，多余的功能不作为价格考虑因素。归纳起来，"满足采购需求"是底限，"质量和服务相等"是"通过性"条件，不具备选择成交供应商的功能，而跟随其后的"报价最低"则是成交的"选拔性"条件。

241. 竞争性谈判项目成交候选人的最后报价相同时如何排序？

问：对于竞争性谈判项目，应当从质量和服务均能满足采购文件实质性响应要求的供应商中，按照最后报价由低到高的顺序排序，推荐成交候选人，而且确定最后报价最低的成交供应商候选人为成交供应商。那么，有2家供应商最后报价相同且最低时，如何对供应商进行排序并确定成交供应商呢？

答：由于竞争性谈判是在质量和服务均能满足采购文件实质性响应要求的基础上确定成交候选人，只进行响应性评审，并不进行具体的技术和商务评分，因此无法参照《政府采购货物和服务招标投标管理办法》第五十七条"采用综合评分法的，评标结果按评审后得分由高到低顺序排列。得分相同的，按投标报价由低到高顺序排列。得分且投标报价相同的并列。投标文件满足招标文件全部实质性要求，且按照评审因素的量化指标评审得分最高的投标人为排名第一的中标候选人"的规定，在最后报价相同的情况下，按照评审得分高低确定成交供应商。结合《政府采购法》的立法目的，如有多家供应商的报价最低且相同，可选择技术、商务条件更优的供应商为排名第一的成交候选供应商，也可通过随机抽取方式确定成交候选供应商排序。

242. 竞争性谈判最终报价要在谈判结束后现场公布吗？

问：某单位采用竞争性谈判方式采购办公设备，谈判结束后，供应商要求公布所有供应商的最终报价，请问是否合理？

答：《政府采购非招标采购方式管理办法》第十八条规定应当公告的成交结果内容只包括"成交供应商名称、地址和成交金额"，并未要求必须要公告所有供应商的最终报价。

从《政府采购法》确立的政府采购应当遵循公开透明原则的角度考量，公开所有供应商的最终报价具有一定合理性。

243. 竞争性谈判项目可以选择排名第二的供应商为成交供应商吗？

问：某政府采购代理机构，有个政府采购服务项目，采用竞争性谈判方式。谈判小组推荐了 3 名成交候选供应商。采购人发现，排名第二的候选供应商除了报价，其他方面都要优于排名第一的成交候选供应商。请问：采购人可以在 3 名成交候选人中，确定非最低报价的供应商为成交供应商吗？

答：不可以。

《政府采购法》第三十八条规定："竞争性谈判项目谈判结束后，……采购人从谈判小组提出的成交候选人中根据符合采购需求、质量和服务相等且报价最低的原则确定成交供应商，并将结果通知所有参加谈判的未成交的供应商。"

《政府采购非招标采购方式管理办法》第三十六条规定："采购人应当在收到评审报告后 5 个工作日内，从评审报告提出的成交候选人中，根据质量和服务均能满足采购文件实质性响应要求且最后报价最低的原则确定成交供应商……"

依据上述法律的相关规定，采用竞争性谈判的政府采购项目，采购人应当确定报价最低的供应商为成交供应商。

244. 竞争性谈判项目可以要求排名第二的供应商以排名第一的价格成交吗？

问：某政府采购代理机构最近有个竞争性谈判项目，最后一轮报价已经截止，在合同谈判阶段，第一成交候选人由于公司人员变动放弃成交，目前该机构正在和第二成交候选人进行谈判。现在遇到的问题是：第二成交候选人的报价比第一成交候选人高出 6.3 万元。请问可以要求对方变更价格吗？如要求对方以第一成交候选人的价格成交，可以吗？

答：不可以。

《政府采购非招标采购方式管理办法》第三十一条规定："谈判小组所有成员应当集中与单一供应商分别进行谈判，并给予所有参加谈判的供应商平等的谈判机会。"依据这一规定，竞争性谈判项目应给予参加项目竞争的每一个供应商以相同的谈判机会。如果最后一轮报价已经截止，在合同谈判阶段，则不能再与成交候选人进行价格谈判，否则对其他供应商不公平。

245. 竞争性谈判的供应商能否退出谈判而不承担责任？

问：某竞争性谈判项目，有 3 家供应商参与，但是在谈判过程中，因采购人提出对采购文件的合同条件进行修改，有一家供应商提出其无法满足修订后的合同条件，申请退出谈判，采购人认为如果其退出，将只剩下两家供应商，谈判将失败，不允许其退出谈判。采购人的做法是否正确？供应商能否退出谈判，而且不承担责任？

答：供应商可以在提交最后报价前退出谈判，且不因此承担责任。

《政府采购非招标采购方式管理办法》第三十四条规定："已提交响应文件的供应商，在提交最后报价之前，可以根据谈判情况退出谈判。采购人、采购代理机构应当退还退出谈判的供应商的保证金。"本条明确规定了已提交响应文件的供应商，在提交最后报价之前，可以根据谈判情况退出谈判。

因此，采购人及采购代理机构不仅不能强制供应商参加采购（如规定凡报名采购的供应商不得退出谈判，不参加谈判则不退还保证金、开启响应文件前退出竞争的不退还保证金），也不能强制供应商必须提交最后报价，而应当允许已经参加谈判的供应商在谈判过程中可以自由退出，并退还该供应商的保证金。

需要注意以下几点：①供应商应当在采购人要求提交最后报价之前的任何时候都可以提出退出谈判，在提交最后报价之后再提出退出谈判，可能存在知悉他人报价而退出谈判的舞弊行为，有违诚实信用原则，也可能因其延误退出导致采购失败拖延采购人的采购效率。因此，不允许供应商在采购人要求提交最后报价之后退出谈判。②供应商退出谈判，应当按照提交响应文件的要求向采购人提交书面的退出谈判申明，或者由供应商授权的委托人在书面申明上签字确认。③采购人不得要求供应商必须参加谈判、不得退出，不能以不退还采购保证金为由向供应商施压，否则违反了《政府采购非招标采购方式管理办法》第三十四条的规定，侵害了供应商的经营自主权。

246. 供应商退出谈判导致家数不足怎么办？

问：某政府采购货物招标项目，两次招标都出现有效投标不足 3 家的情形。经财政部门批准，该项目改用竞争性谈判方式进行采购，并邀请参加投标的 2 家供应商进行谈判。谈判文件发出后，又有一家单位明确表示不参加谈判。请问：接下来该怎么办？可以与剩余的一家供应商进行谈判吗？

答：出现这一情况确实比较尴尬，但与剩余的一家进行谈判没有法律依据。

实践中，可依据《政府采购非招标采购方式管理办法》第十二条的规定，采取采购人和评审专家书面推荐供应商的方式，邀请 3 家以上的供应商参加谈判，以满足供应商法定数量要求。

247. 谈判小组、询价小组对评审报告有分歧时如何解决？

问：竞争性谈判或询价采购活动评审结束，谈判小组、询价小组对评审报告中的评审意见有分歧时如何解决？

答：谈判小组、询价小组所有成员应当在评审报告中独立、客观、如实、全面反映自己的意见观点，不受他人影响。谈判小组、询价小组在评审过程中有时会碰到对实质性问题看法存在分歧的情况，有时双方的观点甚至截然相反，导致评审无法达成共识得出结果。对这种情况如何处理，《政府采购法》并没有做出规定。2012 年，财政部发布的《关于进一步规范政府采购评审工作有关问题的通知》（财库〔2012〕69 号）规定存在意见分歧时采用"少数服从多数的原则"处理。《政府采购评审专家管理办法》（财库〔2016〕198 号）

第十九条也规定："评审专家应当在评审报告上签字，对自己的评审意见承担法律责任。对需要共同认定的事项存在争议的，按照少数服从多数的原则做出结论。对评审报告有异议的，应当在评审报告上签署不同意见并说明理由，否则视为同意评审报告。"

《政府采购非招标采购方式管理办法》第十七条将这一规定通过立法的形式确定下来。一是关于对谈判小组推荐成交候选人有异议时，按照少数服从多数的原则推荐成交候选人。二是谈判小组、询价小组成员可以以书面形式表达其对评审报告内容的异议。对评审报告有异议的谈判小组、询价小组成员，应当在报告上签署不同意见并说明理由，由谈判小组、询价小组书面记录相关情况。谈判小组、询价小组成员拒绝在报告上签字又不书面说明其不同意见和理由的，视为同意评审报告。做出如此明确细致的规定，就是为了防止谈判小组、询价小组成员意见不一致影响评审工作的正常进行，打破因评审专家意见不一致而无法确定成交供应商的僵局，以确保采购效率。

第二章　竞争性磋商

248. 竞争性磋商和竞争性谈判两种采购方式有哪些区别?

问：竞争性磋商和竞争性谈判都是采购人和多个供应商反复进行谈判确定成交供应商的非招标采购方式，有很多共同点，如适用范围、采购程序相同，但也有很多区别。那么，其主要区别是什么？

答：根据财政部有关负责人就《政府采购竞争性磋商采购方式管理暂行办法》（财库〔2014〕214号）有关问题答记者问的内容，竞争性磋商和竞争性谈判两种采购方式在流程设计和具体规则上既有联系又有区别：在"明确采购需求"阶段，两者关于采购程序、供应商来源方式、磋商或谈判公告要求、响应文件要求、磋商或谈判小组组成等方面的要求基本一致；在"竞争报价"阶段，竞争性磋商采用了类似公开招标的"综合评分法"，区别于竞争性谈判的"最低价成交"。也就是说，根据《政府采购非招标采购方式管理办法》和《政府采购竞争性磋商采购方式管理暂行办法》的相关规定，竞争性谈判采购项目根据质量和服务均能满足采购文件实质性响应要求且最后报价最低的原则推荐成交候选供应商和确定成交供应商，只要供应商的响应文件全部符合采购文件的实质性要求，则其商务、技术部分都不再评审、不予考虑，报价对于是否成交起着决定性因素，"价低者得"。竞争性磋商采购项目，采用综合评分法对提交最后报价的供应商的响应文件和最后报价进行综合评分，最终根据综合评分情况，按照评审得分由高到低顺序推荐成交候选供应商和确定成交供应商，对商务、技术和报价都需要比较评审，各自占总分权重不同，报价并不是决定性影响因素，以综合评分排序，即"分高者得"。之所以这样设计，就是为了在需求完整、明确的基础上实现合理报价和公平交易，并避免竞争性谈判最低价成交可能导致的恶性竞争，将政府采购制度功能聚焦到"物有所值"的价值目标上来，达到"质量、价格、效率"的统一。

249. 竞争性磋商适用于哪些情形？

问：竞争性磋商方式解决了竞争性谈判方式最低价成交可能导致的恶性竞争的弊端，更加注重考虑货物或服务的质量、效率等因素。请问：竞争性磋商适用于哪些政府采购项目？

答：《政府采购竞争性磋商采购方式管理暂行办法》（财库〔2014〕214号）第三条规定了五种适用情形：一是政府购买服务项目；二是技术复杂或者性质特殊，不能确定详细规格或者具体要求；三是因艺术品采购、专利、专有技术或者服务的时间、数量事先不能确定等原因不能事先计算出价格总额；四是市场竞争不充分的科研项目，以及需要扶持的科技成果转化项目；五是按照招标投标法及其实施条例必须进行招标的工程建设项目以外的工程建设项目。

上述适用竞争性磋商方式的政府采购项目中，前三种情形主要适用于采购人难以事先确定采购需求或者合同条款，需要和供应商进行沟通协商的项目；第四种情形主要适用于科研项目采购中有效供应商不足三家，以及需要对科技创新进行扶持的项目；第五种情形主要适用于政府采购工程类项目，并与招标投标法律制度和《政府采购竞争性磋商采购方式管理暂行办法》做了衔接。

综上所述，竞争性磋商采购方式在政府购买服务、PPP、科技创新扶持、技术复杂的专用设备等项目采购中具有较高的可操作性和适用性。

250. 政府采购工程可以采用竞争性磋商方式吗？

问：某政府采购工程，达到公开招标的数额标准，因项目性质特殊经报批后可以采用非招标采购方式。《政府采购法实施条例》第二十五条规定："政府采购工程依法不进行招标的，应当依照《政府采购法》和本条例规定的竞争性谈判或者单一来源采购方式采购。"请问该法律条款是不是指政府采购工程不得采用竞争性磋商方式？

答：政府采购工程是否可以适用竞争性磋商的问题，目前有以下两种完全不同的理解。一种意见认为：不得采用竞争性磋商方式进行采购。理由是《政府采购法实施条例》第二十五条的表述中用了"应当"一词，应理解为排斥了竞争性谈判和单一来源采购以外的其他采购方式的适用。另一种意见认为：根据《政府采购竞争性磋商采购方式管理暂行办法》（财库〔2014〕214号）第三条的规定，根据《招标投标法》及其实施条例规定的依法必须进行招标的工程建设项目以外的工程建设项目，可以采用竞争性磋商方式开展采购。

笔者倾向于第二种意见。《政府采购法实施条例》和《政府采购竞争性磋商采购方式管理暂行办法》均是规制我国政府采购领域的法律政策文件，是同一部门法体系下的不同层级的法律规范，不应把两者看成是相互排斥的矛盾体，而应当把两者看成是互为补充、内外联系、相互统一的法律制度。此外，《政府采购竞争性磋商采购方式管理暂行办法》依据上位法《政府采购法》第二十六条而制定，该文件并不违背上位法，相反是《政府采购法》的完善和细化，是一份合法有效的法律政策文件。因此，在考察依法不进行招标的政府采购工程如何适用非招标采购方式时，应同时根据《政府采购法实施条例》和《政府采购竞争性磋商采购方式管理暂行办法》的相关规定进行判定和选择。

此外，由财政部国库司、国务院法制办财金司等联合编著的《〈中华人民共和国政府采购法实施条例〉释义》也明确规定，依法不进行招标的政府采购工程目前可以适用的采购方式包括竞争性谈判、竞争性磋商和单一来源采购三种采购方式。

251. 科研院所采购服务类项目是否可以采用竞争性磋商方式？

问：某政府采购服务项目，采购人是一家科研院所，属公益一类事业单位。由于该服务项目未达到公开招标的数额标准，采购代理机构采用了竞争性磋商方式实施采购。该项目在后期审计时，审计人员认为：本项目是政府购买服务项目，依据《政府购买服务管理办法》（财政部令第102号）第二条的相关规定，本项目的采购人科研院所不具有行政职能也不是具有行政管理职能的事业单位，不能采用竞争性磋商方式实施采购活动。请问：科研院所采购服务类项目不能采用竞争性磋商方式吗？

答：在政府采购领域，"政府购买服务"是一个具有特定含义的概念，与"政府采购服务"是不同的概念。《政府购买服务管理办法》（财政部令第102号）第二条规定："本办法所称政府购买服务，是指各级国家机关将属于自身职责范围且适合通过市场化方式提供的服务事项，按照政府采购方式和程序，交由符合条件的服务供应商承担，并根据服务数量和质量等因素向其支付费用的行为。"如果是政府购买服务项目，对该类项目的购买主体、承接主体、购买内容、购买方式和程序等方面都有严格的要求，应当遵循《政府购买服务管理办法》的相关规定。

《政府采购竞争性磋商采购方式管理暂行办法》（财库〔2014〕214号）第三条规定"符合下列情形的项目，可以采用竞争性磋商方式开展采购：（一）政府购买服务项目；（二）技术复杂或者性质特殊，不能确定详细规格或者具体要求的；（三）因艺术品采购、专利、专有技术或者服务的时间、数量事先不能确定等原因不能事先计算出价格总额的；（四）市场竞争不充分的科研项目，以及需要扶持的科技成果转化项目；（五）按照招标投标法及其实施条例必须进行招标的工程建设项目以外的工程建设项目。" 竞争性磋商方式，是法定的政府采购方式中的一种，该采购方式的五种法定适用情形中，前四种情形都包括了各种服务类项目的采购活动，而并非仅仅限于"政府购买服务"类项目。

本项目审计人员简单地把"政府采购服务项目"等同于"政府购买服务类项目"了，依据相关法律政策文件的规定，本项目采购人可以采用竞争性磋商方式实施采购活动。

252. 采购人代表可列席竞争性磋商评审活动吗？

问：某政府采购项目，采购人涉及7家单位，采用竞争性磋商方式进行采购。现采购人以书面报告方式提出，要求推荐1名业主代表作为评审专家，其他6家单位代表列席磋商。请问这种做法符合规定吗？采购人提出，如果在抽取系统抽不到符合要求的专家，能否把 7 名指定人员列为评审专家？

答：业主代表要求列席评审活动的做法不符合规定。

《财政部关于进一步规范政府采购评审工作有关问题的通知》（财库〔2012〕69 号）明确规定："与评审工作无关的人员不得进入评审现场。"

此外，采购人不得自行指定评审专家。

《政府采购评审专家管理办法》（财库〔2016〕198 号）第十二条第二款规定："评审专家库中相关专家数量不能保证随机抽取需要的，采购人或者采购代理机构可以推荐符合条件的人员，经审核选聘入库后再随机抽取使用。"该办法第十三条同时规定："技术复杂、专业性强的采购项目，通过随机方式难以确定合适评审专家的，经主管预算单位同意，采购人可以自行选定相应专业领域的评审专家。自行选定评审专家的，应当优先选择本单位以外的评审专家。"

如本项目属于技术复杂、专业性强的采购项目，采购人经主管预算单位同意后可以自行选定评审专家，但也应该优先选择本单位以外的评审专家。

该办法中所称的"优先选择"，是指应当首选从外单位选聘评审专家的方式组建评审小组，在确实无法从外单位选聘合适人员的前提下，才选用本单位人员。本项目采购人拟首选自己指定的本单位人员参加评审，违反了规定的"优先"原则。

253. 定点入围采购项目成交人是否应当依序递补?

问:某政府采购定点入围项目,采购方式为竞争性磋商,采购文件规定入围单位应小于或等于 25 家。该项目有 50 多家单位参与竞争,评审结束后,评审小组推荐了 25 家成交候选单位。成交公告发布后,经质疑、投诉等环节,财政部门确认有 6 家成交单位在响应文件中提供了虚假资料,取消了上述 6 家单位的成交资格。请问:是否应从合格的未成交单位中,依照得分高低的顺序补充成交供应商数量?

答:由于采购文件没有事先约定该类问题如何处理,因此从合格的未成交单位中补充成交供应商依据不足。

此外,根据本案例背景,入围单位少于 25 家是允许的。从这个角度看,也不建议在评审小组推荐的候选名单之外依序递补。

254. 竞争性磋商项目延长采购文件发售期须顺延响应文件截止时间吗?

问:某政府采购竞争性磋商项目,磋商文件已经发售了 5 个工作日,购买文件的供应商只有 2 家,准备再延长发售时间 2 个工作日。

请问:提交首次响应文件截止日期是否也要顺延两天?《政府采购竞争性磋商采购方式管理暂行办法》(财库〔2014〕214 号)好像没有这方面的规定,该如何处理?

答：无须推迟首次响应文件提交截止日期。

《政府采购竞争性磋商采购方式管理暂行办法》第十条规定："从磋商文件发出之日起至供应商提交首次响应文件截止之日止不得少于 10 日……磋商文件的发售期限自开始之日起不得少于 5 个工作日。"如本项目磋商文件出售时间延长 2 个工作日后，没有超出原磋商文件规定的供应商提交首次响应文件截止之日，则无须顺延响应文件提交截止时间。

255. 竞争性磋商项目，澄清或者修改文件应该在什么时间发出？

问：最近遇到一个政府采购服务项目，采用竞争性磋商方式进行采购，在编制竞争性磋商文件时发现，《政府采购竞争性磋商采购方式管理暂行方法》（财库〔2014〕214 号）和《关于做好政府采购信息公开工作的通知》（财库〔2015〕135 号）对澄清或者修改文件的发出时间规定不同。请问：应该执行哪个规定？澄清或者修改文件的发出，应该在提交首次响应文件截止之日"5 日前"还是"3 个工作日前"？

答：倾向于执行"3 个工作日前"。

《政府采购竞争性磋商采购方式管理暂行办法》第十条规定："……澄清或者修改的内容可能影响响应文件编制的，采购人、采购代理机构应当在提交首次响应文件截止时间至少 5 日前，以书面形式通知所有获取磋商文件的供应商。"

《关于做好政府采购信息公开工作的通知》规定："采

购人或者采购代理机构对……采用公告方式邀请供应商参与的……竞争性磋商文件进行必要的澄清或者修改的……澄清或者修改的内容可能影响……响应文件编制的，采购人或者采购代理机构发布澄清公告并以书面形式通知潜在供应商的时间，应当在……提交首次响应文件截止之日3个工作日前。"

在上述两份文件中，对竞争性磋商文件的补充文件的最迟发出时间，有着不同的规定，确实给政府采购实践带来一定的困惑。

由于上述规定均是财政部国库司出台制定的对同一事项的不同规定，应依照《立法法》第九十二条确立的"新法优于旧法"的原则，执行《关于做好政府采购信息公开工作的通知》规定的"3个工作日前"的规定。

256. 竞争性磋商采购方式允许只有2家响应供应商时也可继续采购活动的情形包括哪几种？

问：对于竞争性磋商采购方式，一般要求必须具有3家以上供应商参与才具有一定的竞争性，但是也有在特定情形下允许2家供应商竞争的，请问是哪几种情形？

答：《政府采购竞争性磋商采购方式管理暂行办法》（财库〔2014〕214号）第二十五条规定："磋商小组应当根据综合评分情况，按照评审得分由高到低顺序推荐3名以上成交候选供应商，并编写评审报告。符合本办法第二十一条第三款情形的，可以推荐 2 家成交候选供应商。评审得分相同的，按照最后报价由低到高的顺序推荐。评审得分且最后报价相同的，按照技术指标优劣顺序推荐。"同时，《财政部关于政府采购竞争性磋商采购方式管理暂行办法有关问题的补充通知》（财库〔2015〕124 号）规定："采用竞争性磋商采购方式采购的政府购买服务项目（含政府和社会资本合作项目），在采购过程中符合要求的供应商（社会资本）只有 2 家的，竞争性磋商采购活动可以继续进行。采购过程中符合要求的供应商（社会资本）只有 1 家的，采购人（项目实施机构）或者采购代理机构应当终止竞争性磋商采购活动，发布项目终止公告并说明原因，重新开展采购活动。"

257. 竞争性磋商只有2家供应商提交了最后报价还可以继续进行吗？

问：某政府购买服务项目采用竞争性磋商方式采购，项目在磋商结束后只有 2 家供应商在规定时间内提交了最后报价。请问：竞争性磋商采购活动还可以继续进行吗？

答：可以继续进行。

《政府采购竞争性磋商采购方式管理暂行办法》（财库〔2014〕214 号）第二十一条规定："磋商文件能够详细列明采购标的的技术、服务要求的，磋商结束后，磋商小组应当要求所有实质性响应的供应商在规定时间内提交最后报价，提交最后报价的供应商不得少于 3 家。磋商文件不能详细列明采购标的的技术、服务要求，需经磋商由供应商提供最终设计方案或解决方案的，磋商结束后，磋商小组应当按照少数服从多数的原则投票推荐3家以上供应商的设计方案或者解决方案，并要求其在规定时间内提交最后报价。最后报价是供应商响应文件的有效组成部分。符合本办法第三条第四项情形的，提交最后报价的供应商可以为2家。"这里确实规定了提交最后报价的供应商不得少于3家，除非是"市场竞争不充分的科研项目，以及需要扶持的科技成果转化项目"允许"提交最后报价的供应商可以为2家"，否则竞争性磋商活动失败，但本项目属于政府购买服务项目，不在此列。

但是，《财政部关于政府采购竞争性磋商采购方式管理暂行办法有关问题的补充通知》（财库〔2015〕124号）对《政府采购竞争性磋商采购方式管理暂行办法》补充规定："采用竞争性磋商采购方式采购的政府购买服务项目（含政府和社会资本合作项目），在采购过程中符合要求的供应商（社会资本）只有2家的，竞争性磋商采购活动可以继续进行。采购过程中符合要求的供应商（社会资本）只有1家的，采购人（项目实施机构）或者采购代理机构应当终止竞争性磋商采购活动，发布项目终止公告并说明原因，重新开展采购活动。"根据该规定，本项目因属于政府购买服务项目，且有2家供应商在规定时间内提交了最后报价，竞争性磋商采购活动可以继续进行。

258. 加盖他人公章是否构成恶意串通？

问：在某设备购置采购竞争性磋商项目中，供应商甲公司提交的响应文件中，法人代表授权书、技术文件和报价单上加盖的是乙公司的公章，是否可认定为恶意串通？

答：《政府采购法实施条例》第七十四条规定了供应商恶意串通的几种常见情形："（一）供应商直接或者间接从采购人或者采购代理机构处获得其他供应商的相关情况并修改其投标文件或者响应文件；（二）供应商按照采购人或者采购代理机构的授意撤换、修改投标文件或者响应文件；（三）供应商之间协商报价、技术方案等投标文件或者响应文件的实质性内容；（四）属于同一集团、协会、商会等组织成员的供应商按照该组织要求协同参加政府采购活动；（五）供应商之间事先约定由某一特定供应商中标、成交；（六）供应商之间商定部分供应商放弃参加政府采购活动或者放弃中标、成交；（七）供应商与采购人或者采购代理机构之间、供应商相互之间，为谋求特定供应商中标、成交或者排斥其他供应商的其他串通行为。"该条还规定对供应商依照《政府采购法》第七十七条第一款的规定追究法律责任，对采购人、采购代理机构及其工作人员依照《政府采购法》第七十二条的规定追究法律责任。

本项目中，在甲公司提交的响应文件中，法人代表授权书、技术文件和报价单上加盖的是乙公司的公章。但正常情况下，两家公司是独立的法人，而且在本项目中是竞争对手，应互相保密，响应文件不可能发生内容高度雷同、加盖同一印章等情形。甲公司不存在失误错盖乙公司公章的可能性，难有合理解释，违背常理。可依据《政府采购法实施条例》第七十四条第七项的相应规定，认定甲乙两家公司存在恶意串通的情形。

259. 以不存在的产品型号参与政府采购是否构成弄虚作假？

问：某科技公司参加某县环保局执法办公设备采购项目竞争性磋商活动并被确定为成交供应商，签订合同时提出在报价文件中承诺的笔记本计算机型号是计算机制造企业给本公司提供的定制机型，由于显卡更新换代现已停产，提出用其他型号代替。某县环保局向计算机制造企业查证，计算机制造企业确认未在中国生产过该型号，某科技公司也不是该企业的授权代理商，没有通过合法渠道向计算机制造企业订货。请问对某科技公司的行为如何认定？

答：根据《政府采购法》第三条的规定，政府采购应当遵循诚实信用原则。根据《政府采购竞争性磋商采购方式管理暂行办法》（财库〔2014〕214号）第十一条规定，供应商应当按照磋商文件的要求编制响应文件，并对其提交的响应文件的真实性、合法性承担法律责任。供应商应当提供真实的材料，报价文件中记载的内容应当与实际情况相符。但本项目中，某科技公司的报价文件和商务文件中所载明的产品型号既未生产也未曾在市场上流通，投标文件中载明的内容显然与客观实际不符，某科技公司提供的材料应当认定为虚假材料。报价文件及商务文件中所载明的产品品牌及其型号是某科技公司获得成交资格的关键因素，对其获得成交资格具有决定性的影响，也是其履行合同的必备条件。某科技公司提供载有不存在的产品的材料参与投标，最后获得成交资格，应当认定为供应商提供虚假材料谋取成交。

第三章　单一来源采购

260.哪些情形可以采用单一来源采购方式？

问：某市一单位某信息系统采购项目需要与原有系统及全省其他市、区已运行的系统进行联网对接，为避免软件产品之间数据库格式不同带来的兼容性风险，该单位向市财政局申请对该采购项目采取单一来源采购方式，由某科技股份有限公司提供原厂软硬件产品技术支持服务。但另有供应商提出其具有研发该系统计算机软件的资质、能力和技术，而且其研发的该管理系统能与原有的管理信息系统进行数据移植、转换和功能兼容。在这种情况下，是否可以采用单一来源采购方式？单一来源采购方式适用于哪些情形的项目？

答：根据《政府采购法》第三十一条的规定，符合下列情形之一的货物或者服务，可以依照本法采用单一来源方式采购：（一）只能从唯一供应商处采购的（《政府采购法实施条例》第二十七条规定，是指因货物或者服务使用不可替代的专利、专有技术，或者公共服务项目具有特殊要求，导致只能从某一特定供应商处采购）；（二）发生了不可预见的紧急情况不能从其他供应商处采购的，这种情形是指由于不可投标人分别名列前三，被推荐为中标候选人。A 单位在评标结果公示期间，以书面形式放弃中标资格。招标人欲选 B 单位为中标人。C 单位可以要求采购人重新招标吗？或者 C 单位可以与采购人协商重新招标吗？A 单位放弃中标应给予处罚么？

答：第一中标候选人放弃中标，采购人是选择第二中标候选人为中标人，还是选择重新招标，《政府采购法实施条例》第四十九条赋予采购人有自主选择权。但是，招标人应当慎重选择重新招标方式。一般情况下，只有在依次确定其他中标候选人与招标人预期差距较大，或者对采购人明显不利时，采购人才选择重新招标。

第一中标候选人放弃中标后，排名第三的 C 单位如果与采购人协商，让采购人选择重新招标后，承诺在二次招标时，把自己的投标价位调成令采购人满意的结果，这一做法涉嫌串通投标，违反《招标投标法实施条例》第四十一条的相关规定，应当承担相应法律责任。

本案例中，A 单位放弃中标，采购人应不退还其投标保证金。财政部门可处采购金额 0.5%~1% 的罚款，列入不良行为记录名单，在 1~3 年内禁止参加政府采购活动，并处没收违法所得。

214. 中标通知书迟迟不发应负什么法律责任？

问：某政府采购工程项目，评标结果公示后，由于采预见的事件或原因（如地震、海啸等）导致从时间等方面难以满足要求，无法从其他供应商处采购，客观上只能从某一供应商处采购；（三）必须保证原有采购项目一致性或者服务配套的要求，需要从原供应商处添购，且添购资金总额不超过原合同采购金额百分之十的。

本项目中，采购人提出的单一来源采购项目所适用的类型为《政府采购法》第三十一条第（一）项"只能从唯一供应商处采购"，其适用的前提必须是其采购的管理信息系统具有不可替代性、独占性。恰恰有供应商提出其可以研发该系统也能实现与原有系统的功能兼容、数据移植和转换，所以不具有不可替代性、独占性，也不是"只能从唯一供应商处采购"，故不能采用单一来源方式采购。

261.采用单一来源采购方式应履行什么程序？

问：某市公共自行车租赁系统项目原定公开招标采购方式，后考虑到一二期系统兼容等技术原因，提出变更为单一来源采购方式。请问：要申请采用单一来源采购方式，需要履行哪些程序？

答：首先，适用单一来源采购方式要符合法定情形，也就是《政府采购法》第三十一条规定的三类情形。

其次，要组织专家论证。根据《政府采购非招标采购方式管理办法》第三十八条规定，对于"只能从唯一供应商处采购"且达到公开招标数额的货物、服务项目，拟采用单一来源采购方式的，应组织专业人员对相关供应商因专利、专有技术等原因具有唯一性进行论证并出具具体论证意见。

再次，要履行审批前公示程序。根据《政府采购法实施条例》第三十八条、《政府采购非招标采购方式管理办法》第三十八条规定，对于"只能从唯一供应商处采购"且达到公开招标数额的货物、服务项目拟采用单一来源采购方式的，应当对采购项目内容、采用单一来源采购方式的原因及专家论证意见等在省级以上财政部门指定媒体上公示，并将公示情况一并报财政部门。供应商可以提出异议，对此采购人应组织补充论证，认定异议成立的，则不得采用单一来源方式。当然，对于"紧急采购""添购"情形无须进行专家论证，也无须进行公示。

最后，报请财政部门批准。根据《政府采购非招标采购方式管理办法》第四条规定，达到公开招标数额标准的货物、服务采购项目，拟采用非招标采购方式的，采购人应当在采购活动开始前，报经主管预算单位同意后，向设区的市、自治州以上人民政府财政部门申请批准。

当然，对于未达到公开招标数额标准的货物、服务采购项目，拟采用非招标采购方式的，由采购人自主决定。

在本项目中，需要组织专家对二期项目采购的技术设备是否采用专利、应否与一期在性能和兼容性方面保持一致性、延续性与协调性，是否其他厂家的产品无法确保与一期兼容等情形进行论证，并报请财政部门审批同意后方可采用单一来源采购方式。

262. 竞争性谈判失败变更为单一来源采购方式需要履行什么程序？

问：某税务软件维保项目原定采用公开招标方式采购，招标公告时间、程序、发布媒体均符合法律规定，因参加投标的供应商不足三家，且专家组论证认为招标文件没有不合理条款，故市财政局批准同意变更为竞争性谈判采购。谈判过程中，又因只有一家供应商符合采购文件的要求，无法进行竞争性谈判，能否报请市财政局批准同意变更采购方式为单一来源采购？如可行，采购方式的变更程序如何办理？

答：关于政府采购方式的变更问题，《政府采购法》第三十六条规定"在招标采购中，出现下列情形之一的，应予废标：（一）符合专业条件的供应商或者对招标文件作实质响应的供应商不足三家的……"。《政府采购法》第三十七条规定："废标后，除采购任务取消情形外，应当重新组织招标；需要采取其他方式采购的，应当在采购活动开始前获得设区的市、自治州以上人民政府采购监督管理部门或者政府有关部门批准。"《政府采购货物和服务招标投标管理办法》第四十三条规定"公开招标数额标准以上的采购项目，投标截止后投标人不足3家或者通过资格审查或符合性审查的投标人不足3家的，除采购任务取消情形外，按照以下方式处理：……（二）招标文件没有不合理条款、招标程序符合规定，需要采用其他采购方式采购的，采购人应当依法报财政部门批准。"《政府采购非招标采购方式管理办法》第四条规定："达到公开招标数额标准的货物、服务采购项目，拟采用非招标采购方式的，采购人应当在采购活动开始前，报经主管预算单位同意后，向设区的市、自治州以上人民政府财政部门申请批准。"因此，当招标、竞争性谈判连续失败，只有一个供应商有意愿承担该采购项目，只能变更为单一来源采购方式时，需要事先报经主管预算单位同意并向市以上人民政府财政部门申请批准。

软件维保项目公开招标失败，经专家论证认为招标文件没有不合理条款，变更为竞争性谈判采购仍只有一家供应商符合采购文件的要求，可经市财政局批准同意后，变更采购方式为单一来源采购。

263. 未达到公开招标数额标准的项目，单一来源采购活动开始前是否也要经财政部门批准？

问：根据《政府采购法实施条例》第三十八条、《政府采购非招标采购方式管理办法》第三十八条规定，达到公开招标数额的货物、服务项目拟采用单一来源采购方式的应当报财政部门批准，那么未达到公开招标数额标准的项目，单一来源采购活动开始前是否也要经财政部门批准？

答：《政府采购法》第三十一条规定"符合下列情形之一的货物或者服务，可以依照本法采用单一来源方式采购：

（一）只能从唯一供应商处采购的……"《政府采购法实施条例》第三十八条规定："达到公开招标数额标准，符合《政府采购法》第三十一条第一项规定情形，只能从唯一供应商处采购的，采购人应当将采购项目信息和唯一供应商名称在省级以上人民政府财政部门指定的媒体上公示……"《政府采购非招标采购方式管理办法》第三十八条规定："属于《政府采购法》第三十一条第一项情形，且达到公开招标数额的货物、服务项目，拟采用单一来源采购方式的，采购人、采购代理机构在按照本办法第四条报财政部门批准之前，应当在省级以上财政部门指定媒体上公示……"由上述规定可知，采购预算金额达到公开招标数额标准的项目，才要求其就采购方式进行公示；而未达到公开招标数额标准的项目，单一来源采购活动开始前无须经财政部门批准，由采购人自主选择采购方式。

2015 年 5 月，财政部办公厅《关于未达到公开招标数额标准政府采购项目采购方式适用等问题的函》（财办库〔2015〕111 号）明确强调："根据《政府采购法》第二十七条规定，未达到公开招标数额标准符合《政府采购法》第三十一条第一项规定情形只能从唯一供应商处采购的政府采购项目，可以依法采用单一来源采购方式。此类项目在采购活动开始前，无需获得设区的市、自治州以上人民政府采购监督管理部门的批准，也不用按照《政府采购法实施条例》第三十八条的规定在省级以上财政部门指定媒体上公示。对于此类采购项目，采购人、采购代理机构应当严格按照《政府采购非招标采购方式管理办法》的有关规定，组织具有相关经验的专业人员与供应商商定合理的成交价格并保证采购项目质量，做好协商情况记录。"

264. 追加采购应该执行单一来源采购还是可以直接追加？

问：有一政府采购项目需要追加相应服务，追加金额未超过原合同采购金额百分之十，似乎同时符合《政府采购法》中对单一来源采购和追加采购的规定。请问：该项目到底应该走单一来源采购还是可以直接追加？两者的区别到底在哪里？

答：《政府采购法》中对于单一来源采购和追加采购的规定确实比较相似，但两者还是有一定区别的。

《政府采购法》第三十一条规定"符合下列情形之一的货物或者服务，可以依照本法采用单一来源方式采购：……（三）必须保证原有采购项目一致性或者服务配套的要求，需要继续从原供应商处添购，且添购资金总额不超过原合同采购金额百分之十的。"

《政府采购法》第四十九条规定："政府采购合同履行中，采购人需追加与合同标的相同的货物、工程或者服务的，在不改变合同其他条款的前提下，可以与供应商协商签订补充合同，但所有补充合同的采购金额不得超过原合同采购金额的百分之十。"

从上述两个法律条款的表述来看：适用单一来源采购的项目，应属于合同履行完毕以后的添购行为；而适用于直接追加的项目，应属于政府采购合同履行过程中出现的行为。

本项目可根据其属于"政府采购合同履行过程中的行为还是属于原政府采购合同履行中的行为"进行判断，进而适用《政府采购法》中的相应法律条款。

265. 单一来源采购有没有文件发售期和响应期？

问：单一来源采购活动，是不是也应当和其他采购方式一样必须编制采购文件？采购文件的发售时间和供应商的响应时间如何规定？

答：从《政府采购法》以及《政府采购非招标采购方式管理办法》等相关法律的规定来看，采购人采用单一来源采购方式采购时，可以不编制采购文件，也无文件发售期和响应期等方面的规定。因此，采购人可以直接与单一供应商进行面谈。

但是，采用单一来源采购方式进行采购时，采购人需注意如下两点：一是应当组织具有相关经验的专业人员与供应商磋商，以合理确定成交价格并保证采购质量；二是采购人员应当编写协商情况记录，协商情况记录的主要内容包括采购方式公示情况（如有），协商日期、地点和采购人员名单，供应商提供的采购标的成本、同类项目合同价格以及相关专利、专有技术等情况说明，合同主要条款及价格商定情况等。

266. 单一来源采购项目是否应在采购文件中公开预算?

问：某公司最近代理了一个单一来源采购项目。请问单一来源采购项目在编制采购文件中，是否需要在采购文件中公开项目预算金额。如果需要在采购文件中公开预算金额，那供应商"紧贴"着预算金额报价，不肯降价怎么办?

答：不应当公开采购预算。主要理由如下：

（1）编制采购文件不是单一来源采购项目的法定要求。在《政府采购法》体系的相关规定中，特别是在《政府采购非招标采购方式管理办法》中，没有要求单一来源采购项目必须编制采购文件，只要求单一来源采购项目应当组建协商小组与供应商进行协商谈判。由此可作如下推断：对于单一来源采购项目来讲，即使不编制采购文件都不违法。那么，在采购文件中不公开预算也不涉及违法问题。

（2）法律对单一来源采购文件是否公开预算未作要求。《政府采购法实施条例》第三十条规定："采购人或者采购代理机构应当在招标文件、谈判文件、询价通知书中公开采购项目预算金额。"从该条规定可以看出，法律只要求采购人在招标文件、谈判文件和询价通知书中公开采购预算，没有要求在单一来源采购文件中公开采购预算。

（3）单一来源采购项目公开预算金额不利于价格谈判。在单一来源采购项目中，由于只有一家供应商响应采购邀请，供应商一定程度上占据谈判主动地位。而采购预算是采购人进行价格谈判的控制底限，如果事先公开采购预算，亮出底牌，无疑会给采购人带来很大被动。因此，即使已经进入协商谈判阶段，采购人仍不宜向供应商公布预算。如果供应商的报价高于采购预算，协商小组比较合适的做法是提醒供应商的报价已经超出采购预算，而不告知供应商采购预算的具体数额，以免发生供应商"紧贴"着采购预算报价的情况。

综上分析，单一来源采购项目不宜事先公开采购预算。

267. 单一来源采购协商结果是否公示？

问：采用单一来源采购的政府采购项目，经协商成交后，采购人是否应对成交供应商进行公示？

答：除 PPP 项目以外，《政府采购法》及其配套法律规范没有要求采购人或代理机构，在确定成交供应商阶段对预中标、成交供应商进行公示。因此，不仅仅是单一来源采购方式，其他诸如招标、竞争性谈判、竞争性磋商和询价等采购方式，也可以不经公示环节而直接确定中标、成交供应商。

根据《政府采购非招标采购方式管理办法》第十八条规定，采购人或者采购代理机构应当在成交供应商确定后 2 个工作日内，在省级以上财政部门指定媒体上公告成交结果，同时向成交供应商发出成交通知书。

采购人发布的成交结果公告中，应当包括以下几方面内容：①采购人和采购代理机构的名称、地址和联系方式；②项目名称和项目编号；③成交供应商名称、地址和成交金额；④主要成交标的的名称、规格型号、数量、单价、服务要求；⑤单一来源采购人员名单。

268. 单一来源采购的谈判策略有哪些？

问：单一来源采购项目要求采购人组织相关专业人员与供应商商定成交价格，但在价格协商谈判中，采购人经常处于被动状态，有什么办法可以减少价格谈判的劣势地位吗？

答：采购人应在组织协商谈判前，做好市场调研工作，确定价格谈判底限。

《政府采购法》第三十一条规定了单一来源采购项目的三种法定适用情形：一是只能从唯一供应商处采购的；二是发生了不可预见的紧急情况不能从其他供应商处采购的；三是必须保证原有采购项目一致性或者服务配套的要求，需要继续从原供应商处添购，且添购资金总额不超过原合同采购金额百分之十的。

对于第一种情形的采购项目，采购人可设法了解该供应商提供给其他客户的同一货物或服务售价，以制定价格协商底限；对于第二种和第三种情形的采购项目，采购人可事先从市场上了解近期同类产品或服务的成交价格，以制定价格协商底限，进而确定合理的成交价格。

269. 单一来源采购项目协商谈判中，需要注意哪些问题？

问：某政府采购项目，经批准采用单一来源采购。作为项目业主，在单一来源采购项目协商谈判中，需要注意哪些问题？如何确定价格谈判的底限？

答：《政府采购法》第三十一规定"符合下列情形之一的货物或者服务，可以依照本法采用单一来源方式采购：（一）只能从唯一供应商处采购的；（二）发生了不可预见的紧急情况不能从其他供应商处采购的；（三）必须保证原有采购项目一致性或者服务配套的要求，需要继续从原供应商处添购，且添购资金总额不超过原合同采购金额百分之十的。"根据《政府采购法》的规定，单一来源采购方式的适用情形可归纳为"来源唯一""紧急情况"和"功能配套"三种。

《政府采购非招标采购方式管理办法》第四十一条规定："采用单一来源采购方式采购的，采购人、采购代理机构应当组织具有相关经验的专业人员与供应商商定合理的成交价格并保证采购项目质量。"单一来源采购项目在协商谈判时，采购人相对处于不利地位，容易受到供应商的牵制。

基于这一特殊情况，采购人应事先做好充分的市场调研，并根据不同项目的特点，选择合适的方式确定价格谈判底限：对于"来源唯一"采购项目，采购人可设法了解该供应商提供给其他客户的同一货物或服务售价，以制定价格协商底限；对于"紧急情况"和"功能配套"采购项目，采购人可事先从市场上了解近期同类产品或服务的成交价格，以制定价格协商底限，进而确定合理的成交价格。

270. 政府采购中的"单一来源方式添购"和"直接补签合同"有何区别？

问：某学校采购课桌椅，预算 220 万元，合同履行结束后，因扩大规模，需要追加课桌椅，预算 20 万元。请问：是直接补签合同还是需要实行单一来源采购。

答："单一来源方式添购"和"直接补签合同"两种方式，分别适用于不同情形下的采购活动。主要区分有如下几点：

（1）发起采购的时间点不同。对于适用直接补签合同这种方式的采购活动，《政府采购法》第四十九条强调应在"政府采购合同履行中"；对于采用单一来源方式进行采购的项目，相关法律条款没有刻意强调其时间点，结合上下文，一般认为是指在原政府采购合同履行完毕之后。

（2）发起采购的目的不同。依据《政府采购法》第四十九条的规定，适用直接补签合同方式的采购活动，其目的是为了采购与原合同标的"相同的货物、工程或者服务"；而依据《政府采购法》第三十一条第三项的规定，采用单一来源方式采购的目的，是为了"保证原有采购项目一致性或者服务配套的要求"，需要继续从原供应商处添购相关产品。

（3）对于可以追加标的的要求不同。如上所述，适用于

277

直接补签合同方式的采购活动,《政府采购法》第四十九条强调采购标的必须与原合同标的相同;而采用单一来源方式采购的项目,法律没有刻板、机械地要求采购标的必须保持一致,而只要出于"保证原有采购项目一致性或者服务配套要求"的添购活动均可。

综上所述,本项目因为在合同履行后追加订单,应采用单一来源方式采购。

第四章　询价

271. 简单的服务项目能否采用询价方式进行采购?

问：某学校印刷服务项目采购需求明确、技术比较简单、规格标准要求统一，能否采用询价方式采购?

答：目前，服务项目不能采用询价方式进行采购。

《政府采购法》第三十二条规定："采购的货物规格、标准统一、现货货源充足且价格变化幅度小的政府采购项目，可以依照本法采用询价方式采购。"《政府采购非招标采购方式管理办法》第三条规定："采购人、采购代理机构采购以下货物、工程和服务之一的，可以采用竞争性谈判、单一来源采购方式采购；采购货物的，还可以采用询价采购方式……"依据上述相关法律条款规定，询价方式仅适用于货物采购，且仅适用于规格标准统一、现货货源充足且价格变化幅度小的特殊货物的采购活动。因此，本印刷服务采购项目不能采用询价方式采购。当然，个别地方也已经开始探索内容简单、标准统一的服务项目采用询价方式。

272. 物业保洁服务采购项目采用询价方式采购是否合适？

问：某集中采购机构，最近有一个物业保洁服务采购项目，可否用询价方式进行采购吗？

答：不宜采用询价方式进行采购。

《政府采购法》第三十二条规定："采购的货物规格、标准统一、现货货源充足且价格变化幅度小的政府采购项目，可以依照本法采用询价方式采购。"《政府采购非招标采购方式管理办法》第三条规定："采购人、采购代理机构采购以下货物、工程和服务之一的，可以采用竞争性谈判、单一来源采购方式采购；采购货物的，还可以采用询价采购方式……"依据上述相关法律条款规定，询价方式仅适用于货物采购，且仅适用于规格标准统一、现货货源充足且价格变化幅度小的特殊货物采购。本项目属于服务类采购项目，不宜采用询价方式进行采购。

273. 询价如何计算供应商家数？

问：采用询价方式进行采购的政府采购项目，对同一品牌同一型号的产品多家供应商同时参与竞争，如何计算家数？是否只算一家？按此计算后不满三家怎么办？需要重新进行采购吗？

答：根据《政府采购法》第三十二条的规定，询价采购方式适用于规格、标准统一、现货货源充足且价格变化幅度小的货物项目。因此，询价项目容易出现同一品牌同一型号的产品多家供应商同时参与竞争的情况。

2003年，财政部在给河北省财政厅的《关于多家代理商代理一家制造商的产品参加投标如何计算供应商家数的复函》中，明确指出："如果有多家代理商参加同一品牌同一型号产品投标的，应当作为一个供应商计算。公开招标以外采购方式以及政府采购服务和工程，也按此方法计算供应商家数。"依据这一规定，询价项目出现前述情形时，应当以一家供应商计算家数，如按此办法计算后，供应商不足三家的，应重新组织采购。

274. 询价采购供应商代表是否必须到场？

问：在询价采购过程中，供应商代表是否必须到现场参加集中报价活动？如果供应商代表未到现场，是否影响响应文件的有效性？

答：在部门规章以上的法律规范中，没有关于要求供应商必须到场的规定。就具体项目而言，参与询价采购的供应商是否必须到场集中报价，应当看该项目的采购文件是否有这方面的要求。一般认为，如果采购文件没有特别规定，供应商代表是否到场集中报价，并不影响响应文件的有效性。

此外，采购文件中如有关于"供应商必须到场，否则响应文件作无效处理"等类似规定，属于不合理的规定。不建议在采购文件中作此规定。

275. 询价采购项目是否可以要求供应商提供生产厂家的授权函？

问：《政府采购货物和服务招标投标管理办法》第十七条规定：采购人"不得通过将除进口货物以外的生产厂家授权、承诺、证明、背书等作为资格要求"。请问：该规定是否适用于非公开招标的项目？在询价采购中，是否可以要求供应商提供生产厂家的授权或服务承诺函等内容？

答：《政府采购货物和服务招标投标管理办法》第二条规定："本办法适用于在中华人民共和国境内开展政府采购货物和服务（以下简称货物服务）招标投标活动。"因此，《政府采购货物和服务招标投标管理办法》不适用于非招标采购活动。

询价属于非招标采购活动，在《政府采购法》和《政府采购非招标采购方式管理办法》中，没有明令禁止采购人要求供应商提供生产厂家授权的具体法律条款。但是，依据《政府采购法》确立的公开透明原则、公平竞争原则、公正原则和诚实信用原则，这一做法违背了立法精神，涉嫌以不合理条件对供应商歧视待遇或差别待遇。

276. 询价项目出现相同报价怎么办？

问：某政府采购项目，采用询价方式进行采购。询价报价单递交截止时，出现了两个相同的最低报价。请问：该如何处理？可以组织这两家供应商进行二次报价吗？

答：法律禁止询价项目进行二次报价。但对此类情形该如何处理，目前相关法律尚未做出规定。从采购项目的竞争目的出发，倾向于请评审小组对两个报价最低的供应商所提供的货物质量性能参数和相关服务方案进行比较后，推荐货物质量、供货方案和售后服务更优者为第一候选成交供应商。

277. 询价采购项目能否进行二轮报价？

问：某单位采用询价方式采购计算机设备，对供应商报出的价格第一轮价格不满意，拟让供应商再次竞价，是否合法？

答：根据《政府采购法》第四十条第三项"采购询价方式采购的，应当遵循下列程序：……（三）询价。询价小组要求被询价的供应商一次报出不得更改的价格"的规定，询价采购项目只能报出一次不得更改的价格，不允许在询价过程中进行二次报价，不得对价格进行谈判。

278. 询价采购活动终止后未发布项目终止公告是否合法？

问：某设备采购项目，采用询价方式采购，在第一次询价采购活动终止后未发布项目终止公告是否合法？

答：《政府采购法》第十一条规定："政府采购的信息应当在政府采购监督管理部门指定的媒体上及时向社会公开发布，但涉及商业秘密的除外。"《政府采购非招标采购方式管理办法》第五十条规定"出现下列情形之一的，采购人或者采购代理机构应当终止询价采购活动，发布项目终止公告并说明原因，重新开展采购活动：（一）因情况变化，不再符合规定的询价采购方式适用情形的；（二）出现影响采购公正的违法、违规行为的；（三）在采购过程中符合竞争要求的供应商或者报价未超过采购预算的供应商不足 3 家的。"财政部《关于做好政府采购信息公开工作的通知》（财库〔2015〕135 号）也规定："依法需要终止招标、竞争性谈判、竞争性磋商、询价、单一来源采购活动的，采购人或者采购代理机构应当发布项目终止公告并说明原因。"终止询价采购活动，意味着本次采购活动终止。采购人做出此决定后，应当发布项目终止公告并说明原因，以便及时告知供应商，并方便接受供应商和社会的监督。因此，本项目中在第一次询价采购活动终止后，采购人就应当依法发布项目终止公告，如果没有发布项目终止公告，应当予以纠正。

279. 哪些情形下可以组织重新评审？

问：某设备采购项目询价采购评审结束，公告成交供应商后，有其他供应商提出质疑，采购人拟组织询价小组进行复审。请问什么情形下可以组织重新评审呢？

答：在非招标方式采购活动中，所谓重新评审，是指谈判小组、磋商小组和询价小组成员签署了评审报告，评审活动完成后，原谈判小组、磋商小组和询价小组成员对自己评审意见的重新检查的行为。《政府采购非招标采购方式管理办法》第二十一条规定："除资格性审查认定错误和价格计算错误外，采购人或者采购代理机构不得以任何理由组织重新评审。采购人、采购代理机构发现谈判小组、询价小组未按照采购文件规定的评定成交的标准进行评审的，应当重新开展采购活动，并同时书面报告本级财政部门。"为了杜绝政府采购中的舞弊行为，只有资格性审查认定错误和价格计算错误才可以组织重新评审，经重新评审认定原评审报告中存在错误的，应当纠正错误。其他情形下，应当书面报告本级财政部门来处理。

第四部分

▼

PPP 项目篇

280. PPP项目可以采用哪些采购方式？

问：PPP 是民营资本与政府进行合作提供公共产品和服务的一种项目运作模式，请问 PPP 项目可以采用哪些采购方式？

答：PPP 项目社会资本方采购方式的选择，既要符合招标、采购相关法律法规，也要考虑项目的实际特点、竞争环境等客观条件，以实现采购的合法性、竞争性和公平性。

除询价外，公开招标、邀请招标、竞争性谈判、竞争性磋商、单一来源采购都可以作为选择社会资本方的采购方式，但首先必须要符合《招标投标法》《政府采购法》等法律法规关于不同采购方式各自适用范围的规定，还要综合考虑其他因素。

一般来讲，公开招标适用于市场成熟、竞争充分、边界条件清晰、有较多潜在社会资本方的 PPP 项目，其透明度高，竞争最为充分，应作为优先考虑的采购方式。邀请招标针对性更强，潜在投标人实力相近，有利于达到理想的采购效果，但其竞争开放度相对较弱。竞争性谈判以价格为决定性因素，无法综合考量社会资本方投资、运营及管理能力，且最低报价成交可能导致市场恶性竞争或低于成本报价，最终导致公共服务的质量、效率的下降。竞争性磋商比较适合于项目无法准确提出边界条件和 PPP 项目合同条款的项目，采购人可通过磋商过程完善合同条件、深入考察社会资本方

289

的综合实力和信誉，但也不宜随意扩大磋商内容，增加磋商难度、拖延采购进度。单一来源采购不具备竞争性、缺乏透明度，应谨慎采用，还应严格履行相关批准程序。

281. PPP项目特许经营权招标是否属于政府采购？

问：PPP项目政府和社会资本的合作方式包含特许经营、政府购买服务等方式。请问：关于经营权招标的项目属于政府采购吗？在该类项目中，政府方是收取相关费用，不是支付相关费用的，该类项目属不属于《政府和社会资本合作项目政府采购管理办法》（财库〔2014〕215号）管辖范围？

答：该类项目不属于政府采购。

采购是从组织外部有偿获取资源的一种交易方式。根据采购主体的不同，可以将采购行为分为私人采购、企业采购和政府采购（公共采购）等。政府采购只是采购活动中的一种类型。

特许经营权的出让，是政府把某一特定的经营权，通过竞争方式对外开展有偿出让的一种方式，本质上是一种出售标的的行为，而不是一种购买标的的行为。也就是说，特许经营权的出让，不属于采购行为，更不属于政府采购行为。

《政府和社会资本合作项目政府采购管理办法》作为规范PPP项目政府采购行为的规范性文件，其上位法是《政府采购法》及其实施条例，其约束的范围限于PPP项目中的政府采购活动，而不适用于不使用财政性资金、也不属于购买行为的特许经营权有偿出让活动。

282. PPP项目如何履行项目的立项、报建等相关程序？

问：某个 PPP 项目，由经济开发区管理委员会负责实施，目前已通过竞争性磋商方式公开选定了社会资本方，并成立了专门的项目公司。请问：该项目公司在建设 PPP 项目的过程中，如何履行项目的立项、报建等相关程序？是履行审批流程呢，还是履行核准、备案程序？

答：PPP 项目的决策程序是履行审批程序，还是履行核准、备案程序，关键是看该项目资本金的组成。

国家发展和改革委员会《关于依法依规加强 PPP 项目投资和建设管理的通知》（发改投资规〔2019〕1098 号）规定："PPP 项目要严格执行《政府投资条例》《企业投资项目核准和备案管理条例》，依法依规履行审批、核准、备案程序。采取政府资本金注入方式的 PPP 项目，按照《政府投资条例》规定，实行审批制。列入《政府核准的投资项目目录》的企业投资项目，按照《企业投资项目核准和备案管理条例》规定，实行核准制。对于实行备案制的企业投资项目，拟采用 PPP 模式的，要严格论证项目可行性和 PPP 模式必要性。"

如当地政府未在项目公司注入资本金，该 PPP 项目按企业投资项目处理，履行核准或备案流程；如当地政府在项目公司中注入了资金本，则按政府投资项目处理，履行审批流程。

283. PPP项目招标适用什么法律？

问：某采用政府与社会资本合作方式的路桥建设项目，采用公开招标选择投资人。为保证工程质量，要求投资人具备施工资质，该类招标项目应该履行政府采购程序还是履行工程招标程序？请问施工阶段还须采用公开招标方式选择施工单位吗？

答：从该项目的性质来看，应适用于国家发展和改革委员会等六部委颁布的《基础设施和公用事业特许经营管理办法》（国家发展和改革委员会等六部委 25 号令）。

根据《招标投标法实施条例》第 9 条规定，已通过招标方式选定的特许经营项目投资人依法能够自行建设、生产或者提供的，可以不进行招标。

284. PPP项目是否可以由社会资本方发起？

问：某国有企业最近发现一个项目可以采用 PPP 模式运作，请问可以由该国有企业向当地政府提出建议吗？国有企业是否可以成为 PPP 项目中的社会资本方吗？

答：《政府和社会资本合作模式操作指南》（财金〔2014〕113 号）第六条第二款规定："政府和社会资本合作项目由政府或社会资本发起，以政府发起为主。"因此，PPP 项目可以由社会资本方发起。根据相关规定，PPP 项目由社会资本发起时，社会资本应以项目建议书的方式向财政部门

（政府和社会资本合作中心）推荐潜在政府和社会资本合作项目。

国有企业，如果不属于本级政府所属融资平台公司及其他控股国有企业，可以作为社会资本方依法与政府开展PPP项目的合作。

285. 政府融资平台能否参与PPP项目？

问：某西部省份的一个地级市，最近当地政府推出了很多PPP项目。请问地方政府融资平台可以作为社会资本方参与PPP项目吗？如果可以，是否用政府购买服务的方式参与？

答：地方政府融资平台不得以社会资本方的角色参与本级政府管辖的PPP项目。

地方政府融资平台，是指各级地方政府成立的以融资为主要经营目的的公司，包括不同类型的城市建设投资、城建开发、城建资产公司等企（事）业法人机构。各地的融资平台中，有的单纯为本级政府承担融资功能，有的则会有部分经营性收入或公共设施收费。但是，即使具有一定经营性质的融资平台，其经营性收入和公共设施收费不足以支付还款义务时，仍由本级政府财政资金承担还款义务。因此，地方政府融资平台不属于社会资本，不得以社会资本方的角色参与本级政府管辖的PPP项目。

286. 政府方可以不参股PPP项目吗?

问：请问 PPP 项目必须组建专门的项目公司（SPV）吗？组建项目公司时，政府是否必须持股？政府方持股方面有什么规定？

答：《基础设施和公用事业特许经营管理办法》（国家发展和改革委员会等六部委 25 号令）第十六条规定："实施机构应当在招标或谈判文件中载明是否要求成立特许经营项目公司。"此外，在财政部《政府和社会资本合作模式操作指南》（财金〔2014〕113 号）第十一条和第二十一条也有类似表述。

从相关法律条款和政策文件的表述来看，PPP 项目是否成立项目公司应视项目特点而定，法律未作强制要求。一般情况下，大多数 PPP 项目需设立专门的项目公司（SPV）从事融资、建设、运营和移交等相关工作。

关于项目公司的设立及股权结构方面，财政部《PPP 项目合同指南（试行）》中明确指出："项目公司可以由社会资本（可以是一家企业，也可以是多家企业组成的联合体）出资设立，也可以由政府和社会资本共同出资设立。但政府在项目公司中的持股比例应当低于 50%，且不具有实际控制力及管理权。"

287. PPP项目是否都需要做财政承受能力论证?

问：某公司有个 PPP 项目，回报机制拟采用使用者付费方式。请问：采用使用者付费方式的项目，需要做财政承受能力论证吗？

答：PPP 项目按回报机制不同来划分，有政府付费、可行性缺口补助和使用者付费等不同模式。关于各种不同回报机制下的 PPP 项目是否都必须做财政承受能力论证，目前尚有一定分歧。主要观点及依据大致如下：

（1）使用者项目无须开展财政承受能力论证。持这一观点的人士认为，根据《政府和社会资本合作模式操作指南》（财金〔2014〕113 号）第九条"……财政部门应根据项目全生命周期内的财政支出、政府债务等因素，对部分政府付费或政府补贴的项目，开展财政承受能力论证……"的规定，只有部分政府付费或政府补贴的项目，才需开展财政承受能力论证；对于使用者付费的项目，无须进行财政承受能力论证。

（2）PPP 项目均须开展财政承受能力论证。持这一观点的人士认为，根据《政府和社会资本合作项目财政承受能力论证指引》（财金〔2015〕21 号）规定，财政承受能力论证是指识别、测算 PPP 项目的各项财政支出责任。因此，PPP 项目只要可能存在财政支出责任的，均须开展财政承受能力论证。

笔者认为第二种观点更加合理，理由简述如下。

PPP 项目的财政承受能力论证，除了要识别和测算当地财政部门是否能够承受某个特定 PPP 项目的财政支出责任以外，还要开展行业或领域均衡性评估，防止某一行业或领域PPP项目过于集中现象发生。

根据《政府和社会资本合作项目财政承受能力论证指引》等相关文件的规定，PPP项目全生命周期过程的财政支出责任，包括股权投资、运营补贴、风险承担、配套投入等内容，运营补贴只是财政支出责任中的其中一项内容。在使用者付费模式下，虽然政府不需要承担运营补贴支出责任，财政支出责任一般相对较小，但股权投资责任、风险承担责任和配套投入责任依然存在，这些支出责任理论上仍有可能导致当地财政支出责任过大而难以承受。因此，即使在使用者付费模式下，开展财政承受能力论证依然很有必要。

此外，即使当地财政能够承受单个特定的PPP项目的股权投资、风险承担、配套投入等各种支出责任，仍有可能出现某一行业和领域PPP项目过于集中的现象，不符合当地经济社会发展需要和公众对公共服务的需求，出于平衡不同行业和领域PPP项目的需要，依然可能无法通过行业和领域平衡性评估。

综上所述，笔者倾向于PPP项目均须开展财政承受能力论证。

288. PPP项目咨询如何收费？

问：最近各地都在推广PPP项目，请问国家对PPP项目咨询是否有相应标准？PPP项目咨询是如何收费的？

PPP 项目资格预审的目的，是为了验证项目能否获得社会资本的响应，以及在现有资格条件要求下，是否能够实现充分竞争。因此，PPP 项目资格预审后通常不再发布招标公告，只需向通过资格预审合格的申请人发布招标公告即可。

但是《政府和社会资本合作项目政府采购管理办法》第九条规定："项目采购文件应当包括采购邀请……以及是否允许未参加资格预审的供应商参与竞争并进行资格后审等内容。"根据这一规定，PPP 项目资格预审后，如通过资格预审的合格供应商数量较少，项目实施机构为促进竞争的充分性，可接纳未参加资格预审的供应商参与竞争并进行资格后审。

此时，项目实施机构可以发布招标公告，并注明允许未参加资格预审的社会资本参与竞争。

291. PPP项目资格预审文件的发售期限有何规定？

问：某咨询机构有一个 PPP 项目，目前已进入项目采购阶段。查阅《政府和社会资本合作模式操作指南（试行）》（财金〔2014〕113 号）和《政府和社会资本合作项目政府采购管理办法》（财库〔2014〕215 号）后，发现均未提及资格预审文件的发售期限问题。请问 PPP 项目资格预审文件的发售期限有何规定？

答：目前政府采购法律体系尚未对 PPP 项目资格预审文件的发售期做出明确规定。《招标投标法实施条例》规定，招标项目资格预审文件的发售期不得少于 5 日；《政府采购法实施条例》规定，招标文件的提供期限不得少于 5 个工作日；《政府采购竞争性磋商采购方式管理暂行办法》（财库〔2014〕214 号）规定磋商文件的发售期限不得少于 5 个工作日。

从相关法律均设置了采购文件的最低发售期（或提供期）的做法来看，可以看出立法者希望提供保证必要的采购文件发售期以提高项目的竞争度。从这个意义上来看，采购人及其代理机构应遵从立法本意，尽可能设置较长的资格预审文件发售期，以吸引更多的社会投资人参与 PPP 项目的竞争。

目前，大多数 PPP 项目采用公开招标或竞争性磋商方式采购社会资本投资人。实践中，建议咨询机构参照上述法律文件的相关规定，将 PPP 项目资格预审文件的发售期设置在 5 个工作日以上。

292. PPP项目只有2家单位报名参加竞争性磋商，是否可以继续进行？

问：有个 PPP 项目，采用竞争性磋商方式进行采购。项目采购信息挂网后，只有 2 家社会投资人报名，请问本项目采购程序是否可以继续进行？

答：根据《财政部关于政府采购竞争性磋商采购方式管理暂行办法有关问题的补充通知》（财库〔2015〕124 号）的规定，采用竞争性磋商采购方式采购的政府和社会资本合作项目，在采购过程中符合要求的社会资本只有 2 家的，竞争性磋商采购活动可以继续进行。

该通知中所说的采购活动可以继续进行的情形，是特指"在采购过程中符合要求的社会资本只有 2 家"时的情形，从字面意义上理解，只有经过评审，才能得知社会资本是不是符合要求。照此分析，该情形不是指报名时只有 2 家的情形，也不是指递交响应文件只有 2 家时的情形。就本案例情形来看，笔者倾向检查资格条件要求后重新开展采购活动，或延长报名和采购文件购买时间。

需要说明的是，报名程序原本就是一个非法定程序，不建议在 PPP 项目采购中设置报名程序。

293. PPP项目何时公示候选供应商？

问：PPP 项目评审结束后，评标委员会推荐了 3 名成交候选供应商。由于 PPP 合同签约前还有谈判这一环节，那么公示候选供应商是在评审结束后马上进行，还是在谈判确认预中标供应商后进行？

答：在谈判确认预中标供应商后再公示。

依据《PPP项目政府采购管理办法》（财库〔2014〕215号）的规定，PPP 项目采购评审结束后，项目实施机构应当成立采购结果确认谈判工作组，由谈判工作组按照评标报告推荐的候选社会资本排名，依次与候选社会资本进行确认谈判，率先达成一致的候选社会资本即为预中标社会资本。

根据《PPP项目政府采购管理办法》第 17 条规定，在确定预中标社会资本后的 10 个工作日内，PPP 项目实施机构应当与预中标社会资本签署确认谈判备忘录，并将预中标结果和项目合同文本在指定媒体上进行公示，公示期不得少于5个工作日。

294. PPP项目磋商谈判和采购结果确认谈判有哪些不同？

问：PPP项目采用竞争性磋商方式进行采购，根据相关规定，评审小组（磋商小组）可与社会资本进行多轮谈判，并推荐列明排序的候选社会资本。此后，项目实施机构还应成立采购结果确认谈判工作组，依次与候选社会资本进行合同谈判。请问：两次谈判的内容、侧重点和法律效力是否有所不同？

答：PPP项目如采用竞争性磋商方式或竞争性谈判方式进行采购，两次谈判均具有法律效力。

在竞争性磋商环节，磋商小组可与社会资本就修订采购文件的技术、服务要求以及合同草案条款等实质性内容进行谈判，但不得涉及采购文件中规定的不可谈判的核心条件或内容；在采购结果确认谈判环节，依法组建的谈判小组可就PPP合同中的细节问题进行签署前的确认谈判，但合同文件中的实质性内容在该环节不得再进行谈判。

关于合同文件中的实质性内容，一般认为包括合同的标的、价款、质量和履行期限等主要条款。

第五部分

▼

合同篇

295. 政府采购项目中标合同签订主体是谁？

问：有个政府采购货物招标项目，中标人是该产品的制造商。中标后，制造商想委托该产品的经销商与采购人签订合同，由经销商代为履行本项目的全部中标义务，请问是否可以？

答：这一做法不合法。

《政府采购货物和服务招标投标管理办法》第七十一条第一款规定："采购人应当自中标通知书发出之日起 30 日内，按照招标文件和中标人投标文件的规定，与中标人签订书面合同。所签订的合同不得对招标文件确定的事项和中标人投标文件做实质性修改。"从上述法律规定来看，与招标人签订中标合同的签约主体，应该是中标供应商自己，而不是其委托的其他单位或其下属单位。上述案例中，作为本项目的中标人，制造商把中标项目转交给经销商签约并履行合同，属于转包行为，不符合法律规定。

296. 中标候选供应商业绩造假是否应当作废标处理？

问：某暖通设备招标项目，属于政府采购项目。该项目共有 9 家单位参与投标，评标委员会推荐了 3 名中标候选人。后经人举报发现，第一、第二中标候选人均存在造假行为，请问是否可以确定第三名为中标人？有人主张适用《政府采购法》第三十六条中关于"出现影响采购公正的违法、违规行为的"应当废标的规定，对本项目废标后重新组织招标，请问是否合适？

答：就本项目应当按顺序定标。

《政府采购法实施条例》第四十三条规定："采购代理机构应当自评审结束之日起2个工作日内将评审报告送交采购人。采购人应当自收到评审报告之日起5个工作日内在评审报告推荐的中标或者成交候选人中按顺序确定中标或者成交供应商。"《〈中华人民共和国政府采购法实施条例〉释义》对该条款的解释如下："当中标、成交供应商放弃签订合同，或者财政部门经过处理投诉举报、监督检查，认定中标、成交结果无效，且符合顺序中标、成交条件时，排名靠后的候选人可以顺序中标、成交。"

有人提出，第一、第二名存在造假行为，应当依据《政府采购法》第三十六条第一款第二项的规定予以废标。这个理解有失偏颇。从该条款的表述来看，适用该条款应当同时满足两个条件：一是出现违法违规行为；二是该行为影响采购公正。就本案例而言，造假行为只满足第一个前提条件，不满足第二个前提条件，直接引用《政府采购法》第三十六条第一款第二项废标不太合适。

297. 政府采购项目结算金额远远超出采购预算怎么办？

问：某政府采购代理机构，最近有个项目业主反映之前的某项目在招标时采购量少算了，将来结算时要根据中标单价据实结算。预测下来，据实结算后的总金额，大约超出原采购预算的30%。请问：这个项目可以直接补签合同吗？该怎么处理比较妥当？

答：不能直接补签合同。

《政府采购法》第四十九条规定："政府采购合同履行中，采购人需追加与合同标的相同的货物、工程或者服务的，在不改变合同其他条款的前提下，可以与供应商协商签订补充合同，但所有补充合同的采购金额不得超过原合同采购金额的百分之十。"本项目追加的采购金额已经远远大于法律的规定，不能适用该规定直接补签合同。否则，财政部门可对超出部分不予支付。

建议按如下方式处理：如果该项目合同尚未签订，或者合同签订以后尚未开始履行，建议终止合同并妥善处理相关事宜后，重新申请预算并重新组织采购活动；如该项目采购合同已经开始履行，则建议对余下数量的采购标的物，在补充申报预算后另行组织采购。

298. 2019年招标的项目现在还可以签订合同吗？

问：某国有企业有一个项目是2019年招标的，当时评标委员会已出具评标报告，但因各种原因上级主管单位未做批复，现在想和原中标单位签订合同。请问：可以直接向中标单位发中标通知书并签订合同吗？如果不可以，是否可以先发一份延长投标有效期的通知，经投标人同意后再与之签订合同?

答：不合适。

投标文件中都有关于投标有效期的规定。本项目在 2019 年招标，至今未发出中标通知书，一般情况下，早已超过了投标文件规定的投标有效期。业界一般认为，投标文件是要约，中标通知书是承诺。根据《合同法》等相关法律的规定，受要约人（即招标人）应当在承诺期限（投标有效期）届满前做出承诺。本案例招标人未在投标有效期届满前发出中标通知书，要约（投标文件）已经失效，再发出中标通知书其法律效力值得质疑。

此外，招标人发出延长投标有效期的通知，也应当在原投标有效期期满前发出。综上分析，建议本项目重新招标。

299. 投标有效期已过是否可以签约?

问：有一个工程施工项目，中标人签订合同后，迟迟不进场施工，项目业主多方督促无果，拟单方面解除合同，目前该项目投标有效期已过。请问：本项目施工合同解除后，能否依序顺延，确定第二中标候选人为中标人并与之签约?

答：该项目投标有效期已过，个人认为不宜直接与第二中标候选人签约。

投标有效期，顾名思义，是投标文件保持有效的期限。从法律属性来看，投标文件属于要约，中标通知书属于承诺。投标文件一般都标有投标有效期，属于附期限的要约，一旦超出有效期，投标文件自动失效。如招标人在超出该期限后才做出承诺，则该承诺不具有法律效力。

300. 采购人应履行采购程序而未履行直接签订合同的后果是什么?

问：某服务项目需要采购，但是没有履行采购程序，直接与供应商签订了政府采购合同，将会产生什么样的法律后果?

答：《政府采购法实施条例》第六十八条规定："采购人、采购代理机构有下列情形之一的，依照《政府采购法》第七十一条、第七十八条的规定追究法律责任：（一）未依照《政府采购法》和本条例规定的方式实施采购……"《政府采购法》第七十一条规定："采购人、采购代理机构有下列情形之一的，责令限期改正，给予警告，可以并处罚款，对直接负责的主管人员和其他直接责任人员，由其行政主管部门或者有关机关给予处分，并予通报……"

因此，采购人未履行采购程序直接与供应商合同的，采购人应承担《政府采购法》第七十一条规定的上述法律责任，即责令限期改正、给予警告，并处 10 万元以下罚款。

301. 可否经过谈判变更招标文件的个别内容签订政府采购合同?

问：某项目采购结束，中标供应商提出原投标型号的产

品已经停产，在合同中约定以技术、功能升级后新设备替代
供货，采购人能否同意以新设备代替中标设备签订政府采购
合同？

　　答：投标文件是对招标文件实质性内容和拟签订的合同
主要条款的响应文件，招标人发出中标通知书是对中标人所
提交的投标文件内容的认可，属于合同法上的承诺。招标人
和中标人签订的合同应是对招标投标结果的确认文件。《政府
采购法》第四十六条规定："采购人与中标、成交供应商应当
在中标、成交通知书发出之日起三十日内，按照采购文件确
定的事项签订政府采购合同。中标、成交通知书对采购人和
中标、成交供应商均具有法律效力。中标、成交通知书发出
后，采购人改变中标、成交结果的，或者中标、成交供应商
放弃中标、成交项目的，应当依法承担法律责任。"《政府采
购法实施条例》第六十七条规定："采购人有下列情形之一的，
由财政部门责令限期改正，给予警告，对直接负责的主管人
员和其他直接责任人员依法给予处分，并予以通报：……
（四）未按照采购文件确定的事项签订政府采购合同……"《政
府采购法实施条例》第七十二条同时规定："供应商有下列情
形之一的，依照《政府采购法》第七十七条第一款的规定追
究法律责任：……（三）未按照采购文件确定的事项签订政
府采购合同……"《政府采购货物和服务招标投标管理办法》
第七十一条规定："采购人应当自中标通知书发出之日起30

日内，按照招标文件和中标人投标文件的规定，与中标人签订书面合同。所签订的合同不得对招标文件确定的事项和中标人投标文件作实质性修改。采购人不得向中标人提出任何不合理的要求作为签订合同的条件。"可见，《政府采购法》及其实施条例，对修改招标文件实质性内容的合同条款都明确禁止，并要求按照招标文件和中标人的投标文件确定合同内容。所谓"合同实质性内容"，是指对合同当事人的主要权利、义务和各自利益产生重大影响的内容，一般包括合同的标的、价款、质量和履行期限等主要条款。采购人和中标、成交供应商如果改变合同实质性内容签订合同的，应当依法承担法律责任。当然，中标合同可以对招标投标文件中的非实质性内容做出变更。

综上所述，定标后必须维持招标采购结果，如果任由招标人和中标人修改招标采购结果，变更招标文件或中标人的投标文件的实质性内容签订合同，将可能使招标投标活动失去意义。本项目中，中标供应商提出变更中标设备型号，属于对合同标的进行变更，已构成对招标文件内容的实质性变更，故不得以新的设备型号代替中标设备签订合同。

302. 签订中标合同时，是否可以改变项目内容？

问：某政府采购服务招标项目，中标后有部分子项目不打算实施。能否在签订合同时减少该部分子项目的工作量？

答：不可以。

《政府采购货物和服务招标投标管理办法》第七十一条："采购人应当自中标通知书发出之日起 30 日内，按照招标文件和中标人投标文件的规定，与中标人签订书面合同。所签订的合同不得对招标文件确定的事项和中标人投标文件作实质性修改。采购人不得向中标人提出任何不合理的要求作为签订合同的条件。"

依据上述相关法律规定，本项目招标人应当依据招标文件和中标人的投标文件中的实质性内容，与中标人签订合同，双方不得另行订立背离招标文件确定的事项和中标人投标文件实质性内容的其他协议。

如该项目确须变更服务内容，应发布终止招标公告，并妥善处理好终止招标相关事宜后，重新组织招标活动。

303. 签订合同时是否可以以低于中标价签约？

问：某政府部门最近有个设备采购项目，招标完成后，在和中标供应商进行合同谈判时，希望中标供应商能够在原中标价的基础上适当给予让利。中标供应商也同意让利。请问：可以按照让利后的合同价款签订中标合同吗？

答：不可以。

《政府采购货物和服务招标投标管理办法》第七十一条规定："采购人应当自中标通知书发出之日起 30 日内，按照招标文件和中标人投标文件的规定，与中标人签订书面合同。

所签订的合同不得对招标文件确定的事项和中标人投标文件作实质性修改。采购人不得向中标人提出任何不合理的要求作为签订合同的条件。"

依据上述规定，招标人与中标人在签订合同时，不得对合同价款等实质性内容进行谈判，否则涉嫌对其他投标人不公平。

就本项目而言，招标人与中标人应当按照招标文件和中标人的投标文件签订合同，合同价款应当与投标文件一致，不得修改。

304. 合同无效是否需要承担责任？

问：某政府采购招标项目，要求承包商具有市政二级资质。合同履行期间，项目业主和承包商因工程质量发生争议。承包商称其投标时实际资质等级是市政三级，不具备承接本项目的资格条件，中标合同属于违法签订的无效合同。无效合同自始无效，供应商不承担无效合同约定的质量方面的违约责任。请问这个项目该怎么办？

答：关于无效施工合同纠纷案件的处理，可根据最高人民法院2004年9月颁布的《关于审理建设工程施工合同纠纷案件适用法律问题的解释》（法释〔2004〕14号）进行处理。

该司法解释兼顾了法理和民事案件审判实际：一方面不认可无效合同的法律效力；另一方面针对无效合同中的部分合理规定，认可其作为处理纠纷的依据。

该司法解释第三条规定:"建设工程施工合同无效,且建设工程经竣工验收不合格的,按照以下情形分别处理:(一)修复后的建设工程经竣工验收合格,发包人请求承包人承担修复费用的,应予支持……"该司法解释第十条规定:"建设工程施工合同解除后,已经完成的建设工程质量合格的,发包人应当按照约定支付相应的工程价款;已经完成的建设工程质量不合格的,参照本解释第三条规定处理。"此外,该司法解释第五条还规定:"承包人超越资质等级许可的业务范围签订建设工程施工合同,在建设工程竣工前取得相应资质等级,当事人请求按照无效合同处理的,不予支持。"

305. 招标文件能否约定领取中标通知书前交纳履约保证金?

问:某采购项目招标文件规定投标人中标后应先交纳履约保证金,凭交纳履约保证金票据和介绍信领取中标通知书,再行签订合同。该项目中标供应商提出应当先发中标通知书再交纳履约保证金。那么,中标或成交供应商应当在何时交纳履约保证金?能否约定领取中标通知书前交纳履约保证金?

答:履约保证金属于中标人向招标人提供的用以保障其履行合同义务的担保。设立履约保证金,既可以保证中标合同的履行,又有助于择优选择中标人,对于防范合同履行风险具有重要作用。《招标投标法》第四十六条规定:"……招标文件要求中标人提交履约保证金的，中标人应当提交。"
《政府采购法实施条例》第四十八条规定："采购文件要求中标或者成交供应商提交履约保证金的，供应商应当以支票、汇票、本票或者金融机构、担保机构出具的保函等非现金形式提交。履约保证金的数额不得超过政府采购合同金额的10%。"招标人可以在招标文件中约定中标人应交纳履约保证金，并可约定履约保证金的交款金额、形式、提交时间。履约保证金应当在确定中标、成交供应商之后、签订合同之前交纳，否将取消其中标、成交资格并扣留投标（采购）保证金。

本项目中的招标文件已明确载明了应先交纳履约保证金，凭交纳履约保证金票据领取中标通知书，该文字表述意思清楚。中标人参加招标活动，应当知晓招标文件内容，文件中对履约保证金的金额、交纳时间及方式做出了明确规定，就应当按照文件的要求及时履行相应义务，如果中标人在取得中标通知书前不交纳履约保证金，就违反了招标文件的规定，不仅不能签订政府采购合同，还要承担相应法律责任。

306. 履约保证金可否在合同签订之后交纳？

问：某政府采购项目招标文件的合同条件中约定："中标人应在合同签订后 30 天内向采购人提交合同总价 10% 的履约保证金；本合同经双方签字且采购人收到履约保证金后生

效。"请问：能否约定履约保证金在合同签订之后交纳？

答：《政府采购法》第四十三条第一款规定："政府采购合同适用《合同法》。采购人和供应商之间的权利和义务，应当按照平等、自愿的原则以合同方式约定。"《合同法》第四十五条第一款规定："当事人对合同的效力可以约定附条件。附生效条件的合同，自条件成就时生效。附解除条件的合同，自条件成就时失效。"本项目的做法实则将提交履约保函作为合同生效的条件，该合同为附生效条件的合同。当招标人在合同约定的期限内递交履约保证金，合同的生效条件自此时成就，合同也就自此时生效。如果未按时、足额交纳履约保证金，合同就不能生效，该合同按照合同约定可以单方解除或者一方当事人请求法院判令解除。

因此，履约保证金通常作为合同订立的条件，一般应约定履约保证金在签订合同前交纳，当然采购人也可以约定在签约后交纳，并应将其作为合同生效的条件。

307. 工程履约保证金和质量保证金是否可以同时收取？

问：某政府采购施工项目招标文件规定：中标人在合同签订前，须向招标人交纳 10% 的履约保证金；同时规定招标人在向中标人支付第一笔工程款时，扣除 5% 的质量保证金直至缺陷责任期满为止。请问：工程履约保证金和质量保证金是否可以同时预留？

答：不可以。

《国务院办公厅关于清理规范工程建设领域保证金的通知》（国办发〔2016〕49号）规定，对建筑业企业在工程建设中需缴纳的保证金，除依法依规设立的投标保证金、履约保证金、工程质量保证金、农民工工资保证金外，其他保证金一律取消。该文件同时规定："在工程项目竣工前，已经缴纳履约保证金的，建设单位不得同时预留工程质量保证金。"此外，《建设工程质量保证金管理办法》（建质〔2017〕138号）第六条也明文规定："在工程项目竣工前，已经缴纳履约保证金的，发包人不得同时预留工程质量保证金。"

就本案例而言，建设单位如需预留工程质量保证金，应在工程施工履约完毕退还履约保证金后，在支付最后一笔工程款时扣留相应比例的工程质量保证金。此外，还需要注意的是，根据《建设工程质量保证金管理办法》规定，质量保证金总预留比例不得高于工程价款结算总额的3%，本案例招标人设置了5%的质量保证金，违反了上述文件的相关规定。

308. 合同履行金额超出中标金额的10%怎么办？

问：某事业单位，去年有一个货物招标项目，预算金额为380万元，中标金额是335万元。在合同履行完毕后，发现实际履约金额比中标金额多出35万元，但没有超过本项目的预算金额。

其中超出部分可由该单位自行支付，但该项目履约金额中，超出部分已超过中标金额的10%。请问可不可以把该部分内容作为一个新增项目，今年再进行招标采购后支付该笔费用？

答：这个方案不太妥当。把去年已经履行完毕的项目，今年就超支部分再"后补"招标流程的做法，是一种虚假招标行为。

该项目建议采用协商方式解决，如承发包双方达成谅解，将实际支付金额控制在中标金额超出 10% 以内，可谓是最好的解决办法。如双方不能达成谅解，且确需按照实际履行金额（370 万元）支付合同履约金额的，建议经办人员如实向有关部门报告。

309. 政府采购合同履行期间需增加相应费用怎么办？

问：某事业单位，2017 年通过招标投标方式确定了一家物业服务机构，合同期是三年（2018~2020 年），每年合同金额是 220 万元。因工作需要，现在要增加服务人员。初步计算了一下，需在原合同金额基础上增加 20 万元左右的费用。请问：这种情况应当采用单一来源采购方式吗？

答：关于政府采购合同费用的调增事项，《政府采购法》中与此相关的法律条款共有两个，分别是第三十一条和第四十九条。这两个法律条款的适用情形有部分相似，实践中比较容易混淆。

《政府采购法》第三十一条规定"符合下列情形之一的货物或者服务，可以依照本法采用单一来源方式采购：（一）只能从唯一供应商处采购的；（二）发生了不可预见的紧急情况不能从其他供应商处采购的；（三）必须保证原有采购项目一致性或者服务配套的要求，需要继续从原供应商处添购，且添购资金总额不超过原合同采购金额百分之十的。"

《政府采购法》第四十九条规定："政府采购合同履行中，采购人需追加与合同标的相同的货物、工程或者服务的，在不改变合同其他条款的前提下，可以与供应商协商签订补充合同，但所有补充合同的采购金额不得超过原合同采购金额的百分之十。"

本项目合同服务期限为三年，目前尚在合同履行期间。依据《政府采购法》的相关规定，在合同履行过程中需追加相同的服务，且追加的金额不超过原合同金额的10%，采购人可适用《政府采购法》第四十九条的规定，直接与中标供应商补签合同，无须进行单一来源采购程序。

310. 政府采购货物招标项目，合同履约时发现设计错误怎么办？

问：某预算单位有个货物招标项目，采购内容包含10樘门。该项目合同签订后，在安装的时候发现预留的门洞比预期的尺寸大，要装更大尺寸的门，价格也要做相应调增。请问：出现这种问题该怎么解决？需要废标后重新组织招标吗？

答：不需要。

该错误是设计错误,贵单位应先测算一下设计变更后增加的成本费用,并和财政部门事先做好沟通。在费用增加不超过 10% 的情况下,财政部门一般会依据项目审计意见同意追加相应费用。

311. 由谁负责对供应商履约的验收?

问:为了确保政府采购项目实现采购的目的,验证履约结果是否与采购需求相适应,就需要加强验收,那么对供应商履约的验收由谁负责办理呢?

答:对供应商履约的验收由采购人或者其委托的采购代理机构负责。

履约验收是对供应商履行合同情况的检查和审核,是检验采购质量的关键环节。做好验收工作,可以检验供应商的履约能力和信誉。如果出现质量问题,可以根据合同相关条款规定,及时处理,从而保护采购人的合法权益。《政府采购法》第四十一条规定:"采购人或者其委托的采购代理机构应当组织对供应商履约的验收。大型或者复杂的政府采购项目,应当邀请国家认可的质量检测机构参加验收工作。验收方成员应当在验收书上签字,并承担相应的法律责任。"因此,采购人应当根据采购项目的具体情况,自行组织项目验收或者委托采购代理机构验收。采购人委托采购代理机构进行履约验收的,应当对验收结果进行书面确认。采购人或者采购代理机构应当成立验收小组,按照采购合同的约定对供应商履约情况进行验收。验收时，应当按照采购合同的约定对每一项技术、服务、安全标准的履约情况进行确认。验收结束后，应当出具验收书，列明各项标准的验收情况及项目总体评价，由验收双方共同签署。验收结果应当向社会公告。

312. 谁可以参加政府采购项目履约验收小组？

问：《政府采购法》第四十一条规定："采购人或者其委托的采购代理机构应当组织对供应商履约的验收。大型或者复杂的政府采购项目，应当邀请国家认可的质量检测机构参加验收工作。验收方成员应当在验收书上签字，并承担相应的法律责任。"那么，在履约验收时，验收组织可以由哪些人员参加？

答：《财政部关于进一步加强政府采购需求和履约验收管理的指导意见》（财库〔2016〕205号）为落实《政府采购法》第四十一条规定，严格规范开展履约验收，明确要求"采购人应当根据采购项目的具体情况，自行组织项目验收或者委托采购代理机构验收""对于采购人和使用人分离的采购项目，应当邀请实际使用人参与验收。采购人、采购代理机构可以邀请参加本项目的其他供应商或第三方专业机构及专家参与验收，相关验收意见作为验收书的参考资料。政府向社会公众提供的公共服务项目，验收时应当邀请服务对象参与并出具意见，验收结果应当向社会公告。"《政府采购货物和服务招标投标管理办法》第七十四条规定："采购人应当及时对采购项目进行验收。采购人可以邀请参加本项目的其他投标人或者第三方机构参与验收。参与验收的投标人或者第三方机构的意见作为验收书的参考资料一并存档。"

综上所述，供应商履约完成后，采购人或其委托的采购代理机构组织验收，可以由以下人员参与验收：一是可以邀请国家认可的质量检测机构的人员；二是可以邀请参与该项目的其他供应商，特别是对采购过程提出质疑、投诉或举报的供应商；三是政府向社会公众提供的公共服务项目，可以邀请服务对象；四是对于采购人和实际使用人或者受益人分离的采购项目，可以邀请实际使用人或者受益人。

313. 合同履约质量不符合要求，可以改用第二中标候选人作为中标人吗？

问：某工程施工监理项目，通过公开招标方式确定了监理单位。该监理单位已经入场监理 8 个月，工程现场人员反映该监理单位不能满足现场要求，要求撤换监理单位。请问：可以与本项目招标时的第二中标候选人签约吗，还是必须重新招标？

答：应当重新招标。

招标投标是一个合同缔约过程，最终的目的是签订合同。中标合同一旦签订，该项目招标投标即已结束，进入合同履约阶段。本项目监理单位已经进场履约 8 个多月，招标环节早已结束，合同履行阶段出现问题，应当依法解除合同后另行处理，不应当回溯到招标阶段，以第二中标候选人作为合同签约对象。

此外，一般情况下，合同履约已超过 8 个月，投标有效期也已届满，双方之间此时签订的合同，法律效力也值得质疑。

第六部分

▼

质疑投诉篇

第一章　质疑

314. 询问和质疑的区别是什么?

问:《政府采购法》及其实施条例规定了供应商可以向采购人或其委托的代理机构提出询问或质疑。对于采购人和采购代理机构来讲,法律规定询问和质疑都应当在法定期限内答复,但询问和质疑的法定答复期限不同。请问:询问和质疑到底有什么区别? 是不是口头提出的就是询问,而书面提交的就是质疑?

答:《政府采购法》及其实施条例要求供应商应当以书面形式提出质疑,但对询问是否必须采用书面形式没有规定。因此,供应商既可能用口头形式提出询问,也可能以书面形式提出询问。

如供应商向采购人或采购代理机构出具书面函件质询函,而该函件的性质,到底应该定性为"询问函"还是"质疑函",确实容易混淆。实践中,也有供应商把"询问函"与"质疑函"混用,给采购人或采购代理机构依法做出答复带来困惑。

《政府采购法》第五十一条规定:"供应商对政府采购活动事项有疑问的,可以向采购人提出询问,采购人应当及时做出答复，但答复的内容不得涉及商业秘密。"该法第五十二条规定："供应商认为采购文件、采购过程和中标、成交结果使自己的权益受到损害的，可以在知道或者应知其权益受到损害之日起七个工作日内，以书面形式向采购人提出质疑。"从上述两个法律条款的规定来看，询问的目的是为了解决疑惑，而质疑的目的是为了维权。因此，区分询问还是质疑，关键不在于其提出的形式是书面形式还是口头形式，而在于其内容。

如果供应商提交的书面函件的内容只是咨询和了解相关情况，并不涉及其自身主张和诉求，则该函件可被认为是询问函；如果该函件的内容中，有认为自身合法权益受到损害，要求采购人改正错误等方面的表述，则该函件属于质疑函。一般情况下，质疑函中往往会含有供应商主张权利方面的内容，这点是询问函所不具备的。

315. 潜在供应商是否可以对采购文件的内容进行询问？

问：某供应商前不久从网上下载了一个政府采购项目的采购文件，打算参加本项目的采购活动，但对采购文件中的有些内容存在一些疑惑，便向采购代理机构书面提出询问。采购代理机构回复说该公司尚未参加政府采购活动，是潜在供应商不是供应商，不能向代理机构提出询问。请问：潜在供应商是否可以就采购文件提出询问？

答：可以。

《政府采购法》第五十二条规定："供应商认为采购文件、采购过程和中标、成交结果使自己的权益受到损害的，可以在知道或者应知其权益受到损害之日起七个工作日内，以书面形式向采购人提出质疑。"

《政府采购质疑和投诉办法》（财政部 94 号令）第十一条第二款规定："潜在供应商已依法获取其可质疑的采购文件的，可以对该文件提出质疑。对采购文件提出质疑的，应当在获取采购文件或者采购文件公告期限届满之日起 7 个工作日内提出。"

结合上述两个法律条款的规定可以发现：在对采购文件涉嫌违法的内容实施法律救济时，《政府采购法》体系赋予"潜在供应商"和"供应商"相同的质疑权利。

同理可推知，在政府采购过程中，对采购文件有疑问时，"潜在供应商"和"供应商"也理应享有同等权利。

综上所述，潜在供应商对采购文件的规定存在疑问时，可以适用《政府采购法》第五十一条"供应商对政府采购活动事项有疑问的，可以向采购人提出询问"的规定，依法向采购人或其委托的代理机构提出询问。采购人或其委托的采购代理机构，应当依据《政府采购法实施条例》第五十二条的规定，在 3 个工作日内对供应商依法提出的询问做出答复。

316. 国有企业采购争议处理是否适用《政府采购法》？

问：某国有企业委托代理机构采用公开招标方式采购一

批办公用品。评标结束后收到一家供应商的书面质疑，称评标办法中以供应商注册年限长短作为打分项的设置涉嫌具有倾向性，不符合《政府采购法》的有关规定，要求其进行修改。请问：国有企业采购货物是否受《政府采购法》管辖？该如何处理？

答：《政府采购法》第二条第二款规定："本法所称政府采购，是指各级国家机关、事业单位和团体组织，使用财政性资金采购依法制定的集中采购目录以内的或者采购限额标准以上的货物、工程和服务的行为。"

根据上述法律条款规定，国有企业采购尚未纳入《政府采购法》管辖。因此，该供应商引用法律依据不当。此外，从该供应商的质疑内容来看，是针对招标文件中评标办法的合法性提出质疑（异议），根据《招标投标法实施条例》第二十二条规定："对招标文件有异议的，应当在投标截止时间10日前提出。"本题目供应商在评标结束后才对招标文件的合法性提出异议，已经超出了法定时限，招标人或其委托的代理机构对该类异议（质疑）可依法不予受理。

317. 没有参加政府采购活动的供应商，可以质疑中标候选人吗？

问：某单位视频监控系统维护及监控设备等采购项目采用招标投标方式进行，某公司虽购买了招标采购文件，但未在投标截止时间前将投标文件送交公共资源交易中心，后该项目在公示中标人期间，该公司向采购人提起质疑，反映中标人存在违法投标行为。请问该公司是否有权提起质疑？

答：依据《政府采购质疑和投诉办法》第十一条规定，提出质疑的供应商应当是参与所质疑项目采购活动的供应商。而且，根据《政府采购法》第五十二条、第五十五条及《政府采购供应商投诉处理办法》第七条的规定，供应商提出质疑及投诉的前提是其合法权益受到损害。本项目中，某公司本可以按要求提交投标文件，参与政府采购活动，但其并未提交投标文件，故不是本设备采购项目活动的投标人，进而也不是参与所投诉政府采购活动的供应商，故没有质疑资格。另外，正因为其自行放弃投标，未参加投标，该次政府采购招标投标活动对其权利和义务不产生实质影响，故其提出质疑及投诉的前提条件也不存在。因此，该公司无权提起质疑，也无权进行投诉，其自行放弃投标而产生的法律后果应自行承担。

当然，潜在供应商已依法获取其可质疑的采购文件的，可以对该文件提出质疑。对采购文件提出质疑的，应当在获取采购文件或者采购文件公告期限届满之日起 7 个工作日内提出。

318. 仅购买了招标文件但没有投标，能否就招标文件内容提起质疑投诉？

问：某公司并未参与某政府采购项目的投标活动，只是对招标文件有异议，认为某些参数设置不合理，损害了其作为潜在投标人的权益，遂向采购人提起质疑，对答复不满意又向财政部门提出投诉，请求对本次政府采购活动中的招标文件进行审查，更正该项目招标文件中存在的问题。那么，仅购买招标文件但未实际投标的潜在供应商能否提起质疑投诉？

答：根据《政府采购法》第五十二条、第五十五条规定，供应商认为采购文件、采购过程和中标、成交结果使自己的权益受到损害的，可以在知道或者应知其权益受到损害之日起七个工作日内，以书面形式向采购人提出质疑。质疑供应商对采购人、采购代理机构的答复不满意或者采购人、采购代理机构未在规定的时间内做出答复的，可以在答复期满后十五个工作日内向同级政府采购监督管理部门投诉。《政府采购质疑和投诉办法》第十条规定："供应商认为采购文件、采购过程、中标或者成交结果使自己的权益受到损害的，可以在知道或者应知其权益受到损害之日起7个工作日内，以书面形式向采购人、采购代理机构提出质疑。该办法第十九条规定"投诉人应当根据本办法第七条第二款规定的信息内容，并按照其规定的方式提起投诉。投诉人提起投诉应当符合下列条件：（一）提起投诉前已依法进行质疑……"

本项目中，某公司购买了招标文件，其应属于参与政府采购活动的供应商，与该项目招标文件具有利害关系，因认为招标文件参数的要求存在倾向性、排斥性等不合理条件侵犯了其合法权益，向招标人提出质疑，因对质疑答复不满，向财政部门提起投诉，财政部门应当依法受理该公司的投诉，并经过审查做出投诉处理决定。

319. 联合体的其中一方成员单独提出质疑是否应当受理？

问：某政府采购项目，有两家公司组成联合体参加投标，当中标结果发布之后，该联合体没有中标，联合体其中一方向采购人提起质疑，请问：该质疑是否有效，采购人是否应当受理？

答：联合体的其中一方成员单独提出的质疑无效，采购人应不予受理，其理由如下：

（1）《政府采购质疑和投诉办法》第九条明确规定"以联合体形式参加政府采购活动的，其投诉应当由组成联合体的所有供应商共同提出"。也就是联合体提出质疑也应当是联合体各方一致、共同的行动，联合体其中一方成员都不能代表该联合体提出质疑。

（2）质疑只有供应商才可以提起，根据《政府采购法》第二十四条规定，联合体是以一个"供应商"的身份共同参加政府采购。虽然联合体各成员是法人、其他组织或自然人，但对联合体而言，各成员只是该供应商的一个组成部分。所以，联合体成员之一既然不是参加政府采购的"供应商"，也就不能单独提出质疑。

320. 代理商投标被判无效后，生产商能否作为利害关系人进行质疑投诉？

问：某代理商投标，因其提供的 5 份产品检测报告均不符合招标文件的实质性要求，其投标被判定无效。作为所代理产品的生产商认为对其产品做出否定性评价，损害其合法权益，计划提起质疑投诉。请问：代理商投标的，生产商能否作为利害关系人进行质疑投诉？

答：《政府采购法》第五十二条规定："供应商认为采购文件、采购过程和中标、成交结果使自己的权益受到损害的，可以在知道或者应知其权益受到损害之日起七个工作日内，以书面形式向采购人提出质疑。"该法第五十五条规定："质疑供应商对采购人、采购代理机构的答复不满意或者采购人、采购代理机构未在规定的时间内做出答复的，可以在答复期满后十五个工作日内向同级政府采购监督管理部门投诉。"《政府采购质疑和投诉办法》第十条、第十七条也有相应规定。也就是说，只有参加政府采购活动的供应商才可以提起质疑投诉。

本项目中，采购人认为代理商提供的 5 份产品检测报告均不符合招标文件的实质性要求，故判定其投标无效，其针对的是作为供应商的代理商做出的认定，并不涉及产品的制造商，该制造商也并没有参加政府采购活动，不是该项目的供应商，与采购人所做的投标无效决定之间不具有利害关系，故其不具有提起质疑投诉的资格。

321. 政府投资工程项目投标人提出质疑是否可以不受理？

问：某政府投资工程项目施工招标，评标结果公示期间，投标人对排名第一的中标候选人提出书面质疑，而不是异议。请问：招标代理机构是否可以不予受理？如果应当受理，是否意味着必须按《政府采购法》的相关规定进行回复？还是视同异议并按《招标投标法》的相关规定进行回复？

答：在规制公共采购领域的两部法律中，《招标投标法》规定投标人或潜在投标人的维权方式为提出异议；《政府采购法》规定供应商的维权方式为提出质疑。

本项目为政府投资的工程建设项目，达到一定规模标准属于《招标投标法》第三条规定的依法必须进行招标的项目。投标人对本项目的中标候选人提出"质疑"，是法律术语使用错误，本质上属于《招标投标法》及其实施条例中的"异议"。

该术语使用错误并不影响投标人维权，招标代理机构应当受理该份异议（尽管异议人称之为"质疑"），并按照《招标投标法》及其实施条例中的相关规定进行相应处理。

322. 重复质疑是否可以不予受理？

问：某政府采购项目采购文件发布后，供应商对采购文件的内容提出质疑，也在法定期限内得到答复。几天后，供应商就同一问题又提出质疑。请问可以不再受理吗？

答： 建议接收该质疑函并在法定期限内给予答复。

由于该质疑属于就同一事项多次重复质疑，代理机构可在质疑答复函中，增加如下内容：一是向质疑人表明质疑内容已依法做出答复，供应商不宜就同一问题多次重复质疑；二是为保障项目实施进度，如供应商继续对同一事项多次重复质疑，采购人（或代理机构）将不再予以回复。

323. 涉密项目供应商如何维权？

问： 某单位采用政府资金购买服务，由于涉及国家秘密不能按政府采购程序公开招标。为体现相对公平，参照相关法律邀请了三家供应商进行竞争性招标，经评审后确定其中一家供应商中标。另外两家供应商在知道评审结果后提出了质疑，认为其价格低于成本。请问：这类不属于政府采购的项目，供应商能提出质疑吗？如果可以质疑，采购人该如何怎么处理？

答： 该项目在性质上属于政府采购项目，只不过由于涉密等特殊原因，不适用《政府采购法》及其配套法律规范管辖。在政府采购活动中，采购人以民事主体的身份向市场购买服务，属于一种民事行为，而开展采购活动的目的是为了签订一份买卖合同，因而应当遵循《民法》《合同法》《价格法》等相关法律的约束。

因此，尽管本项目无须接受《政府采购法》的约束，但供应商依然有权对采购过程中出现的低于成本价竞争等不合法行为提出质疑，采购人也应当受理供应商的质疑，并视质疑事项是否成立等情况酌情做出处理。

324. 供应商提起质疑、投诉必须要提供证据吗？

问：某采购项目公告中标人信息后，某技术公司相继提起质疑、投诉，反映本项目中标人提供虚假材料骗取中标，但是没有提供证明材料，对此情形应当如何处理？

答：根据《政府采购法》第五十二条、第五十五条以及第五十八条规定，供应商可以向采购人提出询问、质疑；还有权进行投诉，申请行政复议或者提起行政诉讼，赋予供应商完善的救济措施，给予其全面周到的保护。但是，供应商在提出质疑投诉时，不得滥用法律赋予的权利，质疑投诉应在法律规定的时限内行使，质疑或者投诉须有必要的证明材料，不得凭空想象、恶意质疑或投诉，甚至杜撰"事实"、伪造证据。《政府采购法实施条例》第五十五条规定："供应商质疑、投诉应当有明确的请求和必要的证明材料。供应商投诉的事项不得超出已质疑事项的范围。"《政府采购质疑和投诉办法》第十二条第一款规定："供应商提出质疑应当提交质疑函和必要的证明材料。"该办法第十八条还规定："投诉人投诉时，应当提交投诉书和必要的证明材料，并按照被投诉采购人、采购代理机构（以下简称被投诉人）和与投诉事项有关的供应商数量提供投诉书的副本。"该办法第二十一条同时规定："投诉书内容不符合本办法第十八条规定的，应当在收到投诉书 5 个工作日内一次性书面通知投诉人补正。补正通知应当载明需要补正的事项和合理的补正期限。未按照补正期限进行补正或者补正后仍不符合规定的，不予受理。"也就是说，质疑或者投诉必须提供相应的证明材料而非臆想杜撰，如果缺乏相应证据或者没有事实依据的，其质疑、投诉将不予受理。

325. 在中标结果公告时对供应商提出的招标文件存在违法问题的质疑、投诉是否应该受理？

问：某政府部门仪器设备采购项目，在发布中标结果公告后，某未中标的供应商提起质疑，反映招标文件中无具体评标方法、技术要求，具有排他性，属于歧视性条款等问题，但未获满意答复，之后又向财政部门提出投诉。在公示中标结果时，才对招标文件内容提出质疑、投诉，是否接受和处理？

答：根据《政府采购法》第五十二条，供应商认为采购文件、采购过程和中标、成交结果使自己的权益受到损害的，可以在知道或者应知其权益受到损害之日起七个工作日内，以书面形式向采购人提出质疑。《政府采购质疑和投诉办法》第十条规定与此基本相同，该办法第十一条第二款进一步规定："潜在供应商已依法获取其可质疑的采购文件的，可以对该文件提出质疑。对采购文件提出质疑的，应当在获取采购文件或者采购文件公告期限届满之日起 7 个工作日内提出。"由于招标文件在招标时已经公开，而供应商在中标结果确定后才就招标文件中是否内容缺失和存在歧视性条款提出质疑，已经超过质疑期限，此时无权提起质疑，采购人可不予受理；就此提起投诉，因不符合《政府采购质疑和投诉办法》第十九条规定的投诉人提起投诉应当具备的"提起投诉前已依法进行质疑"的条件，故财政部门也不予受理该投诉。

326. 超过质疑期的质疑函怎么处理？

问：某个政府采购货物招标项目，评标结束后，有一家供应商对招标文件的内容提出质疑，并要求采购人重新招标。根据《政府采购法》规定，供应商应在知道或者应知其权益受到损害之日起七个工作日内提出质疑。请问：对于超出法定质疑期的质疑，应该如何处理？

答：《政府采购质疑和投诉办法》第十三条规定："采购人、采购代理机构不得拒收质疑供应商在法定质疑期内发出的质疑函，应当在收到质疑函后 7 个工作日内做出答复，并以书面形式通知质疑供应商和其他有关供应商。"

该法律条款规定采购人或采购代理机构不得拒收供应商在法定质疑期限内提出的质疑，但未就超出法定质疑期的项目如何处理做出规定。揣摩该法律条款的立法本意，应理解为超过法定质疑期的质疑函，采购人或采购代理机构可以拒收。

为稳妥起见，在招标采购实践中，建议采购人或采购代理机构可以在收到该质疑函后，向质疑人出具一份质疑处理意见书，书面说明该质疑函不予受理的理由和原因。

327. 采购人是否有权拒收内容不符合要求的质疑函？

问：某采购项目发布成交公告之后，有供应商提起质疑，但是其质疑的内容不符合要求，既没有加盖供应商的单位公章，也缺乏质疑的事实依据，采购人和采购代理机构能否拒绝接收？

答：《政府采购质疑和投诉办法》第十二条规定了质疑函应当包含的六项内容：一是供应商的姓名或者名称、地址、邮编、联系人及联系电话；二是质疑项目的名称、编号；三是具体、明确的质疑事项和与质疑事项相关的请求；四是事实依据；五是必要的法律依据；六是提出质疑的日期。质疑函必须全面完整包含上述六项内容，如果质疑函的内容不符合上述规定，或者遗漏了六项内容中的某一项或某几项，就是不合格的质疑函。《政府采购质疑和投诉办法》第十三条规定："采购人、采购代理机构不得拒收质疑供应商在法定质疑期内发出的质疑函，应当在 7 个工作日内做出答复，并以书面形式通知质疑供应商和其他有关供应商。"该条款的意思很明确，只要是法定质疑期内供应商提出了质疑函，即使质疑函的内容不符合规定，采购人和采购代理机构都应当接收，不得拒收。否则，就要根据《政府采购质疑和投诉办法》第三十六条规定承担相应的法律责任。

　　不合格的质疑函也必须要接收，但如果不要求供应商予以补正，又会影响对质疑事项的处理，如未加盖公章，则对该质疑函能否代表质疑供应商的真实意思表示都要打个问号；如果缺乏证明材料或事实依据，又会导致质疑事项难以查证或者可能是"空穴来风"恶意提起质疑。因此，对于不合格的质疑函，采购人或采购代理机构可以参照《政府采购质疑和投诉办法》第二十一条第一款"投诉书内容不符合本办法第十八条规定的，应当在收到投诉书5个工作日内一次性书面通知投诉人补正。补正通知应当载明需要补正的事项和合理的补正期限。不按照补正期限进行或者补正后仍不符合规定的，不予受理"的规定办理，即采购人或采购代理机构接收质疑函后，应与质疑供应商进行协商或出具补正函，要求该供应商补正。如果供应商对质疑函进行修改，可以在法定质疑期或采购人限定的时间内重新提交质疑函。如果供应商超过法定质疑期或者规定的补正期限提交修改后的质疑函，采购人和采购代理机构可以拒收。如果供应商表示对质疑函不进行修改，采购人和采购代理机构应当收下不符合要求的质疑函并依法进行答复。建议在采购文件中增加如下内容："不在法定质疑期内提出的质疑函，采购人可以拒收。不符合要求的质疑函在法定质疑期内应及时补充完整，否则作质疑不成立处理"。

328. 供应商在法定质疑期内两次或多次针对同一采购程序环节提出质疑，采购人能否拒收？

问：某政府采购项目在采购过程中，供应商在法定质疑期内两次提出针对同一采购程序环节的质疑，采购人可以拒收吗？

答：《政府采购质疑和投诉办法》第十条第二款规定："采购文件可以要求供应商在法定质疑期内一次性提出针对同一采购程序环节的质疑。"也就是说，采购人可以在采购文件中做出详细的规定，要求供应商在法定质疑期内应当一次性针对采购文件、采购过程和中标（成交）结果提出质疑。该办法第十三条同时规定："采购人、采购代理机构不得拒收质疑供应商在法定质疑期内发出的质疑函……。"结合上述两个法条的相关规定，对于供应商在法定质疑期内多次就同一程序环节提出质疑，建议采购人、采购代理机构接收该质疑函，可在质疑答复函中明示："采购文件已要求供应商一次性提出针对同一采购程序环节的质疑，贵公司未遵守采购文件的相关规定，因此，对于贵公司多次提出的质疑事项，采购人将不予处理"。

329. 供应商向采购代理机构提出质疑时，采购代理机构能否拒收？

问：有一供应商向采购代理机构提出质疑时，采购代理机构却告知该供应商应向采购人提出质疑，这一做法是否符合法律规定？

答：《政府采购质疑和投诉办法》第五条规定："采购人负责供应商质疑答复。采购人委托采购代理机构采购的，采购代理机构在委托授权范围内做出答复。"由此可见，受理质疑和质疑答复的主体应当是采购人，采购代理机构可在采购人授权委托的权限之内代为受理质疑并依法做出质疑答复。

330. 单一来源采购项目是否不存在质疑和投诉的可能？

问：对于单一来源采购项目，由于只有唯一的供应商参与采购活动，是否就不会发生被质疑或投诉的事件了？

答：《政府采购质疑和投诉办法》第十条第一款规定，供应商认为采购文件、采购过程、中标或者成交结果使自己的权益受到损害的，可以在知道或者应知其权益受到损害之日起 7 个工作日内，以书面形式向采购人、采购代理机构提出质疑。该办法第十一条规定，提出质疑的供应商应当是参与所质疑项目采购活动的供应商。因此，潜在供应商已依法获取其可质疑的采购文件的，可以对该文件提出质疑。对采购文件提出质疑的，应当在获取采购文件或者采购文件公告期限届满之日起 7 个工作日内提出。由于单一来源采购方式针对特定的供应商，一般没有采购文件，但供应商依法可以对采购过程和采购结果提出质疑和投诉。

331. 超出法定期限提出质疑、投诉的后果是什么？

问：某采购项目 3 月 16 日发布中标公告，某科技公司于 4 月 9 日才向省政府采购中心提交质疑书，因已超过法定期限，采购人当天告知对该质疑事项不予处理。某科技公司又于 5 月 8 日提起投诉，被财政部门认定超出投诉期没有受理。请问：超出法定期限提出质疑、投诉的后果是什么？

答：《政府采购法》第五十二条规定："供应商认为采购文件、采购过程和中标、成交结果使自己的权益受到损害的，可以在知道或者应知其权益受到损害之日起七个工作日内，以书面形式向采购人提出质疑。"本项目供应商已于 3 月 16 日知晓中标结果，依法应当在采购人发布中标公告之日起 7 个工作日内提出质疑，但其于 4 月 9 日才提交质疑书，已超过法定期限，采购人或采购代理机构对该质疑事项依法可以不予处理。

《政府采购法》第五十五条规定："质疑供应商对采购人、采购代理机构的答复不满意或者采购人、采购代理机构未在规定的时间内做出答复的，可以在答复期满后十五个工作日内向同级政府采购监督管理部门投诉。"《政府采购质疑和投诉办法》第十七条规定："质疑供应商对采购人、采购代理机构的答复不满意，或者采购人、采购代理机构未在规定时间内做出答复的，可以在答复期满后 15 个工作日内向本办法第六条规定的财政部门提起投诉。"本项目某科技公司应在收到质疑答复的 4 月 9 日当日起 15 个工作日内提起投诉，但是其直到 5 月 8 日才向当地财政部门提出投诉，超过投诉提起时限，财政部门对此投诉事项应不予受理。

332. 质疑答复函中没有告知质疑供应商可以依法投诉的权利将有什么后果？

问：在一起质疑案件中，供应商在成交供应商确定之前对采购活动提出了质疑，采购代理机构也按期进行了答复，但是在质疑答复函中没有告知质疑供应商可以依法投诉的权利，将怎么处理？

答：根据《政府采购质疑和投诉办法》第十五条第（四）项规定，质疑答复内容应当包括"告知质疑供应商依法投诉的权利"。也就是说，采购人和采购代理机构在答复供应商提起的质疑时，应当告知质疑供应商依法投诉的权利。如果没有明确告知，则该质疑答复存在瑕疵，供应商可以在收到该质疑答复后向财政部门提起投诉。

333. 开标时，供应商提出货物授权质疑怎么办？

问：最近代理的一个政府采购货物招标项目，开标会议刚结束，还没有进入评标程序，就有投标供应商提出质疑，说某厂家只授权了他们一家，另一家的授权书涉嫌造假。随后，该货物的生产厂家也电话告知这一信息。

作为组织活动的采购代理机构，应怎么做？是把情况如实告知专家吗？可没有书面的东西，再说专家如何验证授权的真假，他们有这个义务吗？在本招标文件中只要求提供授权书复印件。

答：应该如实记录该供应商的质疑，并转交给评标委员会。如代理机构在现场已经接到生产厂家的电话，可要求生产厂家尽快提供书面声明作为依据。实践中，为不影响评标进度，可让生产厂家的书面声明先以传真、扫描件电邮等方式送达，作为评标时的依据；然后再以快递等方式尽快寄给采购代理机构。

334. 两份质疑是否可以一并答复？

问：某项目招标，先后收到同一家投标单位提交的两份书面质疑函，两份质疑函中的具体事项和质疑请求各有不同。请问这两份质疑函可以一并答复吗？

答：本项目提出质疑的主体是同一家单位，两份质疑可以一并进行答复。但一并答复时，应注意不得超过第一份质疑函的法定答复期限。关于质疑答复的期限，《政府采购质疑和投诉办法》第十三条规定："采购人、采购代理机构不得拒收质疑供应商在法定质疑期内发出的质疑函，应当在收到质疑函后 7 个工作日内做出答复，并以书面形式通知质疑供应商和其他有关供应商。"

335. 未经质疑投诉的事项能否提起行政复议、行政诉讼?

问:供应商如对政府采购文件、采购活动或采购结果有异议的,依据《政府采购法》第五十四条到第五十六条、第五十八条的规定,享有提出询问或质疑、提出诉诉、申请行政复议,以及提起行政诉讼等权利。从这一点来说,质疑的事项决定着投诉事项的范围,那么在质疑投诉阶段未提起的事项能否提起行政诉讼?

答:该问题需结合政府采购质疑与投诉之间的关系予以确定。根据《政府采购法》第五十二条、第五十五条、第五十八条以及《政府采购质疑和投诉办法》第十条、第十七条、第三十三条等规定,供应商认为采购文件、采购过程、中标和成交结果使自己的合法权益受到损害的,应当首先依法向采购人、采购代理机构提出质疑。对采购人、采购代理机构的质疑答复不满意,或者采购人、采购代理机构未在规定期限内做出答复的,供应商可以在答复期满后 15 个工作日内向同级财政部门提起投诉。据此,供应商向财政部门提出投诉前,应当已经就相关事项向采购人、采购代理机构提出质疑。换言之,供应商在质疑阶段未提出的事项应当不属于投诉处理范围。投诉处理决定还应告知相关当事人申请行政复议以及提起行政诉讼的权利和复议、起诉期限等内容。

综上所述，供应商对政府采购行为不服的，应依次经过质疑、投诉环节，待财政部门做出投诉处理决定后仍不服的，方能提起行政复议、行政诉讼。而且，提起行政复议、行政诉讼时被诉的《供应商投诉处理决定书》是财政部门收到供应商的投诉后，针对其投诉事项和事实理由所做的处理决定。故根据投诉处理决定与投诉之间的对应性，行政复议、行政诉讼对被诉的《供应商投诉处理决定书》的合法性审查也应围绕供应商在质疑及投诉环节提出的事实理由和请求进行，除此以外的其他事实理由和请求因未经质疑和投诉环节，不属于投诉处理决定的处理范围，也就不在行政复议、行政诉讼案件的处理范围之内。因此，供应商在行政复议或行政诉讼程序中提出其质疑事项之外的异议理由或主张，也不应属于行政复议或行政诉讼案件的审理范围。

第二章　投诉

336. 利害关系人对质疑处理结果不服如何实施救济？

问：有个政府采购项目评审结束后，供应商甲公司被确定为中标人，供应商乙公司向采购人提出质疑。经采购人调查，质疑事项属实。采购人故改变了中标结果并通知甲公司。甲公司对此不服。请问：甲公司是否可以直接向财政部门投诉？

答：《政府采购质疑和投诉办法》第十条规定："供应商认为采购文件、采购过程、中标或者成交结果使自己的权益受到损害的，可以在知道或者应知其权益受到损害之日起7个工作日内，以书面形式向采购人、采购代理机构提出质疑。"

根据《政府采购法》第五十二条和《政府采购质疑和投诉办法》的相关规定，质疑是投诉的法定前置环节。供应商认为自己的权益受到损害时，应当先向采购人或采购代理机构提出质疑，然后再向政府采购监管部门投诉。

337. 供应商只能在质疑之后才能提起投诉吗？

问：供应商对采购活动存有异议，认为采购人的采购行为存在违法之处，可否不经质疑直接向财政部门投诉，要求财政部门依法查处采购人的违法行为？

答：对政府采购活动的投诉，实行质疑前置原则，投诉之前必须先行提起质疑，供应商只有在提起质疑之后不满意其答复结果或者采购人逾期不予答复时才可以提起投诉。供应商未经质疑就提起投诉，财政部门不予受理。《政府采购质疑和投诉办法》第十七条规定："质疑供应商对采购人、采购代理机构的答复不满意，或者采购人、采购代理机构未在规定时间内做出答复的，可以在答复期满后 15 个工作日内向本办法第六条规定的财政部门提起投诉。"该办法第十九条第二款规定"投诉人提起投诉应当符合下列条件：（一）提起投诉前已依法进行质疑……"该办法第二十条还规定："供应商投诉的事项不得超出已质疑事项的范围，但基于质疑答复内容提出的投诉事项除外。"

上述法律条款都已经明确，供应商认为采购文件、采购过程、中标和成交结果使自己的合法权益受到损害的，应当首先依法向采购人、采购代理机构提出质疑，只有对采购人、采购代理机构的质疑答复不满意，或者采购人、采购代理机构未在规定期限内做出答复的，供应商才可以向财政部门提起投诉，而不能绕过质疑程序直接提起投诉。

338. 超出质疑范围的投诉事项是否受理？

问：某政府采购项目采购失败，采购人发布废标公告后，某科技公司仅就废标公告内容提出质疑，在收到质疑答复后对此不满意，又向财政部门投诉，反映采购文件内容不合法要求责令整改，财政部门对该投诉事项是否应该受理？

答： 超出质疑范围的投诉事项，财政部门有权不予受理。

《政府采购法实施条例》第五十五条规定："供应商质疑、投诉应当有明确的请求和必要的证明材料。供应商投诉的事项不得超出已质疑事项的范围。"《政府采购质疑和投诉办法》第十九条第二款规定"投诉人提起投诉应当符合下列条件：（一）提起投诉前已依法进行质疑；（二）投诉书内容符合本办法的规定；（三）在投诉有效期限内提起投诉；（四）同一投诉事项未经财政部门投诉处理；（五）财政部规定的其他条件。"该办法第二十一条同时规定"财政部门收到投诉书后，应当在 5 个工作日内进行审查，审查后按照下列情况处理：……（二）投诉不符合本办法第十九条规定条件的，应当在 3 个工作日内书面告知投诉人不予受理，并说明理由。"此外，《财政部关于加强政府采购供应商投诉受理审查工作的通知》（财库〔2007〕1 号）也规定，财政部门经审查，供应商投诉事项与质疑事项不一致的，超出质疑事项的投诉事项应当认定为无效投诉事项。

依据上述法律规定，供应商投诉的事项不得超出已质疑事项的范围。供应商在提起投诉时，如投诉事项超出已质疑事项的范围，因其在提出投诉前未依法进行质疑，故该部分事项不符合投诉受理的条件，财政部门依法应当不予受理。

因此，本项目科技公司的质疑书中，仅就废标公告内容提出质疑，质疑书未涉及采购文件内容，但之后又就采购文件内容提起投诉，因超出已质疑事项的范围提起投诉，故该投诉事项不予受理。

339. 投诉超过法定时限怎么办？

问：有一个政府采购工程项目，评标结果公示期已过，中标通知书也已经发出 10 余天，施工合同尚未签订。此时有投标人投诉评标委员会组成不合法。经查实，该投诉事项属实。但是，不管是异议还是投诉，法律均有时限要求。如果投诉超出规定时限，该投诉书是否必须受理？正确的做法是什么？

答：依据《工程建设项目招标投标活动投诉处理办法》（国家七部委第 11 号令）规定，如果投诉超过法定时限，行政监督部门应不予受理。

但是，如果投诉书中所称事项属实，行政监督部门可以该投诉书中的列举事项为线索，启动行政监督程序，主动介入该项目对其实施监督检查，并依据调查结果依法做出相应处理。

340. 不足采购限额的项目，供应商的投诉由哪个机构受理？

问：某供应商最近参加了一个项目的采购活动，项目业主是一家事业单位，该项目属于分散采购项目，且采购金额低于采购限额标准。采购活动结束后，对该项目的采购结果不满意，向采购人提出质疑，但采购人出具的质疑答复很敷衍。请问：可以向当地财政部门投诉吗？财政部门是不是应当受理该投诉？

答：财政部门可不受理该投诉。

《政府采购法》第十三条规定："各级人民政府财政部门是负责政府采购监督管理的部门，依法履行对政府采购活动的监督管理职责。"依据相关法律，财政部门是政府采购活动的监督管理部门，依法履行对政府采购活动的监督管理职责。

《政府采购法》第二条第二款规定："本法所称政府采购，是指各级国家机关、事业单位和团体组织，使用财政性资金采购依法制定的集中采购目录以内的或者采购限额标准以上的货物、工程和服务的行为。"本项目采购主体是预算单位，但采购金额未达到法律所规定的采购限额标准，该采购行为不属于《政府采购法》定义的"政府采购活动"，财政部门可不予受理该项目的投诉活动。

建议双方当事人通过友好协商处理争议，如不能达成和解，也可通过仲裁或诉讼方式解决争议。

341. 行政部门收到投诉后，如果认为该投诉不属于本部门受理事项，应当如何处理？

问：某中学新建食堂工程公开招标，某建筑公司对质疑答复函不服，向某区财政局投诉，某区财政局经审查，认为本项目不属于政府采购货物和服务项目，对该项目的有关投诉不属于本部门受理范围，此时应当如何做出处理决定？

答：《政府采购质疑和投诉办法》第二十一条规定"财政部门收到投诉书后，应当在 5 个工作日内进行审查，审查后按照下列情况处理：……（三）投诉不属于本部门管辖的，应当在 3 个工作日内书面告知投诉人向有管辖权的部门提起投诉。"因此，本项目属于政府采购工程招标项目，投诉人应当向住房和城乡建设部门投诉，该投诉不属于财政部门受理投诉的范围，某区财政局应当以书面的形式，告知投诉人向当地住房和城乡建设部门提起投诉。

342. 以用非法手段获取的证据材料进行投诉，财政部门应当如何处理？

问：某政府采购货物招标项目，发布中标公告后，某供应商认为该采购项目评标过程违法违规，向采购代理机构提出质疑经答复后不服，又向财政部门提出投诉，并提交该采购项目评标现场录音文件，但据该供应商解释，该现场录音光盘是有人通过匿名邮件发来的，不知该知情人姓名，对此应当如何处理？

答：《政府采购法实施条例》第四十条第一款规定："政府采购评审专家应当遵守评审工作纪律，不得泄露评审文件、评审情况和评审中获悉的商业秘密。"《政府采购货物和服务招标投标管理办法》第六十六条规定："采购人、采购代理机构应当采取必要措施，保证评标在严格保密的情况下进行。除采购人代表、评标现场组织人员外，采购人的其他工作人员以及与评标工作无关的人员不得进入评标现场。有关人员对评标情况以及在评标过程中获悉的国家秘密、商业秘密负有保密责任。"这里的"遵守评审工作纪律"和"保证评标在严格保密的情况下进行"，不仅是针对政府采购评审专家和采购人的要求，也是为所有政府采购评审活动参与人所确立的义务。

从本项目来讲，投诉人作为投标供应商，未参与评审过程，不应当知悉采购项目的评审情况。投诉人提交的该采购项目评标现场录音文件，涉及评标现场的诸多细节，属于"严格保密""不得泄露"的范围，且投诉人并不属于该保密材料的合法知情人范围。投诉人以非法手段取得证据材料进行投诉的，根据《政府采购质疑和投诉办法》第二十九条"投诉处理过程中，有下列情形之一的，财政部门应当驳回投诉：……（四）投诉人以非法手段取得证明材料。证据来源的合法性存在明显疑问，投诉人无法证明其取得方式合法的，视为以非法手段取得证明材料"的规定，财政部门应当驳回该投诉，并可以按照《政府采购法实施条例》第七十三条、《政府采购质疑和投诉办法》第三十七条的规定，将其列入不良行为记录名单，禁止其1~3年内参加政府采购活动。

343. 以用非法手段获取的证据进行投诉是否要承担法律责任?

问: 如果供应商以非法手段获取的证据材料进行投诉, 又不能说明取得方式合法的, 是否要承担法律责任?

答: 供应商以非法手段获取证明材料并进行投诉, 不论投诉事项最终成立与否, 都是违背诚实信用的行为, 也是对政府采购公平、公正秩序的一种破坏。《政府采购法实施条例》第五十七条第一款规定:"投诉人捏造事实、提供虚假材料或者以非法手段取得证明材料进行投诉的, 财政部门应当予以驳回。"

之所以要禁止以非法手段取得证明材料进行投诉, 是因为如果允许以非法手段获得的材料作为投诉的证据, 尽管可能对财政部门查清案件事实有所助益, 但却以破坏法律秩序和社会诚信以及侵害其他主体合法权益为代价。此外, 对于投诉人以非法手段取得证明材料进行恶意投诉的情形, 在法律后果上绝不仅仅在于投诉被驳回, 投诉人还需要接受法律的制裁, 这既是维护政府采购法律秩序的需要, 更是塑造社会诚实信用所必需。

因此,《政府采购法实施条例》第七十三条专门设置了相应的法律责任, 即"供应商捏造事实、提供虚假材料或者以非法手段取得证明材料进行投诉的, 由财政部门列入不良行为记录名单, 禁止其 1~3 年内参加政府采购活动"。《政府采购质疑和投诉办法》第三十七条规定"投诉人有下列行为之一的，属于虚假、恶意投诉，由财政部门列入不良行为记录名单，禁止其1~3年内参加政府采购活动；……（三）以非法手段取得证明材料。证据来源的合法性存在明显疑问，投诉人无法证明其取得方式合法的，视为以非法手段取得证明材料。"由此可见，投诉人以非法手段取得证明材料进行投诉的，不论投诉事项成立与否，既要依法驳回其投诉，又要依法制裁其恶意投诉行为。

344. 投诉人未提交证据是否应该驳回其投诉？

问：某政府采购项目，某投标人技术实力最强，价格也最低，但是没有成交。该投标人认为成交供应商不是最符合采购文件要求的，但是没有证据，能否就此提起投诉？

答：根据《政府采购法》第五十二条："供应商认为采购文件、采购过程和中标、成交结果使自己的权益受到损害的，可以在知道或者应知其权益受到损害之日起七个工作日内，以书面形式向采购人提出质疑。"《政府采购法实施条例》第五十五条："供应商质疑、投诉应当有明确的请求和必要的证明材料。供应商投诉的事项不得超出已质疑事项的范围。"《政府采购质疑和投诉办法》第十二条规定："供应商提出质疑应当提交质疑函和必要的证明材料……"该办法第十八条规定"投诉人投诉时，应当提交投诉书和必要的证明材料，并按照被投诉采购人、采购代理机构（以下简称被投诉人）

和与投诉事项有关的供应商数量提供投诉书的副本。投诉书应当包括下列内容：……（二）质疑和质疑答复情况说明及相关证明材料。"该办法第二十九条进一步规定"投诉处理过程中，有下列情形之一的，财政部门应当驳回投诉：（一）受理后发现投诉不符合法定受理条件；（二）投诉事项缺乏事实依据，投诉事项不成立；（三）投诉人捏造事实或者提供虚假材料；（四）投诉人以非法手段取得证明材料。证据来源的合法性存在明显疑问，投诉人无法证明其取得方式合法的，视为以非法手段取得证明材料。"因此，提供必要的证明材料是供应商质疑、投诉的法定义务。该投标人不管是提起质疑还是投诉，都应当提交相关证据或者证据线索，如果没有相关证据或者证据线索而仅仅只是怀疑的话，很难证明自己的权益受到损害，质疑投诉都将因为没有提交必要的证明材料、缺乏事实依据而得不到财政部门的支持。

345. 采购文件不符合法律规定，投诉是否应该受理？

问：某市政府采购网发布某中学考试监控设备项目采购文件。某供应商对该采购文件提出书面质疑，认为招标文件中规定的"中标单位在获取中标通知书后 2 个工作日内，供需双方签订采购合同"，违背了《政府采购法》第四十六条规定的成交通知书发出之日三十日内按采购文件确定的事项签订政府采购合同的时间要求，存在明显倾向性或者歧视性，请求更改招标文件的违法内容。但采购人未予答复，供应商又向财政局提起投诉，财政局决定"鉴于该项目的特殊性，以招标文件规定执行"，该决定是否合法？

答：《政府采购质疑和投诉办法》第二十九条规定"投诉处理过程中，有下列情形之一的，财政部门应当驳回投诉：……（二）投诉事项缺乏事实依据，投诉事项不成立……"该办法第三十一条规定"投诉人对采购文件提起的投诉事项，财政部门经查证属实的，应当认定投诉事项成立。经认定成立的投诉事项不影响采购结果的，继续开展采购活动；影响或者可能影响采购结果的，财政部门按照下列情况处理：（一）未确定中标或者成交供应商的，责令重新开展采购活动……"。因此，财政部门受理投诉后，经审查认定采购文件具有明显倾向性或者歧视性等问题，给投诉人或者其他供应商合法权益可能造成损害的，因采购活动尚未完成，应责令修改采购文件，并按修改后的采购文件开展采购活动；如果认为投诉不成立的，应当驳回投诉。

但是在本项目中，财政部门没有对供应商投诉的事项是否合法、被投诉人是否应当对采购文件进行修改做出结论性处理意见，只是做出"鉴于该项目的特殊性，以招标文件规定执行"的模糊表述，该处理决定的结论不符合上述法律规定，应重新做出投诉处理决定。

346. 财政部门受理投诉后是否必须要通知相关供应商？

问：财政部门受理了供应商提出的投诉之后，可以直接通过书面审查方式来查清相关案件事实，还有必要通知投诉涉及的其他供应商对相关问题配合调查进行解释说明吗？

答：根据《政府采购法实施条例》第五十六条第一款、《政府采购质疑和投诉办法》第二十一条至第二十三条规定，财政部门收到投诉书后，应当在5个工作日内进行审查。认为投诉符合规定的，自收到投诉书之日起即为受理，并在收到投诉后8个工作日内向被投诉人和其他与投诉事项有关的当事人发出投诉答复通知书及投诉书副本。被投诉人和其他与投诉事项有关的当事人应当在收到投诉答复通知书及投诉书副本之日起5个工作日内，以书面形式向财政部门做出说明，并提交相关证据、依据和其他有关材料。财政部门处理投诉事项原则上采用书面审查的方式。财政部门认为有必要时，可以进行调查取证或者组织质证。也就是说，财政部门受理投诉后，应当通知投诉人和与投诉事项有关的供应商，如投诉反映涉嫌存在串通投标、弄虚作假的供应商，由其提交答复和相关证据，必要时也可进行质证，有利于查清事实、保障其权利，维护该供应商的利益。

347. 在处理投诉过程中未向中标供应商发出投诉书副本将导致什么后果？

问：某政府采购项目在中标结果公告期间，有供应商经过质疑未解决又提起投诉，反映公布的中标供应商存在串通投标的情形。财政部门在处理投诉过程中，未向中标供应商发出投诉书副本，经过调查就做出了投诉处理决定，这一做法将导致什么后果？

答：《政府采购质疑和投诉办法》第二十一条规定"财政部门收到投诉书后，应当在5个工作日内进行审查，审查后按照下列情况处理：……（四）投诉符合本办法第十八条、第十九条规定的，自收到投诉书之日起即为受理，并在收到投诉后8个工作日内向被投诉人和其他与投诉事项有关的当事人发出投诉答复通知书及投诉书副本。"该办法第二十二条规定："被投诉人和其他与投诉事项有关的当事人应当在收到投诉答复通知书及投诉书副本之日起5个工作日内，以书面形式向财政部门做出说明，并提交相关证据、依据和其他有关材料。"因此，如果供应商投诉反映中标供应商有违法行为的，因该中标供应商与投诉事项具有关联性，牵涉其利益，该中标供应商就是"其他与投诉事项有关的当事人"，财政部门应当向其发出投诉答复通知书及投诉书副本并要求其予以答复。

本项目中，财政部门接到反映中标供应商违法的投诉后，并未向中标供应商发出投诉答复通知书及投诉书副本要求其答复，不符合法定的投诉处理程序，剥夺了该中标供应商解释澄清的权利，应当予以纠正。

348. 财政部门处理投诉必须要调查取证吗？

问：某单位参加一个政府采购项目，依法提出了一项投诉，但是财政部门并未就该投诉事项进行调查取证，也没有召开专家审查委员会进行论证就做出了投诉处理决定，该单位认为调查程序不合理，处理决定有失客观公正。此说法是否正确？财政部门处理投诉事项是否必须要组织调查取证？

答：根据《政府采购法实施条例》第五十六条第一款规定："财政部门处理投诉事项采用书面审查的方式，必要时可以进行调查取证或者组织质证。"《政府采购质疑和投诉办法》第二十三条规定："财政部门处理投诉事项原则上采用书面审查的方式。财政部门认为有必要时，可以进行调查取证或者组织质证。财政部门可以根据法律、法规规定或者职责权限，委托相关单位或者第三方开展调查取证、检验、检测、鉴定。质证应当通知相关当事人到场，并制作质证笔录。质证笔录应当由当事人签字确认。"也就是说，财政部门处理投诉事项，主要采取书面审查方式，是否要调查取证、检验、检测或组织投诉人和被投诉人进行质证，属于财政部门根据个案情况进行裁量的事项，都是根据案件需要做出的决定，这些并不是财政部门在处理政府采购投诉时的法定程序，因此本项目投诉人认为财政部门未进行调查取证，也没有召开专家审查委员会进行论证等构成程序违法等主张，缺乏法律依据。

349. 投诉人撤回投诉后其反映的违法问题是否不再处理？

问：根据《政府采购法实施条例》第五十七条规定，财政部门受理投诉后，投诉人书面申请撤回投诉的，财政部门应当终止投诉处理程序。那么，对于投诉人在投诉时反映的违法问题，财政部门是否不再处理？

答：根据《政府采购法实施条例》第五十七条规定，投诉人如果书面申请撤回投诉的，财政部门就应当终止投诉处理程序，这体现了对投诉人行使自身处分权的尊重，而不再审查其撤回申请的正当性，也不存在其是否准许的问题。但这并不意味着只要投诉人书面申请撤回投诉，财政部门即使发现采购活动中存在违法违规行为，也只能"睁一只眼闭一只眼"，对于投诉人反映的违法问题就可以置之不理。相反，《政府采购法》赋予财政部门对于政府采购行为负有监督管理职责，不管其发现的问题来源于主动监督发现还是当事人投诉、社会监督、举报等途径，只要有违法行为，就必须查处。当投诉人投诉反映政府采购活动有违法行为但是撤回投诉的，财政部门首先应当终止投诉处理程序，随后仍应履行《政府采购法》赋予的政府采购监督管理职责，对在投诉处理过程中发现的采购活动违法违规行为依法进行查处。

350. 财政部门应当在多长时间内做出投诉处理决定?

问: 某区财政局于 2017 年 3 月 20 日收到供应商提交的《投诉书》, 其认为该《投诉书》缺少内容, 于 2017 年 3 月 27 日对该供应商做出《政府采购供应商重新投诉通知书》, 要求其对投诉书进行补正。该供应商于 2017 年 3 月 31 日提交《投诉书 (补充)》, 财政局于 2017 年 5 月 2 日做出《政府采购投诉处理决定书》并送达供应商, 财政局做出的投诉处理决定是否超出法定的处理期限?

答:《政府采购法》第五十六条规定:"政府采购监督管理部门应当在收到投诉后三十个工作日内, 对投诉事项做出处理决定, 并以书面形式通知投诉人和与投诉事项有关的当事人。"《政府采购质疑和投诉办法》第二十一条规定"财政部门收到投诉书后, 应当在 5 个工作日内进行审查, 审查后按照下列情况处理:(一) 投诉书内容不符合本办法第十八条规定的, 应当在收到投诉书 5 个工作日内一次性书面通知投诉人补正。补正通知应当载明需要补正的事项和合理的补正期限。未按照补正期限进行补正或者补正后仍不符合规定的, 不予受理……"。该办法第二十二条规定:"被投诉人和其他与投诉事项有关的当事人应当在收到投诉答复通知书及投诉书副本之日起 5 个工作日内, 以书面形式向财政部门做出说明, 并提交相关证据、依据和其他有关材料。"该办法第二十六条规定:"财政部门应当自收到投诉之日起 30 个工作日内,对投诉事项做出处理决定。"该办法第二十七条规定:"财政部门处理投诉事项,需要检验、检测、鉴定、专家评审以及需要投诉人补正材料的,所需时间不计算在投诉处理期限内。前款所称所需时间,是指财政部门向相关单位、第三方、投诉人发出相关文书、补正通知之日至收到相关反馈文书或材料之日。财政部门向相关单位、第三方开展检验、检测、鉴定、专家评审的,应当将所需时间告知投诉人。"因此,对于投诉人提起的投诉,如果财政部门认为需要补正的,投诉人应当在 5 个工作日内进行补正,自提交补正后的投诉书之日起,财政部门再行审查决定是否受理,决定受理的,应当自收到补正材料之日起 30 个工作日内处理完毕。

在本项目中,某区财政局具有在法定期限内依法做出投诉处理决定的职责。该供应商于 2017 年 3 月 20 日提起投诉,但由于其《投诉书》缺少内容,财政局要求供应商补充内容重新提交《投诉书》,该供应商于 2017 年 3 月 31 日提交《投诉书(补充)》,因此,财政局受理投诉的时间应当从此时起计算,并应当自该日之日起 30 个工作日内做出投诉处理决定,故区财政局于 2017 年 5 月 2 日做出书面的《政府采购投诉处理决定书》并送达供应商,属于在法定期限内做出具体行政行为,其程序合法。

351. 财政部门做出投诉处理决定的具体行政行为，应当满足哪些要求？

问：某县财政局收到供应商提出的投诉之后，做出《关于对某公司投诉的答复》，但是该答复未依法向被投诉人及其他供应商送达，未在媒体上发布公告，该做法是否符合法律规定？财政部门做出投诉处理决定的具体行政行为，应当满足哪些要求？

答：《政府采购法》第五十六条规定："政府采购监督管理部门应当自收到投诉后三十个工作日内，对投诉事项做出处理决定，并以书面形式通知投诉人和与投诉事项有关的当事人。"《政府采购法实施条例》第五十八条第二款规定："财政部门对投诉事项做出的处理决定，应当在省级以上人民政府财政部门指定的媒体上公告。"

依据上述规定，财政部门做出投诉处理决定的具体行政行为，应当满足以下要求：一是必须做出书面的投诉处理决定书，其内容必须符合《政府采购质疑和投诉办法》第三十三条规定的要求；二是将该处理决定书送达投诉人、被投诉人及其他与投诉处理结果有利害关系的政府采购当事人；三是应当将投诉处理结果在省级以上财政部门指定的政府采购信息发布媒体上公告。

本项目中，某县财政局就投诉人提出的投诉做出的《关于对某公司投诉的答复》，应视为对投诉做出的处理决定，但该内容未依法向被投诉人及其他供应商送达，未依法在省级以上财政部门指定的政府采购信息发布媒体上公告，均属违反法定程序，应当予以纠正。

352. 投诉处理决定书应当包括哪些内容？

问：某财政部门做出的《投诉处理决定书》没有告知投诉人如有不服可以申请行政复议或者提起行政诉讼的相关内容，该投诉处理决定书是否合法？投诉处理决定书应当包括哪些内容？

答：《政府采购质疑和投诉办法》第二十三条规定"财政部门做出处理决定，应当制作投诉处理决定书，并加盖公章。投诉处理决定书应当包括下列内容：（一）投诉人和被投诉人的姓名或者名称、通信地址等；（二）处理决定查明的事实和相关依据，具体处理决定和法律依据；（三）告知相关当事人申请行政复议的权利、行政复议机关和行政复议申请期限，以及提起行政诉讼的权利和起诉期限；（四）做出处理决定的日期。" 财政部门在受理该投诉后，应当对该投诉做出处理决定。投诉处理决定书的内容必须符合《政府采购质疑和投诉办法》第三十三条规定的四项内容，如缺少其中一项，即该具体行政行为的法律效力存在瑕疵，投诉人有权要求财政部门重新做出投诉处理决定。

353. 投诉处理决定有哪些送达方式？

问：财政部门依法做出投诉处理决定之后，应当将书面的《政府采购投诉处理决定书》送达投诉人和与投诉事项有关的当事人，则财政部门可以采取哪些送达方式才能确保做出的投诉处理决定发生法律效力？

答：《政府采购质疑和投诉办法》第三十四条规定："财政部门应当将投诉处理决定书送达投诉人和与投诉事项有关的当事人，并及时将投诉处理结果在省级以上财政部门指定的政府采购信息发布媒体上公告。投诉处理决定书的送达，参照《中华人民共和国民事诉讼法》关于送达的规定执行。"根据《中华人民共和国民事诉讼法》第八十五条至第九十二条的规定，法律文书共有直接送达、留置送达、电子送达、委托送达、邮寄送达、转交送达和公告送达共七种送达方式。对于《政府采购投诉处理决定书》，可以根据实际情况选择上述送达方式之一，主要应采用直接送达和电子送达两种方式。

354. 供应商的救济途径有哪些，它们有什么区别？

问：在政府采购活动中，供应商如果认为自己的合法权益受到损害的，可以通过哪些救济途径维护自己的权益，它们有什么区别？

答：根据《政府采购法》等法律规定，供应商认为自己的权益受到损害的，可通过询问、质疑、投诉、举报、申请行政复议或行政诉讼等途径行使救济权利，其区别见下表。

名称	受理单位	起因	提出时限	答复时限	引发后果
询问	采购人或采购代理机构	供应商对采购活动有疑问	无	3个工作日	询问事项只影响成交结果的，暂停签订合同已经签订合同的，中止履行合同
质疑	采购人或采购代理机构	供应商认为采购文件、采购或成交结果使得权益受到损害	7个工作日	7个工作日	对采购文件质疑的，澄清修改采购文件、否则重新采购 对采购过程、中标或成交结果质疑的，如果合格供应商符合法定数量，可另行确定中标、成交供应商，否则重新采购
投诉	同级政府采购监督管理部门	采购人或代理机构未在法定时间内答复或答复不满意	15个工作日	30个工作日	对采购文件提起投诉的，重新采购 对采购过程、成交供应商的，重新采购 对采购过程、中标或成交结果投诉的，未确定中标、成交供应商的，重新采购；已确定中标、成交供应商但未签订合同的，中标、成交无效，合格供应商符合法定数量，另行确定中标、成交供应商，否则重新采购；已签订合同，撤销合同，另行确定中标，否则重新采购；合同已履行的，造成损失的依法赔偿
举报	同级政府采购监督管理部门	供应商认为采购行为不合法	无	无	责令纠正违法行为，追究法律责任
其他形式					后续处理：行政复议、行政诉讼

355. 非本项目投标人举报如何处理?

问: 某集中采购机构的工作人员, 最近遇到一个棘手的问题: 采购合同已经签了, 还没供货, 接到非本项目投标人举报中标人虚假投标。请问: 非本项目投标人的举报是否可以受理? 采购人或采购中心如何处理?

答: 可以受理。

相关法律未对举报人的主体资格做出限定。因此, 非本项目投标人对政府采购招标项目中出现的不法行为可以举报。采购人或采购中心如发现举报事项确实可能存在, 可根据举报函中提供的线索开展调查, 查实后可依法对相对人做出相应处理。

第七部分

▼

法律责任篇

356. 财政部门对政府采购活动中的违法行为做出大额罚款和没收违法所得的行政处罚时是否应该举行听证？

问：财政部门在处理一起政府采购违法行为时，对某供应商做出罚款 2 万元并没收违法所得 16 万元的行政处罚，在做出该项处罚决定前是否应当举行听证？

答：对于政府采购当事人在政府采购活动中存在违法行为的，《政府采购法》第七十一条、第七十二条、第七十七条、第八十二条等条款都规定了可以做出处以罚款、没收违法所得等行政处罚。根据《行政处罚法》第四十二条规定，行政机关做出责令停产停业、吊销许可证或者执照、较大数额罚款等行政处罚决定之前，应当告知当事人有要求举行听证的权利。根据《财政机关行政处罚听证实施办法》第六条明确规定，"较大数额罚款"属于应当举行听证的八种情形之一，"较大数额罚款"的标准是"对公民做出 5000 元以上罚款，对法人或其他组织做出 5 万元以上罚款"。因此，做出"较大数额罚款"的行政处罚应当举行听证不存在疑义。

但是，《行政处罚法》第四十二条对于应当举行听证的行政处罚类别进行了不完全列举，没有明确指明"没收违法所得"，但有个"等"字，意味着明文列举的责令停产停业、吊销许可证或者执照、较大数额罚款 3 种行政处罚种类以外的，并且与所列举事项类似的其他对行政处罚相对人权益产生较大影响的行政处罚，如与"较大数额罚款"相当的较大数额的"没收违法所得"的行政处罚决定，也应举行听证。最高人民法院《关于没收财产是否应当进行听证及没收经营药品行为等有关法律问题的答复》（〔2004〕行他字第 1 号）也明确规定："人民法院经审理认定，行政机关做出的没收较大数额财产的行政处罚决定前，未告知当事人有权要求举行听证或未按规定举行听证的，应根据《行政处罚法》的有关规定，确认该行政处罚决定违反法定程序"。2012 年 4 月 9 日《最高人民法院关于发布第二批指导性案例的通知》（法〔2012〕172 号）发布的第 6 号指导性案例再次将法律没有明文规定的"没收较大数额财产"的行政处罚列入必须举行听证的范围。因此，同为"财产处罚"范畴的罚款和没收违法所得只要构成"较大数额"，都应进行听证，至于"较大数额"的认定，可参照《财政机关行政处罚听证实施办法》的规定执行。

综上所述，本项目中对供应商做出罚款 2 万元及没收违法所得 16 万元的两个行政处罚，都应当通知供应商有权要求举行听证。

357. 《政府采购法》第七十七条规定的"处以采购金额千分之五以上千分之十以下的罚款""列入不良行为记录名单"和"在一至三年内禁止参加政府采购活动"三者之间是并处关系还是可选择关系？

问：《政府采购法》第七十七条对于供应商提供虚假材料

谋取中标、成交的情形，应当承担的法律责任做出了明确规定，该法律条款中"处以采购金额千分之五以上千分之十以下的罚款""列入不良行为记录名单"和"在一至三年内禁止参加政府采购活动"三者之间是并处关系，财政部门必须同时给予几种处罚；还是可选择关系，财政部门可以从中选择一种、两种或三种处罚符合法律规定？

答：《政府采购法》第七十七条规定的上述三者之间属于并处关系，应同时适用。

《政府采购法》第七十七条规定"供应商有下列情形之一的，处以采购金额千分之五以上千分之十以下的罚款，列入不良行为记录名单，在一至三年内禁止参加政府采购活动，有违法所得的，并处没收违法所得，情节严重的，由工商行政管理机关吊销营业执照；构成犯罪的，依法追究刑事责任：（一）提供虚假材料谋取中标、成交的；（二）采取不正当手段诋毁、排挤其他供应商的；（三）与采购人、其他供应商或者采购代理机构恶意串通的；（四）向采购人、采购代理机构行贿或者提供其他不正当利益的；（五）在招标采购过程中与采购人进行协商谈判的；（六）拒绝有关部门监督检查或者提供虚假情况的。供应商有前款第（一）至（五）项情形之一的，中标、成交无效。"对于供应商弄虚作假、串通投标等违法行为，该法律条款规定了"处以采购金额千分之五以上千分之十以下的罚款""列入不良行为记录名单""在一至三年内禁止参加政府采购活动"等行政处罚种类，从法律条款所使用的文字词句的含义来看，并未采用"可以"的提法，也就是说没有赋予执法者选择适用处理措施的权限，故应当为并处的关系。

358. "提供虚假材料谋取中标"将承担什么法律责任？

问：在某单位监控系统采购项目中，某供应商投标文件中提供的所投产品的检验报告与检验报告出具单位提供的检验报告存档件的多项内容不一致，且不一致内容均为招标文件所要求的重要指标，对此行为如何定性并处理？

答：供应商的投标文件中提供的产品检验报告与检验报告出具单位的存档件内容不一致，且不一致的技术指标项包括招标文件规定的实质性条款和评审因素，会对评审委员会的评审行为产生重要影响，构成"提供虚假材料谋取中标"的行为。对于政府采购活动中弄虚作假的行为，《政府采购法》第七十七条规定了具体的法律责任，即"供应商有下列情形之一的，处以采购金额千分之五以上千分之十以下的罚款，列入不良行为记录名单，在一至三年内禁止参加政府采购活动，有违法所得的，并处没收违法所得，情节严重的，由工商行政管理机关吊销营业执照；构成犯罪的，依法追究刑事责任：（一）提供虚假材料谋取中标、成交的……供应商有前款第（一）至（五）项情形之一的，中标、成交无效。"因此，对于本项目中供应商"提供虚假材料谋取中标"的行为，行政监督部门可以根据《政府采购法》第七十七条第二款的规定，决定中标无效，同时对违法供应商给予罚款，列入不良行为记录名单，一定期限内禁止其参加政府采购活动的行政处罚。

359. 评审专家违法评标应承担什么责任？

问：某政府采购项目经财政部门调查认定，评标委员会七名成员中五名评委存在凭印象扣分、违反招标文件要求扣分等违法评标行为，不仅影响贸易公司的评标得分，同样也影响其他投标人的评标得分，对此行为应当如何处理？

答：《政府采购法实施条例》第四十一条规定："评标委员会、竞争性谈判小组或者询价小组成员应当按照客观、公正、审慎的原则，根据采购文件规定的评审程序、评审方法和评审标准进行独立评审。"《政府采购评审专家管理办法》第十八条、第十九条也规定了评审专家应当严格遵守评审工作纪律，按照客观、公正、审慎的原则，根据采购文件规定的评审程序、评审方法和评审标准进行独立评审；评审专家应当在评审报告上签字，对自己的评审意见承担法律责任。独立、客观、公正审慎评标，是对评标专家评标的基本要求，是确保招标投标活动公平、公正的基础。违反独立、审慎的原则进行评标的，其评审结论可能被判定为"无效"。《政府采购法实施条例》第七十五条规定："政府采购评审专家未按照采购文件规定的评审程序、评审方法和评审标准进行独立评审或者泄露评审文件、评审情况的，由财政部门给予警告，并处 2000 元以上 2 万元以下的罚款……政府采购评审专家有上述违法行为的，其评审意见无效，不得获取评审费；有违法所得的，没收违法所得；给他人造成损失的，依法承担民事责任。"《政府采购评审专家管理办法》第二十七条规定："评审专家未按照采购文件规定的评审程序、评审方法和评审标准进行独立评审或者泄露评审文件、评审情况的，由财政部门给予警告，并处 2000 元以上 2 万元以下的罚款；影响中标、成交结果的，处 2 万元以上 5 万元以下的罚款，禁止其参加政府采购评审活动……评审专家有上述违法行为的，其评审意见无效；有违法所得的，没收违法所得；给他人造成损失的，依法承担民事责任。"

本项目中，五位评标专家在该项目评审活动中存在着应否决未否决、协商打分、违法评审等情形，违反了独立、客观、公正和审慎原则，导致评标结果有失公正，实质性影响采购结果，其评审意见无效，且影响了中标结果，中标候选人推荐结果及中标结果均无效，且评审专家可能还应承担罚款等行政处罚。

360. 财政局是否可以直接对违法行为做出处罚？

问：某区财政局工作人员最近在政府采购检查中发现，有些单位擅自采购达到限额标准的货物和服务项目，没有按照《政府采购非招标采购方式管理办法》的规定执行。请问：对于上述违法行为，可以对违法单位直接出具行政处罚决定书吗，还是要先告知涉案单位？

答：行政机关在做出行政处罚决定前，应当先履行告知程序。

《行政处罚法》第三十一条规定："行政机关在做出行政处罚决定之前，应当告知当事人做出行政处罚决定的事实、理由及依据，并告知当事人依法享有的权利。"

行政机关在作出行政处罚前，告知程序是必经程序。实施行政处罚，无论是适用简易程序，还是适用一般程序，都必须事先告知当事人。告知的内容包括告知当事人其违法事实、对其给予行政处罚的理由和所依据的法律、法规；告知当事人其依法享有的陈述、申辩、申请复议、提起诉讼、请求行政赔偿等权利。

法律要求行政机关在做出行政处罚决定前履行告知义务，是保障当事人享有的告知权利的需要。如果行政机关未依法履行告知程序，涉嫌违反《行政处罚法》。